21 世纪高等院校教材

运筹学实用教程习题与解答

吴薇薇　宁宣熙　主编

科学出版社
北　京

内 容 简 介

本书是为使用普通高等教育“十一五”国家级规划教材《运筹学实用教程》（第三版）的高等院校各专业的教师及学生而编写的。本书包括线性规划、目标规划、动态规划、网络分析、决策论、对策论、存储论、排队论共8章的习题。针对每一章的课后习题，不仅给出正确答案，而且对要点进行详解，供学生学习课本知识使用。本书将《运筹学实用教程》前两版书后的各章节习题都包含在内，并在此基础上增加了具有典型性、代表性、突出重点内容的习题，使习题集的题型更具有实用性、内容更加丰富。

本书可作为学生学习、掌握运筹学理论和方法的重要辅助教材，也可作为教师备课使用的参考材料。

图书在版编目(CIP)数据

运筹学实用教程习题与解答/吴薇薇，宁宣熙主编．—北京：科学出版社，2013

21世纪高等院校教材

ISBN 978-7-03-037781-4

Ⅰ. ①运… Ⅱ. ①吴… ②宁… Ⅲ. ①运筹学-高等学校-题解 Ⅳ. ①O22-44

中国版本图书馆CIP数据核字（2013）第124107号

责任编辑：方小丽 / 责任校对：胡小洁

责任印制：赵 博 / 封面设计：蓝正设计

科学出版社 出版

北京东黄城根北街16号

邮政编码：100717

http://www.sciencep.com

北京中石油彩色印刷有限责任公司印刷

科学出版社发行 各地新华书店经销

*

2013年6月第 一 版 开本：787×1092 1/16

2024年8月第八次印刷 印张：11 3/4

字数：265 000

定价：32.00 元

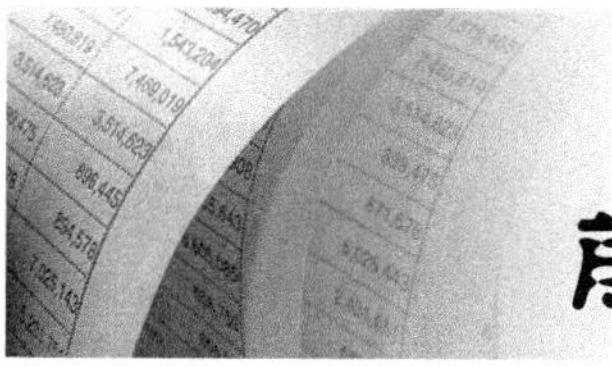

前 言

本书是为使用普通高等教育“十一五”国家级规划教材《运筹学实用教程》（第三版）的高等院校各专业的教师及学生而编写的。其各章节顺序、内容与相应教材完全一致。编者考虑了教材的实用性，在注重习题类型全面的基础上，注意紧扣相应教材，尽量做到覆盖教材所有内容。选题时针对教材中的例题，选择具有典型性、代表性、突出重点内容的习题。本书中同类型习题的难易程度形成梯度，习题难度适中，并且适当增加重点内容的习题安排，对难度大的习题只作少量安排。

对于使用本书的自学者来说，正确使用它的方法是：通过模仿题解的反复练习，结合教材的讲解，认真领悟模型建立的要领、思路和具体步骤，从而能够举一反三，达到熟练掌握的目的。

本书在编写过程中，编者将《运筹学实用教程》前两版书后的各章节习题及解答都包含在内，并加入了多年来积累的有代表性的习题，同时参考了国内外的许多同类教材，在此向其作者深表谢意。

本书的编写得到了学生们的极大帮助，有些习题是他们课上做的练习，有些则是他们在学习例题后讨论及改进的结果。在此对他们表示衷心的感谢。

由于编者水平有限，不足之处在所难免，衷心希望广大读者不吝赐教。

编者

2013 年 4 月

目 录

第一章

线性规划的基本理论及其应用

第一节 判断题

1. 线性规划问题的可行解集不一定是凸集。（ ）

2. 若线性规划无最优解则其可行域无界。（ ）

3. 线性规划具有唯一最优解是指最优表中非基变量检验数全部非零。（ ）

4. 线性规划问题的每一个基本可行解对应可行域的一个顶点。（ ）

5. 若线性规划模型的可行域非空有界，则其顶点中必存在最优解。（ ）

6. 线性规划问题的大 M 法中，M 是负无穷大。（ ）

7. 单纯形法计算中，如不按最小比值原则选取换出变量，则在下一个解中至少有一个基变量为负。（ ）

8. 对于线性规划问题的基本可行解，若大于零的基变量数小于约束条件数，则解是退化的。（ ）

9. 一旦一个人工变量在迭代过程中变为非基变量后，则该变量及相应列的数字可以从单纯形表中删除，而不影响计算结果。（ ）

10. 线性规划目标函数中系数最大的变量在最优解中总是取正值。（ ）

11. 对一个有 n 个变量、m 个约束的标准型的线性规划问题，其可行域的顶点恰好为 C_n^m 个。（ ）

12. 线性规划解的退化问题就是表明有多个最优解。（ ）

13. 如果一个线性规划问题有两个不同的最优解，则它有无穷多个最优解。（ ）

14. 单纯形法解线性规划问题时值为 0 的变量未必是非基变量。（ ）

15. 任何线性规划问题都存在并具有唯一的对偶问题。（ ）

16. 对偶问题的对偶问题一定是原问题。（ ）

17. 根据对偶问题的性质，当原问题为无界解时，其对偶问题无可行解；反之，当对偶问题无可行解时，其原问题具有无界解。（ ）

18. 若原问题有可行解，则其对偶问题也一定有可行解。（ ）

19. 若原问题无可行解,其对偶问题也一定无可行解。(　　)

20. 若原问题有最优解,其对偶问题也一定有最优解。(　　)

21. 已知 y_i^* 为线性规划的对偶问题的最优解,若 $y_i^*>0$,说明在最优生产计划中第 i 种资源一定有剩余。(　　)

22. 原问题具有无界解,则对偶问题不可行。(　　)

23. 互为对偶问题,或者同时都有最优解,或者同时都无最优解。(　　)

24. 某公司根据产品最优生产计划,若原材料的影子价格大于它的市场价格,则可购进原材料扩大生产。(　　)

25. 对于线性规划问题,已知原问题基本解不可行,对偶问题基本解可行,则可采用对偶单纯形法求解。(　　)

26. 原问题(极小值)第 i 个约束是"≥"约束,则对偶变量 $y_i \geqslant 0$。(　　)

27. 线性规划问题的原单纯形解法,可以看做是保持原问题基本解可行,通过迭代计算,逐步将对偶问题的基本解从不可行转化为可行的过程。(　　)

28. 运输问题不能化为最小费用流问题来解决。(　　)

29. 运输问题一定有最优解。(　　)

30. 若运输问题的可行解退化,则存在等于零的数字格。(　　)

31. 运输问题是特殊的线性规划问题,表上作业法也是特殊形式的单纯形法。(　　)

32. 按最小元素法(或伏格尔法)给出的初始基可行解,从每一空格出发可以找出,而且仅能找出唯一闭合回路。(　　)

33. 如果运输问题单位运价表的某一行(或某一列)元素分别乘上一个常数 k,最优调运方案将不会发生变化。(　　)

34. 如果运输问题单位运价表的某一行(或某一列)元素分别加上一个常数 k,最优调运方案将不会发生变化。(　　)

35. 如果运输问题单位运价表的全部元素乘上一个常数 $k(k>0)$,最优调运方案不会发生变化。(　　)

36. 运输问题独立约束条件数 $n+m-1$ 个,变量数是 nm 个,于是基变量数为 $nm-n-m$ 个。(　　)

37. 整数规划解得目标函数值一般优于其相应的线性规划问题的解得目标函数值。(　　)

38. 一个整数规划问题如果存在两个以上的最优解,则该问题一定有无穷多最优解。(　　)

39. 分支定界法在需要分支时必须满足:一是分支后的各子问题必须容易求解;二是各子问题解的集合必须覆盖原问题的解。(　　)

40. 整数规划的最优解是先求相应的线性规划的最优解然后取整得到。(　　)

41. 用分支定界法求解一个极大化的整数规划问题时,任何一个可行解的目标函数值是该问题目标函数值的下界。(　　)

42. 用分支定界法求解一个极大化的整数规划问题,当得到多于一个可行解时,通常可任取其中一个作为下界值,再进行比较剪支。(　　)

43. 求最大值的整数规划问题中，其松弛问题的最优解是整数规划问题最优解的上界。(　　)

44. 匈牙利算法是对指派问题求最小值的一种求解方法。(　　)

45. 指派问题效率矩阵的每个元素都乘上同一常数 k，将不影响最优指派方案。(　　)

46. 指派问题数学模型的形式同运输问题十分相似，故也可以用表上作业法求解。(　　)

47. 匈牙利算法是对指派问题求最小值的一种求解方法。(　　)

48. 应用匈牙利算法求解工作指派问题时，对不打钩的行和打钩的列画横线。(　　)

49. 求解效益最大的指派问题，可以用指派矩阵的最小元素减去该矩阵的各元素，得到新的指派矩阵，再用匈牙利算法求解。(　　)

第二节　建立模型

1. 某工厂准备生产三种型号的电冰箱，每台电冰箱所消耗的材料及所需要的人力及销售利润如表 1-1 所示。

表 1-1

项目内容	A	B	C
工时(小时/台)	7	3	6
材料(千克/台)	40	40	50
利润(元/台)	50	40	30

材料供应每天 2 000 千克，而劳力每天最多有 150 小时，为使该工厂获得最大利润，每天应生产 A、B、C 三种型号的电冰箱各多少台？(列出数学模型)

2. 某种混合酒是由三种不同的酒 A、B、C 混合而成。根据配方规格的不同，混合酒分为甲、乙、丙三级。它们的配方规格及售价如表 1-2 所示。

表 1-2

级别	配法规格	售价/(元/斤*)
甲级混合酒	A 含量不少于 60% C 含量不多于 20%	6.8
乙级混合酒	A 含量不少于 15% C 含量不多于 60%	5.7
丙级混合酒	C 含量不多于 50%	4.5

*1 斤=0.5 千克

A、B、C 三种酒的每天供应量及购买价格如表 1-3 所示。

表 1-3

品种	每天最大供应量/斤	价格/(元/斤)
A	2 000	7
B	2 500	5
C	1 200	4

试问如何制订生产计划，才能使工厂利润最大？(列数学模型)

3.(配料问题)某动物园饲养了一批珍贵动物。在这些动物的生长过程中，蛋白质、维生素、脂肪和纤维素 4 种营养成分不可或缺。每只动物每天必须至少摄取 500 克蛋白质、6 克维生素、10 克脂肪及 8 克纤维素。已知每种饲料每千克所含的营养成分和饲料的单价如表 1-4 所示。如果你是该动物园的管理员，请表述一个可以用最小成本来满足这些动物正常生长的营养方案。

表 1-4

饲料类型	蛋白质/克	维生素/克	脂肪/克	纤维素/克	价格/(元/千克)
玉米	400	3	2	2	5
燕麦	200	2	2	4	8
鸡肉	300	1	4	0	8
牛肉	500	2	6	0	15

4.(劳动力调度问题)某空管站，每天飞机的流量不同，因此所需的空管人员也不尽相同。经过统计分析发现，该空管站对空管的每日需求量如表 1-5 所示。按照规定，空管工作 3 天后，连续休息 2 天。问应如何安排空管的作息，才既能满足工作需要，又使该站的日空管人数最少？请为该问题建立数学模型。

表 1-5

工作日	需要最少的空管人数/人
星期一	15
星期二	18
星期三	25
星期四	19
星期五	31
星期六	45
星期日	47

5.（运输问题）现从仓库 1、仓库 2 运输物资到 3 个部队（部队 1、部队 2、部队 3），仓库的库存量、各部队的需求量及每吨的运费如表 1-6 所示，问应采取哪种方案，以使总运费达到最小？

表 1-6

项目		部队 1	部队 2	部队 3	库存量/吨
每吨运费	仓库 1	1	2	3	60
	仓库 2	2	1	4	40
需求量/吨		40	25	35	—

6.（火力分配问题）假设某部队将 m 种不同类型的导弹 D_1，$D_2,\cdots,D_m$ 对 n 个独立目标 $M_1,M_2,\cdots,M_n$ 进行攻击，D_i 类导弹的数量为 m_i，它对 M_j 类目标的击毁概率为 p_{ij}，示意图如图 1-1 所示。现在规定只对各目标发一枚导弹，问对各目标发射哪种导弹，可使总的目标毁伤率最大？

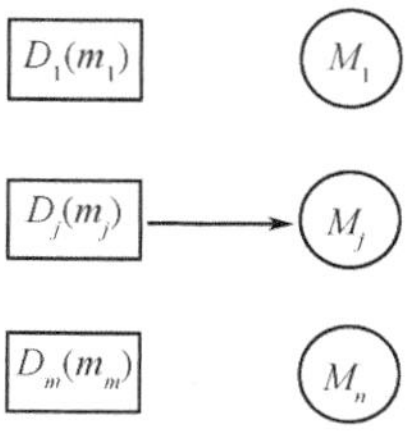

图 1-1

第三节　用图解法解下列线性规划问题

1. $\max z=3x_1+2x_2$

$$\text{s.t.}\begin{cases}2x_1+4x_2\leqslant 22\\-x_1+4x_2\leqslant 10\\2x_1-x_2\leqslant 7\\x_1-3x_2\leqslant 1\\x_1,x_2\geqslant 0\end{cases}$$

2. $\max z=2x_1+x_2$

$$\text{s.t.}\begin{cases}x_2\leqslant 10\\2x_1+5x_2\leqslant 60\\x_1+x_2\leqslant 18\\3x_1+x_2\leqslant 44\\x_1,x_2\geqslant 0\end{cases}$$

3. $\max z=-3x_1+2x_2$

$$\text{s.t.}\begin{cases}x_1\leqslant 3\\x_1-x_2\leqslant 0\\x_1,x_2\geqslant 0\end{cases}$$

4. $\max z=3x_1-2x_2$

$$\text{s. t.}\begin{cases}x_1+x_2\leqslant 1\\2x_1+2x_2\geqslant 4\\x_1,x_2\geqslant 0\end{cases}$$

5. $\max z=4x_1+3x_2$

$$\text{s. t.}\begin{cases}-3x_1+2x_2\leqslant 6\\-x_1+3x_2\geqslant 18\\x_1,x_2\geqslant 0\end{cases}$$

6. $\max z=2x_1+3x_2$

$$\text{s. t.}\begin{cases}x_1+2x_2\leqslant 8\\4x_1\leqslant 16\\x_1,x_2\geqslant 0\end{cases}$$

7. 某工厂用甲、乙两种配件生产 A、B 两种产品，每生产一件 A 产品使用 4 个甲配件并耗时 1 小时，每生产一件 B 产品使用 4 个乙配件并耗时 2 小时，该厂每天最多可从配件厂获得 16 个甲配件和 12 个乙配件，按每天工作 8 小时计算，该厂所有可能的日生产安排是什么？若生产一件 A 产品获利 2 万元，生产一件 B 产品获利 3 万元，采用哪种生产安排获得的利润最大？

第四节　用单纯形法解下列线性规划

1. $\max z=2x_1+x_2$

$$\text{s. t.}\begin{cases}x_2\leqslant 10\\2x_1+5x_2\leqslant 60\\x_1+x_2\leqslant 18\\3x_1+x_2\leqslant 44\\x_1,x_2\geqslant 0\end{cases}$$

2. $\max z=4x_1+3x_2+6x_3$

$$\text{s. t.}\begin{cases}3x_1+x_2+3x_3\leqslant 30\\2x_1+2x_2+3x_3\leqslant 40\\x_1,x_2,x_3\geqslant 0\end{cases}$$

3. 现有线性规划问题：$\min z=2x_1+x_2-5x_3-x_4$

$$\text{s. t.}\begin{cases}3x_1+x_4\leqslant 25\\x_1+x_2+x_3+x_4=20\\4x_1+6x_3\geqslant 5\\2\leqslant 2x_2+3x_3+2x_4\leqslant 30\\x_1,x_2,x_3\geqslant 0,x_4\text{ 无非负要求}\end{cases}$$

(1)化为标准型；

(2)列出初始单纯形表。

第五节　建立模型并用单纯形法求解

1. 某运输公司运输甲、乙两种产品，有 A、B 两种机型可供选择，A 一次可运 20 件甲产品以及 30 件乙产品，B 一次可运 40 件甲产品以及 20 件乙产品，每种机型可运产品数量如表 1-7 所示（由于航班有限，飞机必须装满货仓才可获得航班）。问：如何安排飞机数量，才能在保障产品运输情况下，使利润最大？

表 1-7

产品	A	B	可运数量/件
甲	20	40	1 600
乙	30	20	1 800
预期运输利润/(元/件)	500	800	—

2. 某农场现准备开垦 A、B、C、D 四种农田，根据现在的市价，1 亩[①] A、C、D 农田每年可分别盈利 3 000 元、2 000 元、5 000 元，1 亩 B 农田亏损 3 000 元；但 B 农田的生产物可作为其他农田必需的营养肥料，每亩 A、C、D 农田各需要 4、2、1 单位的肥料，每亩 B 可生产 1 单位的肥料，为以防万一，每次要有 2 单位的肥料备用。若遇到自然灾害多发年，A、C、D 农田每亩各亏损 2 000 元、1 000 元、2 000 元，而 B 农田反而可以靠卖肥料每亩盈利3 000元（正常状况下市场对肥料无需求），农场规定在自然灾害多发年总收入至少为2 000 元。管理 A、B、C、D 农田各需要 1 人、1 人、3 人、1 人，现农场有 14 人空闲。问：如何安排才能使农场在正常状况下获利最大。

3. 某飞机制造厂能够自行生产 A、B、C 三种民用飞机钛合金零部件，这三种零部件均要经过铸造工艺、机械加工和钣金工艺三个流程。同时该制造厂 A、B 两种产品的铸造工艺也可以进行外包协作，但 C 产品必须自行铸造才能保证质量，相关内容见表 1-8。该制造厂可利用的总工时为：铸造工艺 8 000 小时、机械加工 14 400 小时和钣金工艺10 200 小时。该飞机制造厂应该如何统筹安排自行生产和外包生产三种零部件的数目，才能获得最大利润。

表 1-8

工时与成本	A	B	C
每件产品铸造工时/小时	5	10	15
每件产品机械加工工时/小时	6	4	8
每件产品钣金工艺工时/小时	3	2	2
自行生产铸件成本/千元	3	5	4
外包生产铸件成本/千元	6	6	—
机械加工每件成本/千元	2	1	3
钣金工艺每件成本/千元	3	2	1
每件产品售价/千元	23	18	16

① 1 亩≈666.67 米^2

4. 某货运航空公司拥有的机队类型、飞机数量以及计划期内各条航线的货运量、货运成本如表 1-9，表 1-10 所示。现在该航空公司承运某批国际货物的运输，货运单规定：欧洲航线运输货物 1 080 吨，美洲航线运输货物 2 000 吨。航空公司应该如何编制机队，才能在完成运输任务的同时使总货运成本最小？

表 1-9

航线	机队类型	编队形式			货运成本/(千元/队)	货运量/吨
		A 型飞机	B 型飞机	C 型飞机		
欧洲	1	1	2	—	36	330
	2	2	1	—	36	360
美洲	3	1	1	1	72	400
	4	1	—	1	27	300

表 1-10

飞机类型	数量/架
A 型飞机	12
B 型飞机	9
C 型飞机	7

第六节　用对偶单纯形法求解线性规划问题

1. 求下列线性规划的对偶问题：

(1) $\max z = 60x_1 + 50x_2$

$$\text{s.t.}\begin{cases} x_1 + 2x_2 \leqslant 40 \\ -2x_1 + x_2 \leqslant -6 \\ x_1 + x_2 \leqslant 25 \\ x_1, x_2 \geqslant 0 \end{cases}$$

(2) $\max z = 24x_1 + 28x_2$

$$\text{s.t.}\begin{cases} 4x_1 + 6x_2 = 48 \\ x_1 \leqslant 9 \\ x_2 \leqslant 7 \\ x_1, x_2 \geqslant 0 \end{cases}$$

(3) $\min z = 2x_1 + x_2 - 6x_3 - x_4$

$$\text{s.t.}\begin{cases} 3x_1 + x_4 \leqslant 25 \\ x_1 + x_2 + x_3 + x_4 = 20 \\ 4x_1 + 6x_3 \geqslant 5 \\ 2 \leqslant 2x_2 + 3x_3 + 2x_4 \leqslant 30 \\ x_1, x_2, x_3 \geqslant 0, x_4 \text{ 无非负要求} \end{cases}$$

(4) $\min f=-6x_1-4x_2$

$$\text{s. t.}\begin{cases}-1x_1-2x_2\geqslant 4\\-2x_1+x_2\geqslant 2\\x_1\geqslant 0,x_2\geqslant 0\end{cases}$$

(5) $\min f=5x_1+3x_2$

$$\text{s. t.}\begin{cases}-2x_1+3x_2\geqslant 6\\3x_1-6x_2\geqslant 4\\x_1\geqslant 0,x_2\geqslant 0\end{cases}$$

2. 用对偶单纯形法解：$\min z=20x_1+10x_2$

$$\text{s. t.}\begin{cases}5x_1+x_2\geqslant 6\\2x_1+2x_2\geqslant 8\\x_1,x_2\geqslant 0\end{cases}$$

3. 现有线性规划问题：$\max z=2x_1-x_2+x_3$

$$\text{s. t.}\begin{cases}3x_1-2x_2+2x_3\leqslant 15\\x_1-x_2-x_3\geqslant -3\\x_1-x_2+x_3\leqslant 4\\x_1,x_2,x_3\geqslant 0\end{cases}$$

用单纯形法求最优解和资源 1、资源 2、资源 3 的影子价格。

4. 有线性规划问题如下：$\min f=2x_1+4x_2+6x_3$

$$\text{s. t.}\begin{cases}2x_1-1x_2+x_3\geqslant 10\\x_1+2x_2+2x_3\leqslant 12\\2x_2-x_3\geqslant 4\\x_j\geqslant 0,j=1,2,3,\cdots\end{cases}$$

(1)用单纯形法求解该问题。

(2)用对偶单纯形法求解该问题。

5. 求解线性规划：$\min z=20x_1+15x_2$

$$\text{s. t.}\begin{cases}2x_1+x_2\geqslant 5\\-3x_1+2x_2\leqslant 3\\x_1+x_2\geqslant 3\\x_1,x_2\geqslant 0\end{cases}$$

6. 用对偶单纯形法解：$\min z=10x_1+8x_2+7x_3$

$$\text{s. t.}\begin{cases}2x_1+x_2\geqslant 4\\x_1+x_2+x_3\geqslant 3\\x_1,x_2,x_3\geqslant 0\end{cases}$$

7. 用对偶单纯形法求解：$\min w=3x_1+3x_2$

$$\text{s. t.}\begin{cases}2x_1+3x_2\leqslant 18\\x_1-x_2\geqslant 2\\x_1+3x_2\geqslant 10\\x_1,x_2\geqslant 0\end{cases}$$

第七节 灵敏度分析

1. 现有线性规划问题：$\max z=2x_1-x_2+x_3$

$$\text{s. t.}\begin{cases}3x_1-2x_2+2x_3\leqslant 15\\-x_1+x_2+x_3\leqslant 3\\x_1-x_2+x_3\leqslant 4\\x_1,x_2,x_3\geqslant 0\end{cases}$$

(1)用单纯形法求解；

(2)如果$\begin{bmatrix}b_1\\b_2\\b_3\end{bmatrix}$由$\begin{bmatrix}15\\3\\4\end{bmatrix}$变成$\begin{bmatrix}20\\4\\2\end{bmatrix}$，求最优解；

(3)如果 x_3 的价值系数由 1 变为 2，最优解该如何变化？

(4)如果 x_1 的价值系数由 2 变为 3，最优解该如何变化？

(5)如果 x_3 的系数$\begin{bmatrix}c_3\\a_{13}\\a_{23}\\a_{33}\end{bmatrix}$由$\begin{bmatrix}1\\2\\1\\1\end{bmatrix}$变成$\begin{bmatrix}4\\3\\2\\1\end{bmatrix}$，最优解该如何变化？

(6)如果增加一个新的约束条件 $2x_1+x_2+2x_3\leqslant 60$，问最优解该如何变化？

2. 某木器厂生产椅子和桌子两种产品，已知售出每把椅子可获利 15 元，售出一张桌子可获利 30 元。在生产过程中有两个关键工序：精刨和装配，已知每只椅子需要 4 小时的精刨和 2 小时的装配，每张桌子需要 5 小时的精刨和 4 小时的装配。已知该厂精刨的生产能力是 200 小时，装配的能力是 240 小时。根据市场预测椅子的最大需求量是 40 把，桌子的最大需求量是 28 张，经理希望最大产量不超过需求量。

(1)试用线性规则模型求解该厂最佳生产计划安排。

(2)假设最新市场预测表明椅子可以销售 30 把，桌子 35 张。这样是否会改变最优生产计划安排。

3. 已知线性规划问题：$\max z=2x_1-x_2+x_3$

$$\text{s. t.}\begin{cases}x_1+x_2+x_3\leqslant 6\\-x_1+2x_2\leqslant 4\\x_1,x_2,x_3\geqslant 0\end{cases}$$

(1)用单纯形法求解；

(2)如果目标函数变为 $\max z=x_1+3x_2+x_3$，最优解该如何变化？

(3)如果约束右端项由$\begin{bmatrix}6\\4\end{bmatrix}$变为$\begin{bmatrix}3\\4\end{bmatrix}$,最优解该如何变化?

(4)如果增添一个新的约束条件$-x_1+2x_3\geqslant 2$,最优解该如何变化?

(5)如果 x_1 的系数列向量由$\begin{bmatrix}1\\-1\end{bmatrix}$变为$\begin{bmatrix}2\\1\end{bmatrix}$,最优解该如何变化?

4. 已知线性规划问题:$\max z=(c_1+t_1)x_1+c_2x_2+c_3x_3$

$$\text{s. t.}\begin{cases}a_{11}x_1+a_{12}x_2+a_{13}x_3+x_4=b_1+3t_2\\a_{21}x_1+a_{22}x_2+a_{22}x_3+x_5=b_2+t_2\\x_j\geqslant 0,j=1,2,\cdots,5\end{cases}$$

当 $t_1=t_2=0$ 时,求解得最终单纯形表如表 1-11 所示。

表 1-11

x_b	b	x_1	x_2	x_3	x_4	x_5
x_3	5/2	0	1/2	1	1/2	0
x_1	5/2	1	$-1/2$	0	$-1/6$	1/3
c_j-z_j		0	-4	0	-4	-2

要求:(1)确定 a_{11}、a_{12}、a_{13}、a_{21}、a_{22}、c_1、c_2、c_3、b_1、b_2 的值。

(2)当 $t_2=0$ 时,分析 t_1 在什么范围内变化,上述最优解不变。

(3)当 $t_1=0$ 时,分析 t_2 在什么范围内变化,上述最优解不变。

5. 已知线性规划问题:$\max z=3x_1+2x_2$

$$\text{s. t.}\begin{cases}x_1+2x_2\leqslant 6 & ①\\2x_1+x_2\leqslant 8 & ②\\-x_1+x_2\leqslant 1 & ③\\x_2\leqslant 2 & ④\\x_1,x_2\geqslant 0 & ⑤\end{cases}$$

已知用单纯形法求得最优解的单纯形表如表 1-12 所示。试分析在下列各种条件单独出现的情况下,最优解将如何变化。

表 1-12

c			3	2	0	0	0	0
c_b	x_b	b	x_1	x_2	x_3	x_4	x_5	x_6
2	x_2	4	0	1	2	-1	0	0
3	x_1	10	1	0	-1	2	0	0
0	x_5	4	0	0	-1	1	1	0
0	x_6	2	0	0	-2	1	0	1
c_j-z_j		38	0	0	-1	-4	0	0

(1)第①、第②个约束条件的右端项分别由 6 变为 7,由 8 变成 4;

(2)目标函数变为 $\max z=2x_1+5x_2$；

(3)增加一个变量 x_7，其在目标函数中系数 $c_7=4$，在约束方程中的系数列向量为 $P_7=(1,2,3,4)^T$；

(4)问题中变量 x_2 的系数变为 $\begin{bmatrix}4\\3\\3\\1\\2\end{bmatrix}$；

(5)增加一个新的约束 $x_2\leqslant 4$。

6. 现有线性规划问题：$\max z=-5x_1+5x_2+13x_3$

$$\text{s. t.}\begin{cases}-x_1+x_2+3x_3\leqslant 20\\12x_1+4x_2+10x_3\leqslant 90\\x_1,x_2,x_3\geqslant 0\end{cases}$$

先用单纯形法求出最优解，然后分析在下列各种条件下，最优解分别有什么变化？

(1)约束条件①的右端常数由 20 变为 30；

(2)增加一个决策变量 x_7，其系数为 $\begin{bmatrix}-1\\2\end{bmatrix}$。

7. 已知航空零部件生产公司计划生产Ⅰ、Ⅱ、Ⅲ三种零件，各种零件都需要在 A、B、C 设备上加工，有关耗时数据见表 1-13。试回答以下问题。

表 1-13

设备代号	零件Ⅰ	零件Ⅱ	零件Ⅲ	设备有效台时/每月
A	2	2	3	120
B	1	2	2	100
C	2.5	3	3	160
单位产品利润/千元	3.5	4	5	—

(1)如何充分发挥设备能力，使生产盈利最大？

(2)若为了增加产量，可借用其他公司的设备 B，每月可借用 60 台时，租金为 1.8 万元，问借用 B 设备是否合算？

(3)若另有新零件Ⅳ，需用 A 设备 12 台时，B 设备 5 台时，C 设备 10 台时，单位产品盈利 15 000 元。如果 A、B、C 设备台时不增加，试回答这种新零件投产在经济上是否合算？

(4)对零件工艺重新进行设计，改进结构。改进后生产每件零件Ⅰ，需用 A 设备 3 台时，B 设备 4 台时，C 设备 2 台时，单位零件盈利 6 000 元，问这对原计划有何影响？

第八节　运输规划问题

1. 求解下列运输规划问题。表 1-14 中的数据是某公司的甲、乙、丙 3 个分厂向公司所属 4 个门市部运送单位产品的运费。甲、乙、丙 3 个分厂的生产量(供应量)分别是 5、20、15。4 个门市部(1、2、3、4)的需求量分别是 5、10、10、15。请给出总运费最低的运输方案及最低的运费值。

表 1-14

分厂	门市部 1	门市部 2	门市部 3	门市部 4	供应量
甲	8	2	9	7	5
乙	5	2	3	8	20
丙	15	1	8	15	15
需求量	5	10	10	15	—

2. 用最小费用法建立下列运输规划的初始方案(图 1-2),并求最优解和最小运费。

			s_i
12	8	12	20
7	4	3	30
6	1	2	50
d_i: 25	50	25	

图 1-2

3. 用表上作业法求以下运输问题的最优解。

(1)已知费用表 1-15。

表 1-15 (单位:千元/吨)

产地	销地甲	销地乙	销地丙	销地丁	产量/吨
1	3	7	6	4	5
2	2	4	3	2	2
3	4	3	8	5	3
销量/吨	3	3	2	2	—

(2)已知费用表 1-16。

表 1-16 (单位:千元/吨)

产地	销地甲	销地乙	销地丙	销地丁	销地戊	产量/吨
1	10	18	29	13	22	100
2	13	M	21	14	16	120
3	0	6	11	3	M	140
4	9	11	23	18	19	80
5	24	28	36	30	34	60
销量/吨	100	120	100	60	80	—

4. 有 A、B、C 三个产地向销地 1、销地 2、销地 3 运送货物。假定对销地 1、销地 2 和销地 3 未满足需求量的单位罚款成本分别是 5、4 和 2。表 1-17 中的数据是 3 个产地向 3 个销地运送单位货物的运费。

(1)求最优解。

(2)如果没有罚款成本，并且销地 3 必须正好被满足，重新计算这个问题并求出最优解。

表 1-17

产地	销地 1	销地 2	销地 3	供应量
A	6	2	8	20
B	7	4	6	80
C	3	1	5	15
需求量	80	20	55	—

5. 某航空公司在机场 1、机场 2 均开设了通往机场 4、机场 5 的航线，通常情况下，需要在机场 3 进行中转，但在机场 2 开设了直达机场 5 的航线。已知机场 1、机场 2、机场 4、机场 5 的月起降架次和各航线的燃油消耗如图 1-3 所示。问：航空公司应该怎样安排航班，才能使运输成本最低？

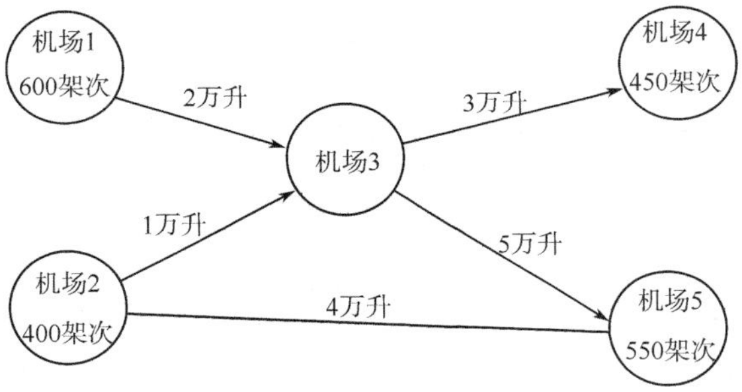

图 1-3

6. 某地有 A 、B 、C 三个生产厂商，生产同一种饮料，A 厂商的年产量为 6 万件，B 厂商为 10 万件，C 厂商为 7 万件。饮料全部供应 4 个超市：超市甲全部需求量为 3 万件，超市乙为 5 万件，超市丙为 9 万件，超市丁为 6 万件。总产量(供应量)恰好等于总需求量，饮料由各厂商运到各超市运价已知，如表 1-18 所示。问：如何安排运输，使各厂商的饮料运到各超市满足各超市的需求，且总运输费用最小，试建立该问题的运输模型。

表 1-18

厂商	超市甲	超市乙	超市丙	超市丁	供应量/万件
A	3	9	8	5	6
B	12	20	7	10	10
C	6	11	13	14	7
需求量/万件	3	5	9	6	

第九节　整数规划问题

1. 用分枝定界法求解下列整数规划问题：

(1)整数规划问题。用分枝定界法求解整数规划：$\max z=50x_1+30x_2$

$$\text{s.t.}\begin{cases}6x_1+13x_2\leqslant 70\\5x_1+2x_2\leqslant 33\\x_1,x_2\geqslant 0,\text{且为整数}\end{cases}$$

(2)$\max z=x_1+x_2$

$$\text{s.t.}\begin{cases}2x_1+5x_2\leqslant 16\\6x_1+5x_2\leqslant 30\\x_1,x_2\geqslant 0,\text{且为整数}\end{cases}$$

(3)$\max z=3x_1+2x_2$

$$\text{s.t.}\begin{cases}2x_1+3x_2\leqslant 14\\x_1+0.5x_2\leqslant 4.5\\x_1,x_2\geqslant 0,\text{且为整数}\end{cases}$$

2. 某厂拟购进甲、乙两类机床生产新产品。已知：甲、乙机床进价分别为 2 万元和 1 万元；甲能用余热发电，因此甲、乙耗电量分别为 −1 单位和 2 单位；投产后的收益分别为 600 元/日和 400 元/日。厂方仅有资金 10 万元，日耗电量 2 单位，为使收益最大化，厂方应购进甲、乙机床各多少台(表 1-19)？

表 1-19

资源	购进价/万元	耗电量/单位	投产收益/(百元/日)
甲(x 台)	2	−1	6
乙(y 台)	1	2	4
资源限量	10	2	—

第十节　工作指派问题(匈牙利算法)

1. 有 4 个工人，要指派他们分别完成 4 项工作，每人做各项工作所消耗的时间如表 1-20 所示。问：如何分配工作可使总的消耗时间最短？

表 1-20

工人	工作 A	工作 B	工作 C	工作 D
甲	15	18	21	24
乙	19	23	22	18
丙	26	17	16	19
丁	19	21	23	17

2. 现有 4 台机器要安装在 4 个不同的位置，每台机器装在不同位置的费用如表 1-21

所示，请制订一个总费用最低的安装计划。

表 1-21

机器	位置 1	位置 2	位置 3	位置 4
A	9	6	5	6
B	6	8	9	5
C	8	7	6	8
D	7	6	8	5

3. 某公司计划在一个地区级市开办 5 家新连锁店，决定由 5 家建筑公司分别承建。已知建筑公司 $A_i(i=1,2,\cdots,5)$ 对新商店 $B_i(i=1,2,\cdots,5)$ 的建造报价（单位：万元）为 $c_{ij}(i,j=1,2,\cdots,5)$，商业公司应当对这 5 家建筑公司怎样分配建筑任务，才能使总的建筑费用最低？

$$
\begin{array}{c} \\ C= \begin{array}{c} A_1 \\ A_2 \\ A_3 \\ A_4 \\ A_5 \end{array} \end{array}
\begin{array}{c} \begin{array}{ccccc} B_1 & B_2 & B_3 & B_4 & B_5 \end{array} \\ \begin{bmatrix} 4 & 8 & 6 & 15 & 12 \\ 7 & 9 & 17 & 14 & 7 \\ 6 & 9 & 12 & 6 & 10 \\ 6 & 7 & 14 & 8 & 10 \\ 6 & 7 & 7 & 10 & 8 \end{bmatrix} \end{array}
$$

4. 分配甲、乙、丙、丁 4 个人去完成 A、B、C、D、E 5 项任务。每人完成各项任务的时间如表 1-22 所示。由于任务数多于人数，故考虑：

(1)任务 A 必须完成，其他 4 项中可任选 3 项完成；

(2)其中有 1 个人完成 2 项，其他人每人完成 1 项。

试分别确定最优分配方案，使完成任务的总时间最短。

表 1-22

人	任务 A	任务 B	任务 C	任务 D	任务 E
甲	35	32	30	26	42
乙	34	21	39	25	38
丙	31	29	39	24	36
丁	44	22	41	37	24

5. 指派甲、乙、丙、丁 4 个人去完成 5 个值机柜台的工作任务。每周每个人完成各项任务所需用的时间（小时）如表 1-23 所示。规定其中有 1 个人可完成 2 项任务，其余 3 人每人完成 1 项任务，试确定总的花费时间最短的指派方案。

表 1-23

人	任务 A	任务 B	任务 C	任务 D	任务 E
甲	26	24	29	40	36
乙	37	36	35	25	30

续表

人	任务 A	任务 B	任务 C	任务 D	任务 E
丙	32	29	27	38	32
丁	28	40	39	27	43

第十一节　线性规划在管理决策中的应用

1. 某糕点厂生产面包、饼干、夹心饼和小甜饼四种产品，每天供应该厂的面粉、香油、鸡蛋、糖、牛奶和酵母的数量见表 1-24。配方和每种产品的利润也列在表中，试制订一个最优的生产计划。

表 1-24

原料	面包	饼干	夹心饼	小甜饼	资源数量
面粉/斤	12	3	$4\frac{1}{2}$	$1\frac{1}{2}$	500
鸡蛋/个	0	3	1	1	120
香油/斤	2	12	3	4	350
糖/斤	$\frac{1}{4}$	$\frac{3}{2}$	$\frac{1}{8}$	1	300
牛奶/斤	2	$\frac{3}{4}$	1	0	250
酵母/块	1	0	1	0	100
利润/(元/斤)	0.15	0.45	0.33	0.42	

2. 一个木材储运公司有很大的仓库用以储运出售木材。由于木材价格随季节变化，该公司于每个季节初期购进木材，一部分于本季节内出售，一部分储存起来以后出售。已知该公司仓库的最大储存量为 20 万米^3，储存费用为$(70+100u)$元/万米^3，式中 u 为储存时间(季节数)。已知每个季度的买进价、卖出价及预计的销售量如表 1-25 所示。

表 1-25

季节	买进价/(万元/万米^3)	卖出价/(万元/万米^3)	预计销售量/万米^3
冬	410	425	100
春	430	440	140
夏	400	465	200
秋	450	455	160

由于木材不宜久储，所有库存木材应于每年年底售完，试建立这个问题的线性规划模型。

3. 某公安局根据任务情况，每天分六班值班，每班所需最少人数如表 1-26 所示。

表 1-26

时间	班次	所需最少人数/人
2 点～6 点	1	22
6 点～10 点	2	55
10 点～14 点	3	88
14 点～18 点	4	110
18 点～22 点	5	44
22 点～次日凌晨 2 点	6	33

每位公安干警必须在每一班的一开始就进行值班；连续值两个班(8 小时)；要求开始值第六班的人要值到第二天的第一班为止。试用线性规划确定满足上述要求的公安干警最少人数。

4. 某大型机器生产公司生产大型机器、中型机器、小型机器三种型号的机器，已知生产这三种机器所用的钢材分别是 30 吨/辆、20 吨/辆、10 吨/辆，供应给该公司的钢材 16 000 吨；公司的生产能力是每 60 小时生产一辆大型机器，每 45 小时生产一辆中型机器，每 20 小时生产一辆小型机器，该公司全年的有效工时为 26 000 小时；已知供应给该公司小型机器的轮胎每年只可装配 380 辆。据市场调查，售出一架大型机器可获利 40 万元，售出一架中型机器可获利 30 万元，售出一架小型机器可获利 15 万元。问：该公司应该如何安排生产才能使工厂获利最大？

5. 某工厂要用 5 种合金 T_1、T_2、T_3、T_4、T_5 为原料，经熔炼成为一种新的不锈钢 G。这 5 种原料中元素铬(Cr)、锰(Mn)和镍(Ni)的质量分数、5 种原料的单价以及新的不锈钢材料 G 所要求的 Cr、Mn 和 Ni 的最低质量分数见表 1-27。设熔炼时重量没有损耗，要熔炼成 100 千克不锈钢 G，应选用原料 $T_i(i=1,2,\cdots,5)$各多少千克，才能使成本最小？

表 1-27

项目	T_1	T_2	T_3	T_4	T_5	G
Cr质量分数/%	3.21	4.53	2.19	1.76	3.02	3.20
Mn质量分数/%	2.04	1.12	3.57	4.33	1.32	2.10
Ni质量分数/%	5.82	3.06	4.27	2.73	3.58	4.30
单价/(元/千克)	120	95	83	76	88	—

6. 某厂今后 4 个月内需租用仓库堆放物资。已知各月份所需仓库面积数字列于表 1-28 中。仓库租借费用随合同期变化，期限越长折扣越大，具体见表 1-29。租用仓库的合同每月初都可以办理，每份合同具体规定租用面积数和期限。因此该厂可根据需要，在任何一个月初办理租用合同。每次办理时可以签一份，也可以签若干份租用面积和租用期限不同的合同，但是需考虑“租了不用就不该租”的原则。总目标是使所付租金最少，试建立此线性规划模型。

表 1-28

项目	1 月	2 月	3 月	4 月
所需仓库面积/$\times 10^2$ 米^2	16	9	20	12

表 1-29

项目	1个月	2个月	3个月	4个月
合同期内的租金/元	2 700	4 600	6 000	7 500

7. 已知下列5名运动员(赵、浦、潘、王、郭)各种泳姿的50米游泳成绩,见表1-30。试建立该问题的模型来决定如何从中选拔一个参加200米混合泳的接力队,使预期比赛成绩为最好。

表 1-30　　(单位:分钟)

项目	赵	浦	潘	王	郭
仰泳	37.7	32.9	33.9	37.6	35.4
蛙泳	43.4	33.4	42.2	34.7	41.8
蝶泳	33.3	28.5	38.9	30.4	32.7
自由泳	28.7	26.4	29.6	28.5	31.1

8. 某航空公司在某机场有若干值机柜台。观察航班计划的规律,平时旅客不多,而在每个星期五游客数量会猛增。该航空公司雇佣了两名正式员工,正式员工每天工作6小时。另外的工作由临时工来担任,临时工每班工作3小时。星期五,该值机柜台从上午8点开始值机到晚上7点停止值机。根据旅客乘坐情况,星期五每个值机小时所需最少员工数(包括正式工和临时工),如表1-31所示。

表 1-31

时间	需员工数/人
08:00～09:00	7
09:00～10:00	8
10:00～11:00	7
11:00～12:00	4
12:00～13:00	3
13:00～14:00	2
14:00～15:00	6
15:00～16:00	12
16:00～17:00	10
17:00～18:00	7
18:00～19:00	6

已知一名正式职工,8点开始上班,工作3个小时、休息2个小时后,再工作3个小时;另一名正式职工12点开始上班,工作4个小时,休息一个小时后再工作2个小时。又知道雇佣临时工每小时的费用是20元。问:在满足对职工需求的条件下,如何安排临时工的班次,才能使雇用临时工的成本最小?(建立线性规划的模型)

本章答案

第一节 判断题

1.(×) 2.(×) 3.(√) 4.(√) 5.(√) 6.(×) 7.(√) 8.(√) 9.(√)
10.(×) 11.(×) 12.(×) 13.(√) 14.(√) 15.(√) 16.(√) 17.(×)
18.(×) 19.(×) 20.(√) 21.(×) 22.(√) 23.(√) 24.(√) 25.(√)
26.(√) 27.(√) 28.(×) 29.(√) 30.(√) 31.(√) 32.(√) 33.(×)
34.(√) 35.(√) 36.(×) 37.(×) 38.(×) 39.(√) 40.(×) 41.(√)
42.(×) 43.(√) 44.(√) 45.(×) 46.(√) 47.(√) 48.(√) 49.(×)

第二节 建立模型

1. 解:建立数学模型如下:设每天应生产 A、B、C、三种型号的电冰箱各 x_1、x_2、x_3 台。

目标函数:$\max z=50x_1+40x_2+30x_3$

约束条件:$\begin{cases}40x_1+40x_2+50x_3\leqslant 2\,000\\7x_1+3x_2+6x_3\leqslant 150\\x_1,x_2,x_3\geqslant 0\end{cases}$

2. 解:设每天生产甲级酒(含 A 酒 x_1 斤,含 B 酒 x_2 斤,含 C 酒 x_3 斤)共($x_1+x_2+x_3$)斤,生产乙级酒(含 A 酒 x_4 斤,含 B 酒 x_5 斤,含 C 酒 x_6 斤)共($x_4+x_5+x_6$)斤,生产丙级酒(含 A 酒 x_7 斤,含 B 酒 x_8 斤,含 C 酒 x_9 斤)共($x_7+x_8+x_9$)斤。

目标函数:$\max z=6.8(x_1+x_2+x_3)+5.7(x_4+x_5+x_6)+4.5(x_7+x_8+x_9)$
$\qquad -7(x_1+x_4+x_7)-5(x_2+x_5+x_8)-4(x_3+x_6+x_9)$

$\max z=-0.2x_1+1.8x_2+2.8x_3-1.3x_4+0.7x_5+1.7x_6-2.5x_7-0.5x_8+0.5x_9$

$$\text{s.t.}\begin{cases}\dfrac{x_1}{x_1+x_2+x_3}\geqslant 0.6\\\dfrac{x_3}{x_1+x_2+x_3}\leqslant 0.2\\\dfrac{x_4}{x_4+x_5+x_6}\geqslant 0.15\\\dfrac{x_6}{x_4+x_5+x_6}\leqslant 0.6\\\dfrac{x_9}{x_7+x_8+x_9}\leqslant 0.5\\x_1+x_4+x_7\leqslant 2\,000\\x_2+x_5+x_8\leqslant 2\,500\\x_3+x_6+x_9\leqslant 1\,200\\x_i\geqslant 0,(i=1,2,\cdots,9)\end{cases}\Rightarrow\text{化简为}\begin{cases}2x_1-3x_2-3x_3\geqslant 0\\x_1+x_2-4x_3\geqslant 0\\17x_4-3x_5-3x_6\geqslant 0\\3x_4+3x_5-2x_6\geqslant 0\\x_7+x_8-x_9\geqslant 0\\x_1+x_4+x_7\leqslant 2\,000\\x_2+x_5+x_8\leqslant 2\,500\\x_3+x_6+x_9\leqslant 1\,200\\x_i\geqslant 0,(i=1,2,\cdots,9)\end{cases}$$

3. 解：

(1) 决策变量：x_1＝珍贵动物每天吃玉米的数量；x_2＝珍贵动物每天吃燕麦的数量；x_3＝珍贵动物每天吃鸡肉的数量；x_4＝珍贵动物每天吃牛肉的数量。

(2)目标函数：$z=5x_1+8x_2+8x_3+15x_4$

(3)约束条件：每天吸取的蛋白质至少达到 500 克；

每天吸取的维生素至少达到 6 克；

每天吸取的脂肪至少达到 10 克；

每天吸取的纤维素至少达到 8 克。

(4)线性规划模型如下：

$$\min z=5x_1+8x_2+8x_3+15x_4$$

$$\text{s. t.}\begin{cases}400x_1+200x_2+150x_3+500x_4\geqslant 500\\3x_1+2x_2+x_3+2x_4\geqslant 6\\2x_1+2x_2+4x_3+6x_4\geqslant 10\\2x_1+4x_2\geqslant 8\\x_i\geqslant 0, i=1,2,3,4\end{cases}$$

4. 解：

(1)决策变量：设 x_i 星期 i 开始工作的人数。

(2)目标函数：$z=x_1+x_2+x_3+x_4+x_5+x_6+x_7$

(3)约束条件：星期一：$x_1+x_6+x_7\geqslant 15$

星期二：$x_1+x_2+x_7\geqslant 18$

星期三：$x_1+x_2+x_7\geqslant 25$

星期四：$x_2+x_3+x_4\geqslant 19$

星期五：$x_3+x_4+x_5\geqslant 31$

星期六：$x_4+x_5+x_6\geqslant 45$

星期日：$x_5+x_6+x_7\geqslant 47$

(4)线性规划模型如下：$\min z=x_1+x_2+x_3+x_4+x_5+x_6+x_7$

$$\text{s. t.}\begin{cases}x_1+x_6+x_7\geqslant 15\\x_1+x_2+x_7\geqslant 18\\x_1+x_2+x_3\geqslant 25\\x_2+x_3+x_4\geqslant 19\\x_3+x_4+x_5\geqslant 31\\x_4+x_5+x_6\geqslant 45\\x_5+x_6+x_7\geqslant 47\\x_i\geqslant 0(i=1,2,3,4,5,6,7)\end{cases}$$

5. 解：因为 60＋40＝40＋25＋35，所以这是供求平衡的运输问题。

(1)决策变量：设 x_{ij} 为从 i 号仓库运输到 j 号部队的运输量

(2)目标函数：$z=1x_{11}+2x_{12}+3x_{13}+2x_{21}+1x_{22}+4x_{23}$

(3)约束条件：$x_{11}+x_{12}+x_{13}=60$

$x_{21}+x_{22}+x_{23}=40$

$x_{21}+x_{22}=40$

$x_{21}+x_{22}=25$

$x_{21}+x_{22}=35$

(4)线性规划模型如下：$\min z=1x_{11}+2x_{12}+3x_{13}+2x_{21}+1x_{22}+4x_{23}$

$$\text{s.t.}\begin{cases}x_{11}+x_{12}+x_{13}\leqslant 60\\x_{21}+x_{22}+x_{23}\leqslant 40\\x_{21}+x_{22}=40\\x_{21}+x_{22}=25\\x_{21}+x_{22}=35\\x_{ij}>0(i=1,2;j=1,2,3)\end{cases}$$

6. 解：(1)决策变量：设$x_{ij}=\begin{cases}1(\text{使用}D_i\text{类导弹攻击目标}M_j)\\0(\text{否})\end{cases}$

(2)线性规划模型：$\max z=\sum\limits_{i,j}p_{ij}x_{ij}$

$$\text{s.t.}\begin{cases}\sum\limits_{i=1}^{m}x_{ij}=1,j=1,2,3,\cdots,n\\\sum\limits_{j=1}^{n}x_{ij}\leqslant m_i,i=1,2,3,\cdots,n\\x_{ij}=0\text{ 或 }1\end{cases}$$

第三节　用图解法解下列线性规划问题

1. 解：作图 1

可行域是 $OABCDE$。

角顶可行解 $O(0,0)$，$A(0,2.5)$，$B(4,3.5)$，$C(5,3)$，$D(4,1)$，$E(1,0)$。其中在角顶 C 处目标函数值最大。

∴有唯一最优解：$\max z=21$；$x_1=5$，$x_2=3$。

2. 解：作图 2

可行域是 $OABCDE$。角顶可行解 $O(0,0)$，$A(0,10)$，$B(5,10)$，$C(10,8)$，$D(13,5)$，$E(44/3,0)$。

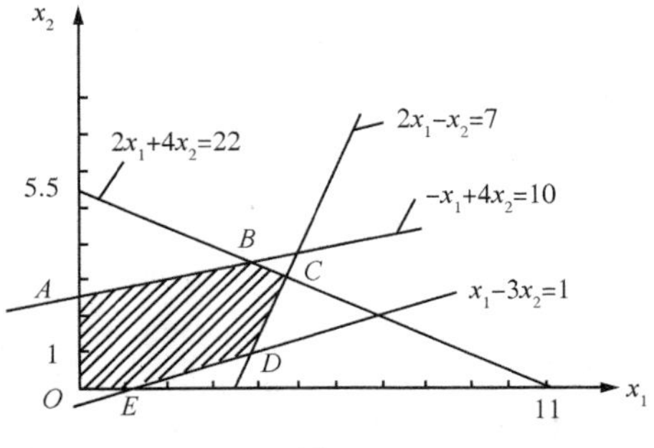

图 1

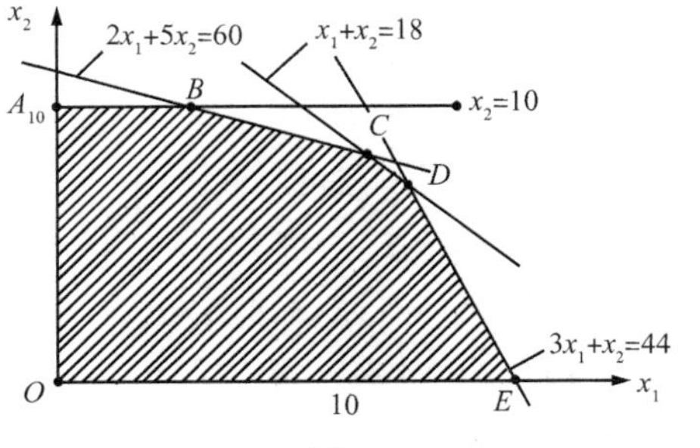

图 2

其中，在角顶 D 处有唯一最优解：$\max z=31$；$x_1=13$，$x_2=5$。

3. 解:作图 3

有可行域(如图阴影部分)但 max z 无界。∴无最优解。

4. 解:作图 4

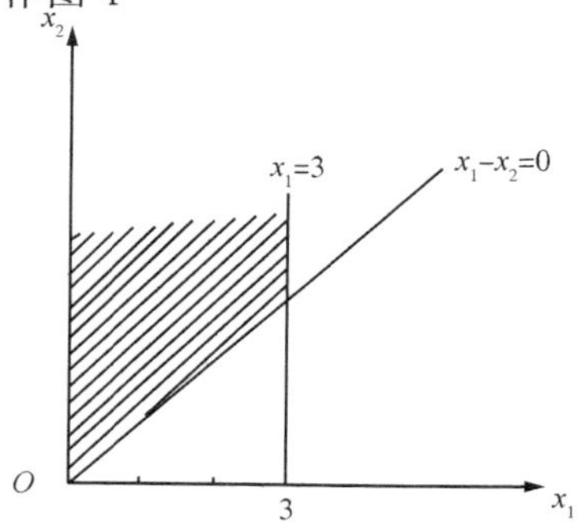

图 3

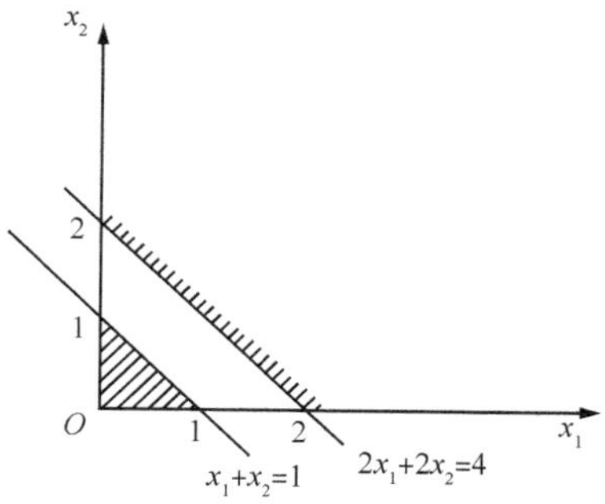

图 4

无闭合域,此题无可行解。

5. 解:作图 5

无有限最优解(无界解)。

6. 解:作图 6

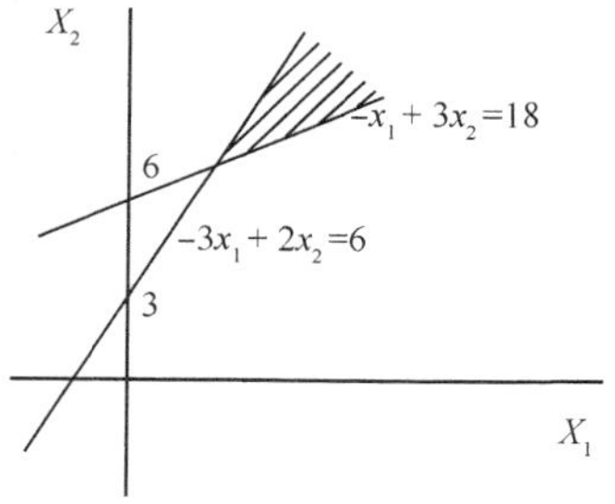

图 5

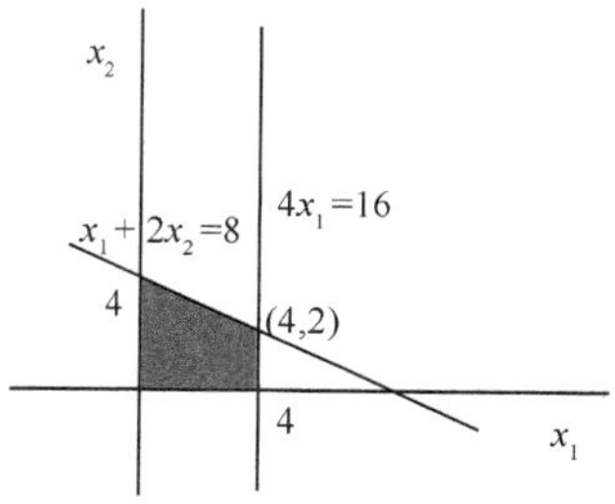

图 6

最优解为$(x_1,x_2)=(4,2)$,max $z=14$。

7. 解:设 A、B 两种产品的日生产分别为 x,y 件时,工厂获得的利润为 z 万元,则

$$\max z=2x+3y$$

$$\text{s. t.}\begin{cases}x+2y\leqslant 8\\4x\leqslant 16\\4y\leqslant 12\\x,y\geqslant 0\end{cases}$$

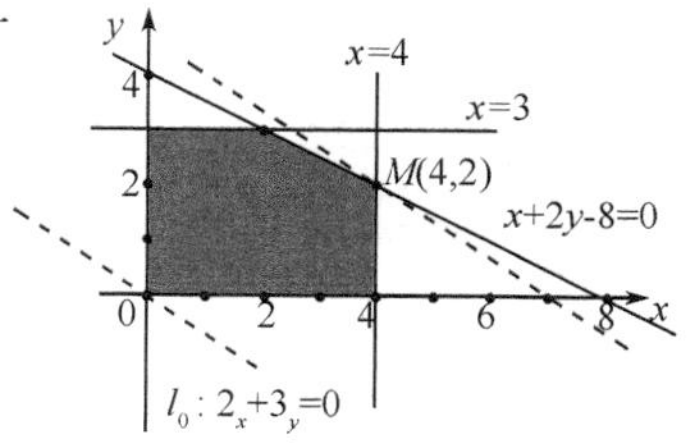

图 7

作出约束条件所表示的可行域,如图 7 所示。

目标函数为 $z=2x+3y$,可变形为 $y=-\dfrac{2}{3}x+\dfrac{z}{3}$,作直线 l_0:$2x+3y=0$,当直线 l_0 平移经过可行域时,在 M 点处达到 y 轴上截距$\dfrac{z}{3}$的最大值,即此时 z 有最大值。

解方程组$\begin{cases}x=4\\x+2y-8=0\end{cases}$，得点 $M(4,2)$，$\therefore z_{\max}=2x+3y=14$。

当每天安排生产 4 件 A 产品，2 件 B 产品时，工厂获利最大为 14 万元。

第四节　用单纯形法解下列线性规划

1. 解：引进松弛变量 x_3, x_4, x_5, x_6。

$$\begin{cases}x_2+x_3=10\\2x_1+5x_2+x_4=60\\x_1+x_2+x_5=18\\3x_1+x_2+x_6=44\\x_i\geqslant 0,(i=1,2,\cdots,6)\end{cases}$$

x		x_1	x_2	x_3	x_4	x_5	x_6	b	θ
	c	2	1	0	0	0	0		
x_3	0	0	1	1	0	0	0	10	
x_4	0	2	5	0	1	0	0	60	30
x_5	0	1	1	0	0	1	0	18	18
x_6	0	③	1	0	0	0	1	44	$14\frac{2}{3}$ ↑
z_j		0	0	0	0	0	0	0	
z_j-c_j		-2	-1	0	0	0	0		
		↑							
x_3	0	0	1	1	0	0	0	10	10
x_4	0	0	$\frac{13}{3}$	0	1	0	$-\frac{2}{3}$	$\frac{92}{3}$	$\frac{92}{13}$
x_5	0	0	($\frac{2}{3}$)	0	0	1	$-\frac{1}{3}$	$\frac{10}{3}$	5 ↑
x_1	2	1	$\frac{1}{3}$	0	0	0	$\frac{1}{3}$	$\frac{44}{3}$	44
z_j		2	$\frac{2}{3}$	0	0	0	$\frac{2}{3}$	$\frac{88}{3}$	
z_j-c_j		0	$-\frac{1}{3}$	0	0	0	$\frac{2}{3}$		
				↑					
x_3	0	0	0	1	0	-1.5	0.5	5	
x_4	0	0	0	0	1	-6.5	1.5	9	
x_2	1	0	1	0	0	1.5	-0.5	5	
x_1	2	1	0	0	0	-0.5	0.5	13	
z_j		2	1	0	0	0.5	0.5	31	
z_j-c_j		0	0	0	0	0.5	0.5	最优解	

∴最优解为 $x_1=13, x_2=5, x_3=5, x_4=9, x_5=x_6=0$。

$\max z=31$。

2. 解：加入松弛变量 x_4, x_5。

$$\begin{cases}3x_1+x_2+3x_3+x_4=30\\2x_1+2x_2+3x_3+x_5=40\\x_i\geqslant 0,(i=1,2,3,4,5)\end{cases}$$

x		x_1	x_2	x_3	x_4	x_5	b	θ
	c	4	3	6	0	0		
x_4	0	3	1	③	1	0	30	10 ↑
x_5	0	2	2	3	0	1	40	$13\frac{1}{3}$
z_j		0	0	0	0	0	0	
z_j-c_j		-4	-3	-6	0	0		
				↑				
x_3	6	1	$\frac{1}{3}$	1	$\frac{1}{3}$	0	10	30
x_5	0	-1	①	0	-1	1	10	10 ↑
z_j		6	2	6	2	0	60	
z_j-c_j		2	-1	0	2	0		
			↑					
x_3	6	$\frac{4}{3}$	0	1	$\frac{2}{3}$	$-\frac{1}{3}$	$\frac{20}{3}$	
x_2	3	-1	1	0	-1	1	10	
z_j		5	3	6	1	1	70	
z_j-c_j		1	0	0	1	1	最优解	

∴最优解：$x_1=0, x_2=10, x_3=\frac{20}{3}$。

$\max z=70$。

3. 解：

(1)化为标准型：

令 $x_4=x'_4-x''_4\ (x'_4, x''_4\geqslant 0)$

$$\max(-z)=-2x_1-x_2+5x_3+x'_4-x''_4+0\cdot x_5-M\cdot\bar{x}_6+0\cdot x_7-M\cdot\bar{x}_8+0\cdot x_9+0\cdot x_{10}-M\cdot\bar{x}_{11}$$

$$\text{s.t.}\begin{cases}3x_1+x'_4-x''_4+x_5=25\\x_1+x_2+x_3+x'_4-x''_4+\bar{x}_6=20\\4x_1+6x_3-x_7+\bar{x}_8=5\\2x_2+3x_3+2x'_4-2x''_4+x_9=30\\2x_2+3x_3+2x'_4-2x''_4-x_{10}+\bar{x}_{11}=2\\x_1,x_2,x_3,x'_4,x''_4,x_5,\bar{x}_6,x_7,\bar{x}_8,x_9,x_{10},\bar{x}_{11}\geqslant 0\end{cases}$$

(2)列出初始单纯形表：

x		x_1	x_2	x_3	x'_4	x''_4	x_5	$\bar{x}_6$	x_7	$\bar{x}_8$	x_9	x_{10}	$\bar{x}_{11}$	b
	c	-2	-1	5	1	-1	0	$-M$	0	$-M$	0	0	$-M$	
x_5	0	3	0	0	1	-1	1	0	0	0	0	0	0	25
$\bar{x}_6$	$-M$	1	1	1	1	-1	0	1	0	0	0	0	0	20
$\bar{x}_8$	$-M$	4	0	6	0	0	0	0	-1	1	0	0	0	5
x_9	0	0	2	3	2	-2	0	0	0	0	1	0	0	30
$\bar{x}_{11}$	$-M$	0	2	3	2	-2	0	0	0	0	0	-1	1	2
z_j		$-5M$	$-3M$	$-10M$	$-3M$	$3M$	0	$-M$	M	$-M$	0	M	$-M$	$-27M$
z_j-c_j		$-5M+2$	$-3M+1$	$-10M-5$	$-3M-1$	$3M+1$	0	0	M	0	0	M	0	

第五节　建立模型并用单纯形法求解

1. 构造数学模型使该运输公司的实际利润最大，并求解。

解：先假设需要 A、B 两种机型各 x_1、x_2 架。建立线性规划模型，并标准化：

$$\max z=500x_1+800x_2+0x_3+0x_4$$

$$\text{s. t.}\begin{cases}20x_1+40x_2+x_3=1\ 600\\30x_1+20x_2+x_4=1\ 800\\x_i\geqslant 0(i=1,2,3,4)\end{cases}$$

利用单纯形法：

x		x_1	x_2	x_3	x_4	b	θ
	c	500	800	0	0		
x_3	0	20	㊵	1	0	1 600	40 ↑
x_4	0	30	20	0	1	1 800	90
z_j		0	0	0	0		
z_j-c_j		-500	-800	0	0		
			↑				

x		x_1	x_2	x_3	x_4	b	θ
	c	500	800	0	0		
x_2	800	1/2	1	1/40	0	40	80
x_4	0	⑳	0	$-1/2$	1	1 000	50
z_j		400	800	20	0		
z_j-c_j		-100	0	20	0		

x		x_1	x_2	x_3	x_4	b	θ
	c	500	800	0	0		
x_2	800	0	1	3/80	$-1/40$	15	
x_1	500	1	0	$-1/40$	1/20	50	
z_j		500	800	17.5	5		
z_j-c_j		0	0	17.5	5		

可得最优解为：$x_1=50$ 架，$x_2=15$ 架，$\max z=37\ 000$ 元。

2. 解：设种 A,B,C,D 四种农田的面积各为 x_1,x_2,x_3,x_4（单位：亩）。建立线性规划模型并标准化：

$$\max z=3x_1-3x_2+2x_3+5x_4-Mx_5+0x_6+0x_7-Mx_8$$

$$\text{s. t}\begin{cases}-4x_1+x_2-2x_3-x_4+x_5=2\\x_1+x_2+3x_3+x_4+x_6=14\\-2x_1+3x_2-x_3-2x_4-x_7+x_8=2\\x_i\geqslant 0(i=1,2,\cdots,8)\end{cases}$$

初始单纯形表：

c_j			3	-3	2	5	$-M$	0	0	$-M$	θ
c_b	x_b	b	x_1	x_2	x_3	x_4	x_5	x_6	x_7	x_8	
$-M$	x_5	2	-4	1	-2	-1	1	0	0	0	2
0	x_6	14	1	1	3	1	0	1	0	0	14
$-M$	x_8	2	-2	3	-1	-2	0	0	-1	1	2/3 ↑
$\sigma_j=z_j-c_j$			$-3+6M$	$-4M+3$	$-2+3M$	$-5+3M$	0	0	M	0	

↑

迭代得最优解：$x_2=8,x_4=6,\max z=6$。

3. 解：设 x_1、x_2、x_3 为三道工序均由该制造厂加工的 A、B、C 三种产品的件数，x_4、x_5 为外协加工再由本公司进行机械加工和钣金工艺的 A、B 两种产品的件数。

由本公司自行加工的三种产品的利润：

$A=23-(3+2+3)=15\ 000$ 元

$B=18-(5+1+2)=10\ 000$ 元

$C=16-(4+3+1)=8\ 000$ 元

由外协铸造加工的 A、B 产品的利润：

$A=23-(6+2+3)=12\ 000$ 元

$B=18-(6+1+2)=9\ 000$ 元

$$\max z=15x_1+10x_2+8x_3+12x_4+9x_5$$

$$\text{s.t.}\begin{cases}5x_1+10x_2+15x_3\leqslant 8\ 000\text{——铸造工时}\\6x_1+4x_2+8x_3+6x_4+4x_5\leqslant 14\ 400\text{——机械加工工时}\\3x_1+2x_2+2x_3+3x_4+2x_5\leqslant 10\ 200\text{——钣金工艺工时}\\x_i\geqslant 0,i=1,2,\cdots,5\end{cases}$$

单纯形表如下：

x		x_1	x_2	x_3	x_4	x_5	x_6	x_7	x_8	b	θ
	c	15	10	8	12	0	0	0	0		
x_6	0	⑤	10	15	0	0	1	0	0	8 000	1 600 ↑
x_7	0	6	4	8	6	4	0	1	0	14 400	2 400
x_8	0	3	2	2	3	2	0	0	1	10 200	3 400
z_j		0	0	0	0	0	0	0	0	0	
c_j-z_j		15	10	8	12	9	0	0	0		
		↑									

x		x_1	x_2	x_3	x_4	x_5	x_6	x_7	x_8	b	θ
	c	15	10	8	12	9	0	0	0		
x_1	15	1	2	3	0	0	0.2	0	0	1 600	
x_7	0	0	−8	−10	⑥	4	−1.2	1	0	4 800	800 ↑
x_8	0	0	−4	−7	3	2	−0.6	0	1	5 400	1 800
z_j		15	30	45	0	0	3	0	0	24 000	
c_j-z_j		0	−20	−37	12	9	−3	0	0		
					↑						

x		x_1	x_2	x_3	x_4	x_5	x_6	x_7	x_8	b	θ
	c	15	10	8	12	9	0	0	0		
x_1	15	1	2	3	0	0	0.2	0	0	1 600	
x_4	12	0	−4/3	−5/3	1	(2/3)	−0.2	1/6	0	800	1 200 ↑
x_8	0	0	0	−2	0	0	0	−0.5	1	3 000	
z_j		15	14	25	12	8	0.6	2	0	33 600	
c_j-z_j		0	−4	−17	0	1	−0.6	−2	0		
						↑					

x		x_1	x_2	x_3	x_4	x_5	x_6	x_7	x_8	b	
	c	15	10	8	12	9	0	0	0		
x_1	15	1	2	3	0	0	0.2	0	0	1 600	
x_5	9	0	−2	−2.5	1.5	1	−0.3	0.25	0	1 200	
x_8	0	0	0	−2	0	0	0	−0.5	1	3 000	
z_j		15	12	21.5	13.5	9	0.3	2.25	0	34 800	
c_j-z_j		0	−2	−13.5	−1.5	0	−0.3	−2.25	0		最优解

∴$x_1=1\ 600$(件)，$x_2=x_3=x_4=0$(件)，$x_5=1\ 200$(件)。

故 1 600 件 A 产品的三道工序均由该厂自行完成，1 200 件 C 产品的铸造由外包协作，然后由该厂进行机械加工和钣金工艺，可以获得最大利润 34 800 000 元。

4. 解：设 x_j 为第 j 号类型机队的队数，$j=1,2,3,4$，z 为总货运成本。

$$\max z = 36x_1 + 36x_2 + 72x_3 + 27x_4$$

$$\text{s. t.}\begin{cases} x_1 + 2x_2 + x_3 + x_4 \leqslant 12 \\ 2x_1 + x_2 + x_3 \leqslant 9 \\ x_3 + x_4 \leqslant 7 \\ 330x_1 + 360x_2 = 1\ 080 \\ 400x_3 + 300x_4 = 2\ 000 \\ x_j \geqslant 0,,j = 1,2,3,4 \end{cases}$$

将原问题化成标准形式：

$$\max(-z) = -36x_1 - 36x_2 - 72x_3 - 27x_4 + 0x_5 + 0x_6 + 0x_7 - M\bar{x}_8 - M\bar{x}_9$$

$$\text{s. t.}\begin{cases} x_1 + 2x_2 + x_3 + x_4 + x_5 = 12 \\ 2x_1 + x_2 + x_3 + x_6 = 9 \\ x_3 + x_4 + x_7 = 7 \\ 330x_1 + 360x_2 + \bar{x}_8 = 1\ 080 \\ 400x_3 + 300x_4 + \bar{x}_9 = 2\ 000 \\ x_j \geqslant 0, j = 1,2,3,4,5,6,7, \bar{x}_8 \geqslant 0, \bar{x}_9 \geqslant 0 \end{cases}$$

列出初始单纯形表：

x		x_1	x_2	x_3	x_4	x_5	x_6	x_7	x_8	x_9	b	θ
x_b	c	−36	−36	−72	−27	0	0	0	$-M$	$-M$		
x_5	0	1	2	1	1	1	0	0	0	0	12	12
x_6	0	2	1	1	0	0	1	0	0	0	9	9
x_7	0	0	0	1	1	0	0	1	0	0	7	7
x_8	$-M$	330	360	0	0	0	0	0	1	0	1 080	
x_9	$-M$	0	0	(400)	300	0	0	0	0	1	2 000	5 ↑
z_j		$-300M$	$-360M$	$-400M$	$-300M$	0	0	0	$-M$	$-M$	$-3\ 080M$	
c_j-z_j		$330M-36$	$360M-36$	$400M-72$	$300M-27$	0	0	0	0	0		
				↑								

x		x_1	x_2	x_3	x_4	x_5	x_6	x_7	x_8	x_9	b	θ
x_b	c	−36	−36	−72	−27	0	0	0	$-M$	$-M$		
x_4	−27	−10/3	0	0	1	4	0	0	−1/45	−1/100	4	
x_6	0	−11/24	0	0	0	3	1	0	−7/360	−1/100	4	
x_7	0	5/24	0	0	0	−1	0	1	1/180	0	1	
x_2	−36	11/12	1	0	0	0	0	0	1/360	0	3	
x_3	−72	5/8	0	1	0	−3	0	0	1/60	1/100	2	
z_j		12	−36	−72	−27	108	0	0	−0.7	−0.45	−360	最优解
c_j-z_j		−48	0	0	0	−108	0	0	$0.7-M$	$0.45-M$		

$\therefore x_1=0, x_2=3, x_3=2, x_4=4$。

$\max\ (-z)=(-36)\times 3-72\times 2-27\times 4=-360\ 000$(元)

$\therefore \max\ z=360\ 000$(元)。

故调派第 2 号类型机队 3 队，第 3 号类型机队 2 队，第 4 号类型机队 4 队，可在完成合同任务的同时使总货运成本最小。

第六节　用对偶单纯形法求解线性规划问题

1. 求下列线性规划的对偶问题：

解：(1) $\max\ z=60x_1+50x_2$

$$\text{s.t.}\begin{cases}x_1+2x_2\leqslant 40\\ -2x_1+x_2\leqslant -6\\ x_1+x_2\leqslant 25\\ x_1,x_2\geqslant 0\end{cases}$$

对偶问题 $\Rightarrow$

$\min\ w=40y_1-6y_2+25y_3$

$$\text{s.t.}\begin{cases}y_1-2y_2+y_3\geqslant 60\\ 2y_1+y_2+y_3\geqslant 50\\ y_1,y_2,y_3\geqslant 0\end{cases}$$

(2) $\max\ z=24x_1+28x_2$

$$\text{s.t.}\begin{cases}4x_1+6x_2=48\\ x_1\leqslant 9\\ x_2\leqslant 7\\ x_1,x_2\geqslant 0\end{cases}$$

对偶问题 $\Rightarrow$

$\min\ w=48y_1+9y_2+7y_3$

$$\text{s.t.}\begin{cases}4y_1+y_2\geqslant 24\\ 6y_1+y_3\geqslant 28\\ y_2,y_3\geqslant 0,\text{无非负要求}\end{cases}$$

(3) $\min\ z=2x_1+x_2-6x_3-x_4$

$$\text{s.t.}\begin{cases}3x_1+x_4\leqslant 25\\ x_1+x_2+x_3+x_4=20\\ 4x_1+6x_3\geqslant 5\\ 2\leqslant 2x_2+3x_3+2x_4\leqslant 30\\ x_1,x_2,x_3\geqslant 0,x_4\ \text{无非负要求}\end{cases}$$

对偶问题 $\Rightarrow$

解：将原来的约束条件转换为

$$\text{s.t.}\begin{cases}-3x_1-x_4\geqslant -25\\ x_1+x_2+x_3+x_4=20\\ 4x_1+6x_3\geqslant 5\\ 2x_2+3x_3+2x_4\geqslant 2\\ -2x_2-3x_3-2x_4\geqslant -30\\ x_1,x_2,x_3\geqslant 0,x_4\ \text{无非负要求}\end{cases}$$

则其对偶问题为　$\max\ w=-25y_1+20y_2+5y_3+2y_4-30y_5$

$$\text{s.t.}\begin{cases}-3y_1+y_2+4y_3\leqslant 2\\ y_2+2y_4-2y_5\leqslant 1\\ y_2+6y_3+3y_4-3y_5\leqslant -6\\ -y_1+y_2+2y_4-2y_5=-1\\ y_1,y_3,y_4,y_5\geqslant 0,y_2\ \text{无非负要求}\end{cases}$$

(4) 原线性规划问题的对偶问题是

$\max\ z=4y_1+2y_2$

$$\text{s. t.}\begin{cases}-y_1-2y_2\leqslant -6\\ -2y_1+y_2\leqslant -4\\ y_1,y_2\geqslant 0\end{cases}$$

(5)原线性规划问题的对偶问题是

$\max z=6y_1+4y_2$

$$\text{s. t.}\begin{cases}-2y_1+3y_2\leqslant 5\\3y_1-6y_2\leqslant 3\\y_1,y_2\geqslant 0\end{cases}$$

2. 用对偶单纯形法解：$\min z=20x_1+10x_2$

解：$\max(-z)=-20x_1-10x_2$

$$\text{s.t.}\begin{cases}5x_1+x_2\geqslant 6\\2x_1+2x_2\geqslant 8\\x_1,x_2\geqslant 0\end{cases}\quad\Rightarrow\quad\text{s.t.}\begin{cases}-5x_1-x_2\leqslant -6\\-2x_1-2x_2\leqslant -8\\x_1,x_2\geqslant 0\end{cases}$$

引入松弛变量 x_3,x_4：

$\max(-z)=-20x_1-10x_2+0\cdot x_3+0\cdot x_4$

$$\text{s.t.}\begin{cases}-5x_1-x_2+x_3=-6\\-2x_1-2x_2+x_4=-8\\x_1,x_2,x_3,x_4\geqslant 0\end{cases}$$

x		x_1	x_2	x_3	x_4	b
	c	−20	−10	0	0	
x_3	0	−5	−1	1	0	−6
x_4	0	−2	(−2)	0	1	−8 ↑
z_j		0	0	0	0	0
z_j-c_j		20	10 ↑	0	0	

$\left|\frac{20}{-2}\right|=10\quad\left|\frac{10}{-2}\right|=5$

x_3	0	(−4)	0	1	$-\frac{1}{2}$	−2 ↑
x_2 −10		1	1	0	$-\frac{1}{2}$	4
z_j		−10	−10	0	5	−40
z_j-c_j		10	0	0	5	
		↑	0	0	5	

$\left|-\frac{10}{14}\right|=2.5\quad\left|-\frac{5}{1/2}\right|=10$

x_1	−20	1	0	$-\frac{1}{4}$	$\frac{1}{8}$	$\frac{1}{2}$
x_2	−10	0	1	$\frac{1}{4}$	$-\frac{5}{8}$	$3\frac{1}{2}$
z_j		−20	−10	2.5	3.75	−45
z_j-c_j		0	0	2.5	3.75	

∴最优解：$x_1=\frac{1}{2},x_2=3\frac{1}{2}$。

$\max(-z)=-45$

$\min z=45$

3. 解：化为标准形：$\max z=2x_1-x_2+x_3$

$$\text{s.t.}\begin{cases}3x_1-2x_2+2x_3+x_4=15\\-x_1+x_2+x_3+x_5=3\\x_1-x_2+x_3+x_6=4\\x_i\geqslant 0,i=1,2,\cdots,6\end{cases}$$

c_j		2	−1	1	0	0	0	b	θ
x_b	c_b	x_1	x_2	x_3	x_4	x_5	x_6		
x_4	0	3	−2	2	1	0	0	15	5
x_5	0	−1	1	1	0	1	0	3	
x_6	0	①	−1	1	0	0	1	4	4 ↑
z_j		0	0	0	0	0	0		
z_j-c_j		−2 ↑	1	−1	0	0	0		
x_4	0	0	①	−1	1	0	−3	3	3 ↑
x_5	0	0	0	2	0	1	1	7	
x_1	2	1	−1	1	0	0	1	4	
z_j		2	−2	2	0	0	2		
z_j-c_j		0	−1 ↑	1	0	0	2		
x_2	−1	0	1	−1	1	0	−3	3	
x_5	0	0	0	2	0	1	①	7	7 ↑
x_1	2	1	0	0	1	0	−2	7	
z_j		2	−1	1	1	0	−1		
z_j-c_j		0	0	0	1	0	−1 ↑		
x_2	−1	0	1	5	1	3	0	24	
x_6	0	0	0	2	0	1	1	7	
x_1	2	1	0	4	1	2	0	21	
z_j		2	−1	3	1	1	0	18	
z_j-c_j		0	0	2	1	1	0	最优解	

$x=(21,24,0,0,7)^{\mathrm{T}}$，资源 1、资源 2、资源 3 的影子价格分别为 1、1、0。

4. 解：

(1) $\max(-f)=-2x_1-4x_2-6x_3-M\bar{x}_5-M\bar{x}_8+0(x_4+x_6+x_7)$

$$\text{s.t.}\begin{cases}2x_1-x_2+x_3-x_4+\bar{x}_5=10\\x_1+2x_2+2x_3+x_6=12\\2x_2-x_3-x_7+\bar{x}_8=4\\x_j\geqslant 0,j=1,2,3,4,5,6,7,8\end{cases}$$

用单纯形法迭代求解，得最优解 $x=(6,2,0)^{\mathrm{T}}$；$f=20$。

(2) $\max(-f)=-2x_1-4x_2-6x_3+0(x_4+x_5+x_6)$

$$\text{s.t.}\begin{cases}-2x_1+x_2-x_3+x_4=-10\\x_1+2x_2+2x_3+x_5=12\\-2x_2+x_3+x_6=-4\\x_j\geqslant 0, j=1,2,3,4,5,6\end{cases}$$

用对偶单纯形法迭代求解，得最优解：$x=(6,2,0)^T$；$f=20$。

5. 求解线性规划：$\min z=20x_1+15x_2$

解：$\max(-z)=-20x_1-15x_2$

$$\text{s.t.}\begin{cases}2x_1+x_2\geqslant 5\\-3x_1+2x_2\leqslant 3\\x_1+x_2\geqslant 3\\x_1,x_2\geqslant 0\end{cases}\Rightarrow\begin{cases}-2x_1-x_2\leqslant -5\\-3x_1+2x_2\leqslant 3\\-x_1-x_2\leqslant 3\\x_1,x_2\geqslant 0\end{cases}$$

加入松弛变量 x_3,x_4,x_5：

$\max(-z)=-20x_1-15x_2+0\cdot x_3+0\cdot x_4+0\cdot x_5$

$$\text{s.t.}\begin{cases}-2x_1-x_2+x_3=-5\\-3x_1+2x_2+x_4=3\\-x_1-x_2+x_5=-3\\x_i\geqslant 0(i=1,2,\cdots,5)\end{cases}$$

用对偶单纯形法解：

x	c	x_1	x_2	x_3	x_4	x_5	b
		-20	-15	0	0	0	
x_3	0	(−2)	-1	1	0	0	-5 ↑
x_4	0	-3	2	0	1	0	3
x_5	0	-1	-1	0	0	1	-3
z_j		0	0	0	0	0	0
z_j-c_j		20	15	0	0	0	
		↑					
		$\left\lvert-\frac{20}{2}\right\rvert=10$	$\left\lvert-\frac{15}{1}\right\rvert=15$				
x_1	-20	1	$\frac{1}{2}$	$-\frac{1}{2}$	0	0	$\frac{5}{2}$
x_4	0	0	$3\frac{1}{2}$	$-\frac{3}{2}$	1	0	$10\frac{1}{2}$
x_5	0	0	($-\frac{1}{2}$)	$-\frac{1}{2}$	0	1	$-\frac{1}{2}$ ↑
z_j		(−20)	-10	10	0	0	-50
z_j-c_j		0	5	10	0	0	

续表

x		x_1	x_2	x_3	x_4	x_5	b
	c	-20	-15	0	0	0	
			↑				
			$\left\|-\frac{5}{1/2}\right\|=10$	$\left\|-\frac{10}{1/2}\right\|=20$			
x_1	-20	1	0	-1	0	1	2
x_4	0	0	0	-5	1	7	7
x_2	-15	0	1	1	0	-2	1
z_j		-20	-15	5	0	10	-55
z_j-c_j		0	0	5	0	10	

∴最优解：$x_1=2, x_2=1, x_4=7, x_3=x_5=0$。

6. 解：先将此问题化成标准形式，以便得到对偶问题的初始可行基。

$$\max z=-10x_1-8x_2-7x_3$$

$$\text{s.t.}\begin{cases}-2x_1-x_2\leqslant -4\\-x_1-x_2-x_3\leqslant -3\\x_1,x_2,x_3\geqslant 0\end{cases}$$

c_j			-10	-8	-7	0	0
c_b	x_b	b	x_1	x_2	x_3	x_4	x_5
0	x_4	-4	-2	-1	0	1	0 ↑
0	x_5	-3	-1	-1	-1	0	1
c_j-z_j		0	-10	-8	-7	0	0
			$-10/-2$	$-8/-1$			
			↑				

c_j			-10	-8	-7	0	0
c_b	x_b	b	x_1	x_2	x_3	x_4	x_5
-10	x_1	1	1	0	-1	-1	1
-8	x_2	2	0	1	2	1	-2
c_j-z_j		26	0	0	-1	-2	-6

最优解为 $x=(1,2,0)^{\mathrm{T}}$，　$z=26$。

7. 解：化为标准型得

$$\max(-w)=-3x_1-3x_2+0\cdot x_3+0\cdot x_4+0\cdot x_5$$

$$\text{s.t.}\begin{cases}2x_1+3x_2+x_3=18\\-x_1+x_2+x_4=-2\\-x_1-3x_2+x_5=-10\\x_1,x_2,x_3,x_4,x_5\geqslant 0\end{cases}$$

初始单纯形表：

c_j			−3	−3	0	0	0
c_b	x_b	b	x_1	x_2	x_3	x_4	x_5
0	x_3	18	2	3	1	0	0
0	x_4	−2	−1	1	0	1	0
0	x_5	−10	−1	[−3]	0	0	1 ↑
c_j-z_j		0	−3	−3	0	0	0
θ			1/3	1			

最终单纯形表：

c_j			−3	−3	0	0	0
c_b	x_b	b	x_1	x_2	x_3	x_4	x_5
0	x_3	4	0	0	1	3/4	5/4
−3	x_1	4	1	0	0	−3/4	−1/4
−2	x_2	2	0	1	0	1/4	−1/4
c_j-z_j		−16	0	−1	0	−7/4	−5/4

最优解为 $x=(4,2,4)^{\mathrm{T}}$，$w=16$。

第七节　灵敏度分析

1. 解：(1)用单纯形法解。

加入松弛变量 x_4,x_5,x_6：

$$\max z=2x_1-x_2+x_3+0\cdot x_4+0\cdot x_5+0\cdot x_6$$

$$\text{s.t.}\begin{cases}3x_1-2x_2+2x_3+x_4=15\\-x_1+x_2+x_3+x_5=3\\x_1-x_2+x_3+x_6=4\\x_1,x_2,x_3,x_4,x_5,x_6\geqslant 0\end{cases}$$

x		x_1	x_2	x_3	x_4	x_5	x_6	b	θ
	c	2	−1	1	0	0	0		
x_4	0	3	−2	2	1	0	0	15	5
x_5	0	−1	1	1	0	1	0	3	
x_6	0	①	−1	1	0	0	1	4	4 ↑
z_j		0	0	0	0	0	0	0	
z_j-c_j		−2	1	−1	0	0	0		
		↑							
x_4	0	0	①	−1	1	0	−3	3	3 ↑
x_5	0	0	0	2	0	1	1	7	
x_1	2	1	−1	1	0	0	1	4	
z_j		2	−2	2	0	0	2	8	
z_j-c_j		0	−1	1	0	0	2		
			↑						
x_2	−1	0	1	−1	1	0	−3	3	
z_5	0	0	0	2	0	1	①	7	7 ↑
x_1	2	1	0	0	1	0	−2	7	
z_j		2	−1	1	1	0	−1	11	
z_j-c_j		0	0	0	1	0	−1		
							↑		
x_2	−1	0	1	5	1	3	0	24	
x_6	0	0	0	2	0	1	1	7	
x_1	2	1	0	4	1	2	0	21	
z_j		2	−1	3	1	1	0	18	
z_j-c_j		0	0	2	1	1	0		

∴最优解：$x_1=21, x_2=24, x_3=0$。$\max z=18$。

(2)如果 $\begin{bmatrix} b_1 \\ b_2 \\ b_3 \end{bmatrix}$ 由 $\begin{bmatrix} 15 \\ 3 \\ 4 \end{bmatrix} \longrightarrow \begin{bmatrix} 20 \\ 4 \\ 2 \end{bmatrix}$，求最优解。

解：基矩阵 $B=\begin{bmatrix} -2 & 0 & 3 \\ 1 & 0 & -1 \\ -1 & 1 & 1 \end{bmatrix} B^{-1}=\begin{bmatrix} 1 & 3 & 0 \\ 0 & 1 & 1 \\ 1 & 2 & 0 \end{bmatrix}$

对应于新的 b 列向量是

$$\begin{bmatrix} 1 & 3 & 0 \\ 0 & 1 & 1 \\ 1 & 2 & 0 \end{bmatrix} \cdot \begin{bmatrix} 20 \\ 4 \\ 2 \end{bmatrix} = \begin{bmatrix} 32 \\ 6 \\ 28 \end{bmatrix}$$

∴最优解变为 $x=(28,32,0,0,6)^{\mathrm{T}}$，即：$x_1=28, x_2=32, x_3=0$。

$\max z=-1\times 32+2\times 28=24$。

(3) 如果 c_3 由 1 变为 2。

因为 x_3 不是基变量。$\Delta c_3=2-1=1<\delta_3=2$,所以最优解保持不变。

(4) 如果 c_1 由 2 变为 3。则最终单纯形表变为

x		x_1	x_2	x_3	x_4	x_5	x_6	b
	c	3	−1	1	0	0	0	
x_2	−1	0	1	5	1	3	0	24
x_6	0	0	0	2	0	1	1	7
x_1	3	1	0	4	1	2	0	21
z_j		3	−1	7	2	3	0	39
z_j-c_j		0	0	6	2	3	0	

$\therefore z_j-c_j\geqslant 0$。

$\therefore$最优解不变:$x_1=21,x_2=24,x_3=0$。但目标函数值 $\max z=3\times 21-24=39$。

(5) $(c_3,a_{13},a_{23},a_{33})^{\mathrm{T}}$ 由$(1,2,1,1)^{\mathrm{T}}$ 变为$(4,3,2,1)^{\mathrm{T}}$:

则对应于 x_3 的列向量变为 $\begin{bmatrix}1&3&0\\0&1&1\\1&2&0\end{bmatrix}\begin{bmatrix}3\\2\\1\end{bmatrix}=\begin{bmatrix}9\\3\\7\end{bmatrix}$

$z_3-c_3=(-1\times 9+0\times 3+2\times 7)-4=1\geqslant 0$

$\therefore$最优解保持不变。

$x_1=21,x_2=24,x_3=0$。$\max z=18$。

(6)若增加一个新的约束条件 $2x_1+x_2+2x_3\leqslant 60$。

解:加一个松弛变量 x_7,$2x_1+x_2+2x_3+x_7=60(x_7\geqslant 0)$

x		x_1	x_2	x_3	x_4	x_5	x_6	x_7	b
	c	2	−1	1	0	0	0	0	
x_2	−1	0	1	5	1	3	0	0	24
x_6	0	0	0	2	0	1	1	0	7
x_1	2	1	0	4	1	2	0	0	21
x_7	0	2	1	2	0	0	0	1	60
x_2	−1	0	1	5	1	3	0	0	24
x_6	0	0	0	2	0	1	1	0	7
x_1	2	1	0	4	1	2	0	0	21
x_7	0	0	0	−11	−3	(−7)	0	1	−6 ↑
z_j		2	−1	3	1	1	0	0	18
z_j-c_j		0	0	2	1	(1) ↑	0	0	
				$\left\lvert-\frac{2}{11}\right\rvert=\frac{2}{11}$	$\left\lvert-\frac{1}{3}\right\rvert=\frac{1}{3}$	$\left\lvert-\frac{1}{7}\right\rvert=\frac{1}{7}$			

续表

x	c	x_1	x_2	x_3	x_4	x_5	x_6	x_7	b
		2	-1	1	0	0	0	0	
x_2	-1	0	1	$\frac{2}{7}$	$-\frac{2}{7}$	0	0	$\frac{3}{7}$	$\frac{150}{7}$
x_6	0	0	0	$\frac{3}{7}$	$-\frac{3}{7}$	0	1	$\frac{1}{7}$	$\frac{43}{7}$
x_1	2	1	0	$\frac{6}{7}$	$\frac{1}{7}$	0	0	$\frac{2}{7}$	$\frac{135}{7}$
x_5	0	0	0	$\frac{11}{7}$	$\frac{3}{7}$	1	0	$-\frac{1}{7}$	$\frac{6}{7}$
z_j		2	-1	$\frac{10}{7}$	$\frac{4}{7}$	0	0	$\frac{1}{7}$	$\frac{120}{7}$
z_j-c_j		0	0	$\frac{3}{7}$	$\frac{4}{7}$	0	0	$\frac{1}{7}$	

∴最优解为 $x_1=\frac{135}{7}, x_2=\frac{150}{7}, x_3=x_4=x_7=0, x_5=\frac{6}{7}, x_6=\frac{43}{7}, \max z=\frac{120}{7}$。

2. 解:(1)试用线性规划模型求解该厂最佳生产计划安排。

解:设生产椅子 x_1 把,生产桌子 x_2 张。

目标函数 $\max z=15x_1+30x_2$, $\max z=15x_1+30x_2+0\times(x_3+x_4+x_5+x_6)$。

$$\text{s.t.}\begin{cases}4x_1+5x_2\leqslant 200\\2x_1+4x_2\leqslant 240\\x_1\leqslant 40\\x_2\leqslant 28\\x_1,x_2\geqslant 0\end{cases}\Rightarrow\begin{cases}4x_1+5x_2+x_3=200\\2x_1+4x_2+x_4=240\\x_1+x_5=40\\x_2+x_6=28\\x_i\geqslant 0,(i=1,2,\cdots,6)\end{cases}$$

x	c	x_1	x_2	x_3	x_4	x_5	x_6	b	θ
		15	30	0	0	0	0		
x_3	0	4	5	1	0	0	0	200	40
x_4	0	2	4	0	1	0	0	240	60
x_5	0	1	0	0	0	1	0	40	
x_6	0	0	①	0	0	0	1	28	28 ↑
z_j		0	0	0	0	0	0	0	0
z_j-c_j		-15	-30	0	0	0	0	0	
				↑					
x_3	0	④	0	1	0	0	-5	60	15 ↑
x_4	0	2	0	0	1	0	-4	128	64
x_5	0	1	0	0	0	1	0	40	40
x_6	30	0	1	0	0	0	1	28	

续表

x		x_1	x_2	x_3	x_4	x_5	x_6	b	θ
	c	15	30	0	0	0	0		
z_j		0	30	0	0	0	30	840	
z_j-c_j		-15 ↑	0	0	0	0	30		
x_1	15	1	0	$\frac{1}{4}$	0	0	$-\frac{5}{4}$	15	
x_4	0	0	0	$-\frac{1}{2}$	1	0	$-\frac{3}{2}$	98	
x_5	0	0	0	$-\frac{1}{4}$	0	1	$\frac{5}{4}$	25	
x_2	30	0	1	0	0	0	1	28	
z_j		15	30	$\frac{15}{4}$	0	0	$\frac{45}{4}$	1 065	
z_j-c_j		0	0	$\frac{15}{4}$	0	0	$\frac{45}{4}$	最优解	

∴最优解：$x_1=15$，$x_2=28$，$x_3=x_6=0$，$x_4=98$，$x_5=25$。$\max z=1\ 065$(元)。

(2)解：约束条件中限定系数 b 由$(200,240,40,28)^T$ 改变为$(200,240,30,35)^T$。

$$∵基矩阵\ B=\begin{bmatrix}4&0&0&5\\2&1&0&4\\1&0&1&0\\0&0&0&1\end{bmatrix},B^{-1}=\begin{bmatrix}\frac{1}{4}&0&0&-\frac{5}{4}\\-\frac{1}{2}&1&0&-\frac{3}{2}\\-\frac{1}{4}&0&1&\frac{5}{4}\\0&0&0&1\end{bmatrix}$$

∴对应于 b 的列向量为

$$B^{-1}\cdot\begin{bmatrix}200\\240\\30\\35\end{bmatrix}=\begin{bmatrix}\frac{1}{4}&0&0&-\frac{5}{4}\\-\frac{1}{2}&1&0&-\frac{3}{2}\\-\frac{1}{4}&0&1&\frac{5}{4}\\0&0&0&1\end{bmatrix}\cdot\begin{bmatrix}200\\240\\30\\35\end{bmatrix}=\begin{bmatrix}6.25\\87.5\\23.75\\35\end{bmatrix}$$

∴最优生产计划改变为

$x_1=6.25\approx6$(把)，$x_2=35$(张)。

$\max z=15\times6+30\times35=1\ 140$(元)。

3. 解：

(1)先用单纯形法求解：

c_j			2	-1	1	0	0	θ
c_b	x_b	b	x_1	x_2	x_3	x_4	x_5	
0	x_4	6	①	1	1	1	0	6
0	x_5	4	-1	2	0	0	1	
c_j-z_j			2	-1	1	0	0	
2	x_1	6	1	1	1	1	0	
0	x_5	10	0	3	1	1	1	
c_j-z_j			0	-3	-1	-2	0	

最优解为 $x=(6,0,0)^{\mathrm{T}}$，$z=12$。

(2)目标函数中 x_1 和 x_2 的系数都发生了变化，x_1 为基变量，x_2 为非基变量。最终的单纯形表变为

c_j			1	3	1	0	0	θ
c_b	x_b	b	x_1	x_2	x_3	x_4	x_5	
1	x_1	6	1	1	1	1	0	6
0	x_5	10	0	③	1	1	1	10/3
c_j-z_j			0	2 ↑	0	-1	0	
1	x_1	8/3	1	0	2/3	2/3	$-1/3$	
3	x_2	10/3	0	1	1/3	1/3	1/3	
c_j-z_j			0	0	$-2/3$	$-5/3$	$-2/3$	

最优解变为 $x=\left(\frac{8}{3},\frac{10}{3},0\right)^{\mathrm{T}}$，$z=38/3$。

(3)$B^{-1}b=\begin{bmatrix}1 & 0\\ 1 & 1\end{bmatrix}\begin{bmatrix}3\\ 4\end{bmatrix}=\begin{bmatrix}3\\ 7\end{bmatrix}>0$，所以最优解的基变量不变，但最优解值改变。

$x=(3,0,0)^{\mathrm{T}}$，$z=6$。

(4)将新增的约束条件变为标准形式 $x_1-2x_3\leqslant-2\Rightarrow x_1-2x_3+x_6=-2$ 加入最终表中，并用对偶单纯形法继续求解：

c_j			2	-1	1	0	0	0	θ
c_b	x_b	b	x_1	x_2	x_3	x_4	x_5	x_6	
2	x_1	6	1	1	1	1	0	0	
0	x_5	10	0	3	1	1	1	0	
0	x_6	-2	1	0	-2	0	0	1	
c_j-z_j			0	-3	-1	-2	0	0	

续表

c_j			2	-1	1	0	0	0	θ
2	x_1	6	1	1	1	1	0	0	
0	x_5	10	0	3	1	1	1	0	
0	x_6	$\underline{-8}$	0	-1	③	-1	0	1	↑
c_j-z_j			0	-3	-1	-2	0	0	
				$\|-3/-1\|$	$\|-1/-3\|$	$\|-2/-1\|$			
2	x_1	10/3	1	2/3	0	2/3	0	1/3	
0	x_5	22/3	1	8/3	0	2/3	0	1/3	
1	x_3	8/3	0	1/3	1	1/3	0	$-1/3$	
c_j-z_j			0	$-8/3$	0	$-5/3$	0	$-1/3$	

最优解为 $x=\left(\dfrac{10}{3},0,\dfrac{8}{3}\right)^{\mathrm{T}}$，$z=28/3$。

(5) x_1 的系数列向量在最终的单纯形表中变为

$$P'_1=B^{-1}P'=\begin{bmatrix}1&0\\1&1\end{bmatrix}\begin{bmatrix}2\\1\end{bmatrix}=\begin{bmatrix}2\\3\end{bmatrix}$$

原最终单纯形表变为

c_j			2	-1	1	0	0	θ
c_b	x_b	b	x_1	x_2	x_3	x_4	x_5	
2	x_1	6	2	1	1	1	0	6
0	x_5	10	3	3	1	1	1	
c_j-z_j								
2	x_1	3	1	1/2	1/2	1/2	0	
0	x_5	1	0	3/2	$-1/2$	$-1/2$	1	
c_j-z_j			0	-2	0	-1	0	

最优解变为，$x=(3,0,0)^{\mathrm{T}}$，$z=6$。

4. 解：

(1)按从初始表变为最终表的迭代顺序，从最终表反推回去即得初始表。

c_j			c_1	c_2	c_3	0	0
c_b	x_b	b	x_1	x_2	x_3	x_4	x_5
c_3	x_3	5/2	0	1/2	1	(1/2)	0
c_1	x_1	5/2	1	$-1/2$	0	$-1/6$	1/3
	c_j-z_j		0	-4	0	-4	-2
0	x_4	5	0	1	2	1	0
c_1	x_1	10/3	1	$-1/3$	1/3	0	(1/3)

$c_2-\frac{1}{2}c_3+\frac{1}{2}c_1=-4$；

$-\frac{1}{2}c_3+\frac{1}{6}c_1=-4$；

$-\frac{1}{3}c_1=-2$。

得 $c_1=6, c_2=-2, c_3=10$。

(2)计算最终表中 x_2、x_4、x_5 的新的检验数：

$$\sigma_2 = -2-(10,6+t_1)\begin{bmatrix}1/2\\-1/2\end{bmatrix} = -4+\frac{1}{2}t_1$$

同理，$\sigma_4 = -4+\frac{1}{6}t_1$，$\sigma_5 = -2-\frac{1}{3}t_1$。

故当$\begin{cases}-4+\frac{1}{2}t_1\leqslant 0\\-4+\frac{1}{6}t_1\leqslant 0\\-2-\frac{1}{3}t_1\leqslant 0\end{cases}$，即 $-6\leqslant t_1\leqslant 8$ 时，原最优解不变 。

$$(3)B^{-1}b=\begin{bmatrix}1/2 & 0\\-1/6 & 1/3\end{bmatrix}\begin{bmatrix}5+3t_2\\10+t_2\end{bmatrix}=\begin{bmatrix}\frac{5}{2}+\frac{3}{2}t_2\\\frac{5}{2}-\frac{1}{6}t_2\end{bmatrix}$$

当$\begin{cases}\frac{5}{2}+\frac{3}{2}t_2\geqslant 0\\\frac{5}{2}-\frac{1}{6}t_2\geqslant 0\end{cases}$，即 $-5/3\leqslant t_2\leqslant 15$ 时，原最优解不变。

5.解：

$$(1)B^{-1}\Delta b=\begin{bmatrix}2 & -1 & 0 & 0\\-1 & 2 & 0 & 0\\-1 & 1 & 1 & 0\\-2 & 1 & 0 & 1\end{bmatrix}\begin{bmatrix}1\\-4\\0\\0\end{bmatrix}=\begin{bmatrix}6\\-6\\-5\\-6\end{bmatrix}$$

$$\therefore B^{-1}b+B^{-1}\Delta b=\begin{bmatrix}4+6\\10-6\\4-5\\2-6\end{bmatrix}=\begin{bmatrix}10\\4\\-1\\-4\end{bmatrix}$$

上述最终表变为

c_j			3	2	0	0	0	0
c_b	x_b	b	x_1	x_2	x_3	x_4	x_5	x_6
2	x_2	10	0	1	2	−1	0	0

续表

c_j			3	2	0	0	0	0
3	x_1	4	1	0	-1	2	0	0
0	x_5	-1	0	0	-1	1	1	0
0	x_6	-4	0	0	-2	1	0	1 ↑
c_j-z_j		32	0	0	-1	-4	0	0
θ					1/2			
					↑			

c_j			3	2	0	0	0	0
c_b	x_b	b	x_1	x_2	x_3	x_4	x_5	x_6
2	x_2	6	0	1	0	0	0	1
3	x_1	6	1	0	0	3/2	0	$-1/2$
0	x_5	1	0	0	0	1/2	1	$-1/2$
0	x_3	2	0	0	1	$-1/2$	0	$-1/2$
c_j-z_j		30	0	0	0	$-\frac{9}{2}$	0	$-1/2$

最优解为 $x=(6,6,2,0,1,0)^{\mathrm{T}}$。

(2)在原最终表中x_1、x_2都是基变量，现在x_1、x_2的系数发生变化，故应按新值计算最终表中非基变量x_3、x_4的检验数：

$$
\begin{aligned}
(\sigma_3,\sigma_4)&=(\sigma_3,\sigma_4)-(z_3,z_4)\\
&=(0,0)-c_bB^{-1}(P_3,P_4)\\
&=(0,0)-(5,2,0,0)\begin{bmatrix}2&-1\\-1&2\\-1&1\\-2&1\end{bmatrix}\\
&=(0,0)-(8,-1)=(-8,1)
\end{aligned}
$$

原最终表变为

c_j			2	5	0	0	0	0	
c_b	x_b	b	x_1	x_2	x_3	x_4	x_5	x_6	θ
5	x_2	4	0	1	2	-1	0	0	
2	x_1	10	1	0	-1	2	0	0	5
0	x_5	4	0	0	-1	1	1	0	4
0	x_6	2	0	0	-2	1	0	1	2 ↑
c_j-z_j		40	0	0	-8	1	0	0	
						↑			

c_j			2	5	0	0	0	0
c_b	x_b	b	x_1	x_2	x_3	x_4	x_5	x_6
5	x_2	6	0	1	0	0	0	1
2	x_1	6	1	0	3	0	0	−2
0	x_5	2	0	0	1	0	1	−1
0	x_4	2	0	0	−2	1	0	1
c_j-z_j		42	0	0	−6	0	0	−1

最优解为 $x=(6,6,0,2,2,0)^{\mathrm{T}}$。

(3)x_7在最终表中的检验数为

$\sigma_7=c_7-z_7=4-c_b B^{-1} P_7$

$$而B^{-1} P_7=\begin{bmatrix}2 & -1 & 0 & 0\\ -1 & 2 & 0 & 0\\ -1 & 1 & 1 & 0\\ -2 & 1 & 0 & 1\end{bmatrix}\begin{bmatrix}1\\2\\3\\2\end{bmatrix}=\begin{bmatrix}0\\3\\1\\0\end{bmatrix}$$

$\sigma_7=c_7-z_7=4-c_b B^{-1} P_7=-9$

故最终表应变为

c_j			3	2	0	0	0	0	4
c_b	x_b	b	x_1	x_2	x_3	x_4	x_5	x_6	x_7
2	x_2	4	0	1	2	−1	0	0	0
3	x_1	10	1	0	−1	2	0	0	3
0	x_5	4	0	0	−1	1	1	0	1
0	x_6	2	0	0	−2	1	0	1	0
c_j-z_j		38	0	0	−1	−4	0	0	−5

此时最优解基变量不变，$x=(10,4,0,0,4,2)^{\mathrm{T}}$。

$$(4)B^{-1}P_2=\begin{bmatrix}2 & -1 & 0 & 0\\ -1 & 2 & 0 & 0\\ -1 & 1 & 1 & 0\\ -2 & 1 & 0 & 1\end{bmatrix}\begin{bmatrix}3\\3\\1\\2\end{bmatrix}=\begin{bmatrix}3\\3\\1\\-1\end{bmatrix}$$，最终表变为

c_j			3	4	0	0	0	0	
c_b	x_b	b	x_1	x_2	x_3	x_4	x_5	x_6	θ
4	x_2	4/3	0	1	[2/3]	−1/3	0	0	6 ↑
3	x_1	6	1	0	−3	3	0	0	
0	x_5	8/3	0	0	−5/3	4/3	1	0	
0	x_6	10/3	0	0	−4/3	2/3	0	1	
c_j-z_j		70/3	0	0	19/3	−23/3	0	0	
					↑				

c_j			3	4	0	0	0	0	
c_b	x_b	b	x_1	x_2	x_3	x_4	x_5	x_6	θ
0	x_3	2	0	3/2	1	−1/2	0	0	8
3	x_1	12	1	9/2	0	3/2	0	0	
0	x_5	6	0	5/2	0	−5/6	1	0	4
0	x_6	6	0	2	0	0	0	1	
c_j-z_j		48	0	−19/3	0	−9/2	0	0	

最优解为$x_1=12,x_2=0,x_3=2,x_5=6,x_6=6$。

(5)原问题的最优解满足新增加的约束条件 $x_2\leqslant 4$，故最优解不变，仍为 $x=(10,4,0,0,4,2)^T$

6. 解：先用单纯形表求最优解：

c_j			−5	5	13	0	0
c_b	x_b		x_1	x_2	x_3	x_4	x_5
5	x_2	20	−1	1	3	1	0
0	x_5	10	16	0	−2	−4	1
c_j-z_j			0	0	−2	−5	0

最优解为 $x=(0,20,0,0,10)^T$，$x=100$。

(1)$B^{-1}b=\begin{bmatrix}1 & 0\\-4 & 1\end{bmatrix}\begin{bmatrix}30\\90\end{bmatrix}=\begin{bmatrix}30\\-30\end{bmatrix}$

原单纯形表变为

c_j			−5	5	13	0	0
c_b	x_b		x_1	x_2	x_3	x_4	x_5
5	x_2	30	−1	1	3	1	0
0	x_5	−30	16	0	(−2)	−4	1 ↑
c_j-z_j			0	0	−2	−5	0

最终解得 $x=(0,0,9,3,0)^T$。

(2)$B^{-1}b=\begin{bmatrix}1 & 0\\-4 & 1\end{bmatrix}\begin{bmatrix}-1\\2\end{bmatrix}=\begin{bmatrix}-1\\6\end{bmatrix}$

原单纯形表变为

c_j			−5	5	13	0	0	0	θ_i
c_b	x_b		x_1	x_2	x_3	x_4	x_5	x_7	
5	x_2	20	−1	1	3	1	0	−1	
0	x_5	10	16	0	−2	−4	1	(6)	5/3

续表

c_j-z_j		0	0	-2	-5	0	5
x_2	65/3	5/3	1	8/3	1/3	1/6	0
x_7	5/3	8/3	0	$-1/3$	$-2/3$	1/6	1
c_j-z_j		$-40/3$	0	$-1/3$	$-5/3$	$-5/6$	0

由表中计算结果可知，线性规划问题的最优解 $x^*=(0,65/3,0,0,0,5/3)^{\mathrm{T}}$，目标函数最优值 $z^*=5\times 65/3=325/3$。

7\. 解：

(1)设分别生产Ⅰ、Ⅱ、Ⅲ三种产品 x_1、x_2、x_3 单位，由题意可建立如下线性规划模型：

$$\max z=3.5x_1+4x_2+5x_3$$

$$\text{s. t.}\begin{cases}2x_1+2x_2+3x_3\leqslant 120\\1x_1+2x_2+2x_3\leqslant 100\\2.5x_1+3x_2+3x_3\leqslant 160\\x_i\geqslant 0,i=1,2,3\end{cases}$$

在上述线性规划问题的约束条件中分别加入人工变量 x_4、x_5、x_6 得

$$\max z=3.5x_1+4x_2+5x_3+0x_4+0x_5+0x_6$$

$$\text{s. t.}\begin{cases}2x_1+2x_2+3x_3+x_4=120\\1x_1+2x_2+2x_3+x_5=100\\2.5x_1+3x_2+3x_3+x_6=160\\x_i\geqslant 0,\quad i=1,\cdots,6\end{cases}$$

列出此问题的最初单纯形表，并进行迭代计算，得到的单纯形表如下表所示：

c_j			3.5	4	5	0	0	0	θ_i
c_b	x_b	b	x_1	x_2	x_3	x_4	x_5	x_6	
0	x_4	120	2	2	③	1	0	0	40 ↑
0	x_5	100	1	2	2	0	1	0	50
0	x_6	160	2.5	3	3	0	0	1	$\frac{160}{3}$
c_j-z_j		0	3.5	4	5 ↑	0	0	0	
c_b	x_b	b	x_1	x_2	x_3	x_4	x_5	x_6	
5	x_3	40	$\frac{2}{3}$	$\frac{2}{3}$ (circled)	1	$\frac{1}{3}$	0	0	60
0	x_5	20	$-\frac{1}{3}$	$\frac{2}{3}$ ↑	0	$-\frac{2}{3}$	1	0	30 ↑
0	x_6	40	0.5	1	0	-1	0	1	40

续表

c_j-z_j		200	$\frac{1}{6}$	$\frac{2}{3}$ ↑	0	$-\frac{5}{3}$	0	0	
c_b	x_b	b	x_1	x_2	x_3	x_4	x_5	x_6	
5	x_3	20	1	0	1	1	−1	0	20
4	x_2	30	−0.5	1	0	−1	1.5	0	
0	x_6	10	①	0	0	0	−1.5	1	10 ↑
c_j-z_j		210	0.5 ↑	0	0	−1	−1	0	
c_b	x_b	b	x_1	x_2	x_3	x_4	x_5	x_6	
5	x_3	10	0	0	1	1	0.5	−1	
4	x_2	35	0	1	0	−1	0.75	0.5	
3.5	x_1	10	1	0	0	0	−1.5	1	
c_j-z_j		225	0	0	0	−1	−0.25	−0.5	

由表中计算结果可知，线性规划问题的最优解 $x^*=(10,35,10,0,0,0)^T$，目标函数最优值 $z^*=3.5\times10+4\times35+5\times10=225$。

(2)由最终单纯形表知，设备 B 的影子价格为 0.25 千元/台时。而借用 B 设备的租金为 $18/60=0.3>0.25$，故借用 B 设备不合算。

(3)设生产Ⅳ产品 x_7 单位，则 x_7 最终单纯形表中的系数列向量：

$$P'_7=B^-P_7=\begin{bmatrix}4.5\\-3.25\\2.5\end{bmatrix}$$

从而 x_7 在最终单纯形表中的检验数 $\sigma_7=-3.25<0$，故生产Ⅳ产品在经济上不合算。

(4)x_1 在最终单纯形表中的检验数 $\sigma_1=3>0$，故改进后能带来更多的经济效益。进一步迭代得到最优解，$x_1=10$、$x_2=0$、$x_3=30$，目标函数值为 230。

第八节　运输规划问题

1. 解：

[8] 4	[2] 7	[9] 7	[7] ⑤	5
[5] ⑤	[2] 8	[3] ⑩	[8] ⑤	20
[15] 3	[1] ⑩	[8] −2	[15] ⑤	15
5	10	10	15	

最优解即：甲工厂送 5 个单位到门市部 4；

乙工厂送 5 个单位到门市部 1，5 个单位到门市部 3，10 个单位到门市部 4；

丙工厂送 10 个单位到门市部 2,5 个单位到门市部 3。

[8] 4	[2] 7	[9] 7	[7] ⑤
[5] ⑤	[2] 7	[3] ⑤	[8] ⑩
[15] 5	[1] ⑩	[8] ⑤	[15] 2

总费用 5×5+1×10+3×5+8×5+5×7+8×10=205。

2. 用最小费用法建立下列运输规划的初始方案，并求最优解和最小运费。

解：

				s_i
	[12] ⑳	[8] ⓪	[12] 4	20
	[7] ⑤	[4] 1	[3] ㉕	30
	[6] 1	[1] ㊿	[2] ①	50
d_i	25	50	25	

最优解：S_1 往 d_1 运 20；S_2 往 d_1 运 5，往 d_3 运 25；S_3 往 d_2 运 50。

最小运费：12×20+7×5+3×25+50×1=400。

3. (1)解：

步骤：①用最小费用法求出一个初始基本可行解。②用闭回路法或位势法检验是不是最优解。如果不是，则确定换入变量、换出变量直至最优解。

最优解为

产地	甲	乙	丙	丁
1	3			2
2			2	
3		3		

最小费用为 32 000 元。

(2)解：因为供大于求，差额为 40 吨，所以可加一个虚销售点“己”，销量为 40 吨。

最优解为

项目	甲	乙	丙	丁	戊	己(虚)
1	40			60		
2			40		80	
3	60	20	60			
4		80				
5		20				40

最小费用为 5 520 000 元。另一最优解见下表：

项目	甲	乙	丙	丁	戊	己(虚)
1	100			0		
2			40		80	
3		20	60	60		
4		80				
5		20				40

4.(1)解：供=115<需=155，所以是供需不平衡。

建立虚产地 D，根据最小元素法建立初始表：

	1	2	3		u_i
A	[6] (15)	[2] (5)	[8] 3	20	0
B	[7] (65)	[4] 1	[6] (15)	80	−1
C	[3] −2	[1] (15)	[5] 1	15	−1
D	[5] 2	[4] 5	[2] (40)	40	−3
	80	20	55		
v_j	6	2	5		

迭代优化后得最终表：

	1	2	3		u_i
A	[6] (0)	[2] (20)	[8] 3	20	0
B	[7] (65)	[4] 1	[6] (15)	80	1
C	[3] (15)	[1] 2	[5] 3	15	−3
D	[5] 2	[4] 5	[2] (40)	40	−3
	80	20	55		
v_j	6	2	5		

总成本＝2×20＋7×65＋6×15＋3×15＋2×40＝710。

(2)解：初始表：

	1	2	3		u_i
A	6 (15)	2 (5)	8 3	20	0
B	7 (25)	4 1	6 (55)	80	1
C	3 −2	1 (15)	5 1	15	−1
D	0 (40)	0 4	M M+1	40	−6
	80	20	55		
v_j	6	2	5		

迭代优化后得最终表：

	1	2	3		u_i
A	6 (0)	2 (20)	8 3	20	0
B	7 (25)	4 1	6 (55)	80	1
C	3 (15)	1 2	5 3	15	−3
D	0 (40)	0 4	M M+1	40	−6
	80	20	55		
v_j	6	2	5		

总成本＝2×20＋7×25＋6×55＋3×15＝590。

5. 解：因为机场 3 为中转机场，所以其起降架次为实质性平衡量 1 000。

根据最小元素法建立初始表：

	3	4	5		u_i
1	2 (0)	M (450)	M (150)	600	0
2	1 M-5	M M-4	4 (400)	400	−M+4
3	0 (1 000)	3 −M+5	5 −M+7	1 000	−2
	1 000	450	550		
v_j	2	M	M		

迭代优化得到最终表：

	3	4	5		u_i
1	2 ⑹600	M M−5	M M−7	600	0
2	1 2	M M−2	4 (400)	400	−3
3	0 (400)	3 (450)	5 (150)	1 000	−2
	1 000	450	550		
v_j	2	5	7		

燃油消耗＝2×600＋4×400＋3×450＋5×150＝4 900。

6. 解：根据最小元素法得初始表：

厂商	超市甲	超市乙	超市丙	超市丁
A	3 ③	9	8	5 ③
B	12	20	7 ⑨	10 ①
C	6	11 ⑤	13	14 ②

迭代优化后得最终表：

厂商	超市甲	超市乙	超市丙	超市丁
A	3 ①	9	8	5 ⑤
B	12	20	7 ⑨	10 ①
C	6	11 ②	13 ⑤	14

A 厂商向超市甲运输 1 万吨，向超市丁运输 5 万吨；

B 厂商向超市丙运输 9 万吨，向超市丁运输 1 万吨；

C 厂商向超市甲运输 2 万吨，向超市乙运输 5 万吨。

第九节 整数规划问题

1. 用分支定界法求解下列整数规划问题：

(1)整数规划问题：用分支定界法求解整数规划。

$\max z=50x_1+30x_2$

$$\text{s.t.}\begin{cases}6x_1+13x_2\leqslant 70\\5x_1+2x_2\leqslant 33\\x_1,x_2\geqslant 0,\text{且是整数}\end{cases}$$

解：

易得 $\bar{D}$：$x_1=5.45$

$x_2=2.87$

$z_u^0=358.6$

$z_l=0$

第一次分支：$\bar{D}_1$：$\max z=50x_1+30x_2$

$$\text{s.t.}\begin{cases}6x_1+13x_2\leqslant 70\\5x_1+2x_2\leqslant 33\\x_1\leqslant 5\\x_1,x_2\geqslant 0,\text{且得整数}\end{cases}$$

得 $\bar{D}_1$：

$$\begin{cases}x_1=5\\x_2=3.08\\z_u^1=342.4\\z_l=0\end{cases}$$

$\bar{D}_2$：$\max z=50x_1+30x_2$

$$\text{s.t.}\begin{cases}6x_1+13x_2\leqslant 70\\5x_1+2x_2\leqslant 33\\x_1\geqslant 6\\x_1,x_2\geqslant 0,\text{且得整数}\end{cases}$$

$\bar{D}_2$：

$$\begin{cases}x_1=6\\x_2=1.5\\z_u^2=345\\z_l=0\end{cases}$$

第二次分支：$\bar{D}_3$：$\max z=50x_1+30x_2$

$$\text{s.t.}\begin{cases}6x_1+13x_2\leqslant 70\\5x_1+2x_2\leqslant 33\\x_1\geqslant 6\\x_2\leqslant 1\\x_1,x_2\geqslant 0,\text{且是整数}\end{cases}$$

得 $\bar{D}_3$：

$$\begin{cases}x_1=6.2\\x_2=1\\z_u^3=340\\z_l=0\end{cases}$$

$\bar{D}_4$：$\max z=50x_1+30x_2$

$$\text{s.t.}\begin{cases}6x_1+13x_2\leqslant 70\\5x_1+2x_2\leqslant 33\\x_1\geqslant 6\\x_2\geqslant 0\\x_1,x_2\geqslant 0,\text{且是整数}\end{cases}$$

$\bar{D}_4$：

无可行解

$z_l=0$

在现有的分支 $\bar{D}_1$、$\bar{D}_3$ 中，选择 z_u^1 和 z_u^3 两者中大的子问题 D_1继续分支。

第三次分支：$\bar{D}_5$：$\max z=50x_1+30x_2$

$$\text{s.t.}\begin{cases}6x_1+13x_2\leqslant 70\\5x_1+2x_1\leqslant 33\\x_1\leqslant 5\\x_2\leqslant 3\\x_1,x_2\geqslant 0,\text{且是整数}\end{cases}$$

$\bar{D}_6$：$\max z=50x_1+30x_2$

$$\text{s.t.}\begin{cases}6x_1+13x_2\leqslant 70\\5x_1+2x_2\leqslant 33\\x_1\leqslant 5\\x_2\geqslant 4\\x_1,x_2\geqslant 0,\text{且是整数}\end{cases}$$

得 $\bar{D}_5$：

$$\begin{cases}x_1=5\\x_2=3\\z_u^5=340\\z_l=340\end{cases}$$

$\bar{D}_6$：

$$\begin{cases}x_1=3\\x_2=4\\z_u^6=270\\z_l=340\end{cases}$$

在现有分支 $\bar{D}_3,\bar{D}_5,\bar{D}_6$ 中，已不存在 z_u 大于 z_l 的分支，故整个分支过程停止。该整数规划 D 的最优解是在 D_5 分支中得到的。

∴最优解为：$x_1=5,x_2=3,z_l=340$。

(2)由图解法易得：$\overline{D}$：$x_1=3.5,x_2=2.2,z_u^0=5.7,z_l=0$。

$\overline{D_1}$：$\max z=x_1+x_2$

$$\text{s.t.}\begin{cases}2x_1+5x_2\leqslant 16\\6x_1+5x_2\leqslant 30\\x_1\leqslant 3\\x_1,x_2\geqslant 0\text{ 且为整数}\end{cases}$$

$\overline{D_2}$：$\max z=x_1+x_2$

$$\text{s.t.}\begin{cases}2x_1+5x_2\leqslant 16\\6x_1+5x_2\leqslant 30\\x_1\geqslant 4\\x_1,x_2\geqslant 0,\text{且为整数}\end{cases}$$

解得：

$\overline{D_1}$：$x_1=3,x_2=2,z_u^1=5,z_l=5$

$\overline{D_2}$：$x_1=4,x_2=1.2,z_u^2=5.2,z_l=5$

将 $\overline{D_2}$ 分支：

$\overline{D_3}$：$\max z=x_1+x_2$

$$\text{s.t.}\begin{cases}2x_1+5x_2\leqslant 16\\6x_1+5x_2\leqslant 30\\x_1\geqslant 4\\x_2\leqslant 1\\x_1,x_2\geqslant 0,\text{且为整数}\end{cases}$$

$\overline{D_4}$：$\max z=x_1+x_2$

$$\text{s.t.}\begin{cases}2x_1+5x_2\leqslant 16\\6x_1+5x_2\leqslant 30\\x_1\geqslant 4\\x_2\geqslant 2\\x_1,\ x_2\geqslant 0,\text{且为整数}\end{cases}$$

解得

$\overline{D}_3$:$x_1=4.17$,$x_2=1$,$z_u^3=31/6$,$z_l=5$。

$\overline{D}_4$:无可行解,$z_l=5$。

将 $\overline{D}_3$ 分支:

$\overline{D}_5$: $\max z = x_1+x_2$

$$\text{s.t.}\begin{cases}2x_1+5x_2\leqslant 16\\6x_1+5x_2\leqslant 30\\x_1\geqslant 4\\x_2\leqslant 1\\x_1\leqslant 4\\x_1,\ x_2\geqslant 0,\text{且为整数}\end{cases}$$

$\overline{D}_6$:$\max z = x_1+x_2$

$$\text{s.t.}\begin{cases}2x_1+5x_2\leqslant 16\\6x_1+5x_2\leqslant 30\\x_1\geqslant 4\\x_2\geqslant 2\\x_1\geqslant 5\\x_1,\ x_2\geqslant 0,\text{且为整数}\end{cases}$$

解得

$\overline{D}_5$:$x_1=4$,$x_2=1$,$z_u^3=5$,$z_l=5$。

$\overline{D}_6$:无可行解,$z_l=5$。

该整数规划问题的最优解是在 $\overline{D}_1$ 和 $\overline{D}_4$ 分支中得到的。

最优解为:$x_1=3$,$x_2=2$ 或 $x_1=4$,$x_2=1$;$z=5$。

(3)最优解 $x_1=4$,$x_2=1$;$z=14$。

2. 解:由题意建立模型:$\max z=6x+4y$。

$$\text{s.t.}\begin{cases}2x+y\leqslant 10\\-x+2y\leqslant 2\\x,y\geqslant 0,\text{且为整数}\end{cases}$$

解除整数约束,用图解法求出非整数最优解: $x=3.6$,$y=2.8$, $z_0=32.8$。

因 $3<x<4$,上述问题分支为两个子问题。

$\max\ z=6x+4y$

$$\text{s.t.}\begin{cases}2x+y\leqslant 10\\-x+2y\leqslant 2\\x\leqslant 3\\x,y\geqslant 0\\\text{得}:x=3,y=2.5,z=28\end{cases}$$

$\max\ z=6x+4y$

$$\text{s.t.}\begin{cases}2x+y\leqslant 10\\-x+2y\leqslant 2\\x\geqslant 4\\x,y\geqslant 0\end{cases}$$

得：$x=4,y=2,z=32$。

∴最优整数解为 $x=4,y=2,Z=32$。

第十节　工作指派问题(匈牙利算法)

1. 解：

(1)将表列成一个矩阵表格：

15	18	21	24
19	23	22	18
26	17	16	19
19	21	23	17

(2)进行行约简和列约简，使每一行和每一列都出现零元素。

◎	2	6	9
1	4	4	◎
10	0	◎	3
2	3	6	0

(3)在表格中画出零元素的最少覆盖线。

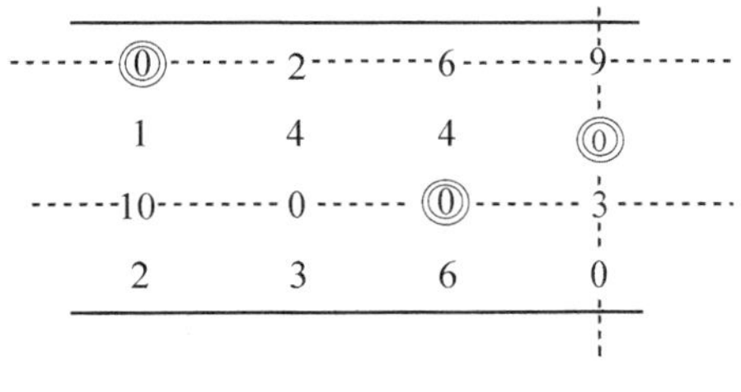

(4)变换矩阵,增加零元素。

具体方法为:在未被覆盖的元素中找出最小元素(图中所示为 1),对表中未被直线覆盖的元素都减 1,而被两条线覆盖的各元素都加上 1,得到新矩阵。若仍找不到最优解,继续第 3、第 4 步。

◎	2	6	10
0	3	3	◎
10	◎	0	4
	2	5	0

最后得到两个最优解:

⓪	0	4	10
0	1	1	⓪
12	0	⓪	6
1	⓪	3	0

0	⓪	4	10
⓪	1	1	0
12	0	⓪	6
1	0	3	⓪

最优方案Ⅰ:$x_{11}=1, x_{24}=1, x_{33}=1, x_{42}=1$。

$z=15+18+16+21=70$。

最优方案Ⅱ:$x_{12}=1, x_{21}=1, x_{33}=1, x_{44}=1$。

$z=18+19+16+17=70$。

2. 解:用匈牙利算法解得总费用最少的安装计划为(两种方案)。

(1)$x_{A_3}=1$,$x_{B_1}=1, x_{C_2}=1, x_{D_4}=1$。

总安装费用是 $z=5+6+7+5=23$。

(2)$x_{A_2}=1, x_{B_1}=1, x_{C_3}=1, x_{D_4}=1$。

总安装费用是 $z=6+6+6+5=23$。

3. 解:进行行约减和列约减,使得每一行每一列都出现零元素:

$$\begin{bmatrix} 0 & 1 & 0 & 9 & 5 \\ 3 & 2 & 11 & 8 & 0 \\ 2 & 2 & 6 & 0 & 3 \\ 2 & 0 & 8 & 2 & 3 \\ 2 & 0 & 1 & 4 & 1 \end{bmatrix} \longrightarrow \begin{bmatrix} ◎ & 2 & 0 & 9 & 5 \\ 3 & 3 & 11 & 8 & ◎ \\ 2 & 3 & 6 & ◎ & 3 \\ 1 & ◎ & 7 & 1 & 2 \\ 1 & 0 & ◎ & 3 & 0 \end{bmatrix}$$

得最优解如下:

$$x^*=\begin{bmatrix} 1 & 0 & 0 & 0 & 0 \\ 0 & 0 & 0 & 0 & 1 \\ 0 & 0 & 0 & 1 & 0 \\ 0 & 1 & 0 & 0 & 0 \\ 0 & 0 & 1 & 0 & 0 \end{bmatrix}$$

故最小建筑费＝ 4＋7＋6＋7＋7＝31(万元)。

4. 解：

(1)任务 A 必须完成，其他 4 项中可任选三项完成。

由于任务数多于人数，所以需要有一名假想的人，设为戊。

因为工作 A 必须完成，故设戊完成工作 A 的时间为 M（M 为非常大的数)，其余的假想时间为 0，建立如下的时间矩阵，指派变量 $x_{ij}=0$ 或 1。

人	A	B	C	D	E
甲	35	32	30	26	42
乙	34	21	39	25	38
丙	31	29	39	24	36
丁	44	22	41	37	24
戊	M	0	0	0	0

用匈牙利算法求解如下：

$$\begin{bmatrix} 35 & 32 & 30 & 26 & 42 \\ 34 & 21 & 39 & 25 & 38 \\ 31 & 29 & 39 & 24 & 36 \\ 44 & 22 & 41 & 37 & 24 \\ M & 0 & 0 & 0 & 0 \end{bmatrix} \xrightarrow{\text{行约简}} \begin{bmatrix} 9 & 6 & 4 & 0 & 16 \\ 13 & 0 & 18 & 4 & 17 \\ 7 & 5 & 15 & 0 & 12 \\ 22 & 0 & 19 & 15 & 2 \\ M & 0 & 0 & 0 & 0 \end{bmatrix}$$

$$\xrightarrow[\text{并划最小覆盖线}]{\text{列约简}} \begin{bmatrix} 2 & 6 & 4 & \textcircled{0} & 16 \\ 6 & \textcircled{0} & 18 & 4 & 17 \\ \textcircled{0} & 5 & 15 & 0 & 12 \\ 15 & 0 & 19 & 15 & 2 \\ M & 0 & 0 & 0 & \textcircled{0} \end{bmatrix} \begin{matrix} \\ \checkmark \\ \\ \checkmark \\ \\ \end{matrix}$$

进行增零变换得

$$\begin{bmatrix} 2 & 8 & 4 & \textcircled{0} & 16 \\ 3 & \textcircled{0} & 16 & 2 & 15 \\ \textcircled{0} & 7 & 15 & 0 & 12 \\ 13 & 0 & 17 & 13 & \textcircled{0} \\ M & 2 & \textcircled{0} & 0 & 0 \end{bmatrix}$$ 此时有最优解：$x_{14}=x_{22}=x_{31}=x_{45}=1$。

即甲完成 D 工作，乙完成 B 工作，丙完成 A 工作，丁完成 E 工作。工作 C 舍弃。

此时最少时间为：$\min=26+21+31+24=102$。

(2)其中有一个人完成两项，其他人每人完成一项。

由于任务数多于人数，所以需要有一名假想的人，设为戊。

由于一个人完成两项，所以戊完成每一项的时间设为甲乙丙丁完成该项工作的最小值。指派变量 $x_{ij}=0$ 或 1。

用匈牙利算法求解过程如下：

$$\begin{bmatrix} 35 & 32 & 30 & 26 & 42 \\ 34 & 21 & 39 & 25 & 38 \\ 31 & 29 & 39 & 24 & 36 \\ 44 & 22 & 41 & 37 & 24 \\ 31 & 21 & 30 & 24 & 24 \end{bmatrix} \longrightarrow \begin{bmatrix} 4 & 11 & \textcircled{0} & 2 & 18 \\ 3 & \textcircled{0} & 9 & 1 & 14 \\ \textcircled{0} & 8 & 9 & 0 & 12 \\ 13 & 1 & 11 & 13 & \textcircled{0} \\ 0 & 0 & 0 & \textcircled{0} & 0 \end{bmatrix}$$

此时有一个最优解，即 $x_{13}=x_{22}=x_{31}=x_{45}=x_{54}=1$。也就是戊完成的是 D 工作，由于甲乙丙丁中，丙完成 D 工作时间最少，所以是丙完成 D 工作。结果为甲完成 C 工作，乙完成 B 工作，丙完成 A 和 D 工作，丁完成 E 工作。

还有另外一组最优解：

$$\begin{bmatrix} 4 & 11 & \textcircled{0} & 2 & 18 \\ 3 & \textcircled{0} & 9 & 1 & 14 \\ 0 & 8 & 9 & \textcircled{0} & 12 \\ 13 & 1 & 11 & 13 & \textcircled{0} \\ \textcircled{0} & 0 & 0 & 0 & 0 \end{bmatrix}$$

此时有一个最优解，即 $x_{13}=x_{22}=x_{33}=x_{45}=x_{51}=1$。也就是戊完成的是 A 工作，由于甲乙丙丁中，丙完成 A 工作时间最少，所以是丙完成 A 工作。结果为甲完成 C 工作，乙完成 B 工作，丙完成 A 和 D 工作，丁完成 E 工作。

两组最优解的本质相同：

最短时间 min＝30＋21＋31＋24＋24＝130(小时)

5. 解：

增设一人“戊”(增加第五行)，令其完成 $A\sim E$ 项任务均用时最少。

令戊的工作时间是每一列的最小值，得：

$$\begin{bmatrix} 26 & 24 & 29 & 40 & 36 \\ 37 & 36 & 35 & 25 & 30 \\ 32 & 29 & 27 & 38 & 32 \\ 28 & 40 & 39 & 27 & 43 \\ 26 & 24 & 27 & 25 & 30 \end{bmatrix}$$

(1)进行行约减和列约减得：

$$\begin{bmatrix} 1 & \textcircled{0} & 5 & 16 & 7 \\ 11 & 11 & 10 & 0 & \textcircled{0} \\ 4 & 2 & \textcircled{0} & 11 & 0 \\ \textcircled{0} & 13 & 12 & 0 & 11 \\ 1 & 0 & 3 & 1 & 1 \end{bmatrix}$$

(2)划最少覆盖线并进行矩阵变换得最优解：

$$\begin{bmatrix} ◎ & 0 & 4 & 15 & 6 \\ 11 & 12 & 10 & 0 & ◎ \\ 4 & 3 & ◎ & 3 & 0 \\ 0 & 14 & 12 & ◎ & 11 \\ 0 & ◎ & 2 & 0 & 0 \end{bmatrix}$$

此时得最优解为 $x_{11}=x_{25}=x_{33}=x_{44}=x_{52}=1$，即最优指派方案为甲—$A$、$B$，乙—$E$，丙—$C$，丁—$D$。

总时间：$t=26+30+27+27+24=134$(小时)。

第十一节　线性规划在管理决策中的应用

1. 解：设生产面包 x_1 斤，饼干 x_2 斤，夹心饼 x_3 斤，小甜饼 x_4 斤。

目标函数：$\max z=0.15x_1+0.45x_2+0.33x_3+0.42x_4$

$$\text{s.t.}\begin{cases} 12x_1+3x_2+4\dfrac{1}{2}x_3+1\dfrac{1}{2}x_4\leqslant 500 \\ 3x_2+x_3+x_4\leqslant 120 \\ 2x_1+12x_2+3x_3+4x_4\leqslant 350 \\ \dfrac{1}{4}x_1+\dfrac{2}{3}x_2+\dfrac{1}{8}x_3+x_4\leqslant 300 \\ 2x_1+\dfrac{3}{4}x_2+x_3\leqslant 250 \\ x_1+x_3\leqslant 100 \\ x_1,x_2,x_3,x_4\geqslant 0 \end{cases}$$

用单纯形法解得最优解为 $x_1=0$，$x_2=0$，$x_3=100$，$x_4=12.5$。

$\max z=38.25$(元)。

2. 解：设冬天买进的木材，冬天卖出 x_1，春天卖出 x_2，夏天卖出 x_3，秋天卖出 x_4；春天买进的木材，春天卖出 x_5，夏天的卖出 x_6，秋天卖出 x_7；夏天买进的木材，夏天卖出 x_8，秋天卖出 x_9；秋天买进的木材，秋天卖出 x_{10}。

则每卖 1 万米^3 木材的利润表为

（单位：万元）

买进	卖出			
	冬	春	夏	秋
冬	15	30－0.017	55－0.027	45－0.037
春		10	35－0.017	25－0.027
夏			65	55－0.017
秋				5

∴线性规划模型如下：

$$\max z=15x_1+(30-0.017)x_2+(55-0.027)x_3+(45-0.037)x_4+10x_5+(35-0.017)x_6+(25-0.027)x_7+65x_8+(55-0.017)x_9+5x_{10}$$

$$\text{s.t.}\begin{cases}x_1\leqslant 100\\ x_2+x_5\leqslant 140\\ x_3+x_6+x_8\leqslant 200\\ x_4+x_7+x_9+x_{10}\leqslant 160\\ x_2+x_3+x_4\leqslant 20\\ x_3+x_4+x_6+x_7\leqslant 20\\ x_4+x_7+x_9\leqslant 20\\ x_i\geqslant 0,(i=1,2,\cdots,10)\end{cases}$$

3. 解：

设第 i 班次开始可加 x_i 人值班($i=1,2,3,4,5,6$)。

目标函数为

$$\min z=x_1+x_2+x_3+x_4+x_5+x_6$$

$$\text{s.t.}\begin{cases}x_1+x_6\geqslant 22\\ x_1+x_2\geqslant 55\\ x_2+x_3\geqslant 88\\ x_3+x_4\geqslant 110\\ x_4+x_5\geqslant 44\\ x_5+x_6\geqslant 33\\ x_i\geqslant 0,(i=1,2,\cdots,6)\end{cases}$$

将其转为如下形式：

$$\max(-z)=-x_1-x_2-x_3-x_4-x_5-x_6$$

$$\text{s.t.}\begin{cases}-x_1-x_6\leqslant -22\\ -x_1-x_2\leqslant -55\\ -x_2-x_3\leqslant -88\\ -x_3-x_4\leqslant -110\\ -x_4-x_5\leqslant -44\\ -x_5-x_6\leqslant -33\\ x_i\geqslant 0,(i=1,2,\cdots,6)\end{cases}$$

用对偶单纯形法解得最优解：$x_1=55,x_2=0,x_3=99,x_4=11,x_5=33,x_6=0$。

$\min z=198$(人)。

所以公安干警人数最少为 198 人。

4. 解：设年生产大型机器 x_1 架，中型机器 x_2 架，小型机器 x_3 架，工厂获利为 Z。

建立数学模型：

目标函数：$\max z=40x_1+30x_2+15x_3$

$$\text{s. t.}\begin{cases}30x_1+20x_2+10x_3\leqslant 16\ 000\\60x_1+45x_2+20x_3\leqslant 26\ 000\\x_3\leqslant 380\\x_1,x_2,x_3\geqslant 0\end{cases}$$

5. 解:设选用原料 T_1、T_2、T_3、T_4、T_5 的重量分别为 x_1,x_2,x_3,x_4,x_5,单位为千克,根据条件,可建立相应的线性规划模型如下:

$$\min z=120x_1+95x_2+83x_3+76x_4+88x_5$$

$$\text{s. t.}\begin{cases}0.032\ 1x_1+0.045\ 3x_2+0.021\ 9x_3+0.017\ 6x_4+0.030\ 2x_5\geqslant 3.20\\0.020\ 4x_1+0.011\ 2x_2+0.035\ 7x_3+0.043\ 3x_4+0.013\ 2x_5\geqslant 2.10\\0.058\ 2x_1+0.030\ 6x_2+0.042\ 7x_3+0.027\ 3x_4+0.035\ 8x_5\geqslant 4.30\\x_1+x_2+x_3+x_4+x_5=100\\x_1,x_2,x_3,x_4,x_5\geqslant 0\end{cases}$$

6. 解:设 x_{ij} 为第 i 个月初签订的租用期为 j 个月的合同中规定的面积数(100 米^2),$i,j=1,2,3,4$。

$$\min z=2\ 700(x_{11}+x_{21}+x_{31}+x_{41})+4\ 600(x_{12}+x_{22}+x_{32})+6\ 000(x_{13}+x_{23})+7\ 500x_{14}$$

$$\text{s. t.}\begin{cases}x_{11}=16\\x_{21}+x_{12}+x_{22}=9\\x_{31}+x_{22}+x_{13}+x_{23}+x_{32}=20\\x_{41}+x_{32}+x_{23}+x_{14}=12\\x_{ij\geqslant 0},i,j=1,2,3,4\end{cases}$$

7. 解:确定使用运输问题来决定方案。即泳姿数小于运动员人数,故增加一个虚拟泳姿 A。所以题目中表格变换为

项目	赵	浦	潘	王	郭
仰泳	37.7	32.9	33.9	37.6	35.4
蛙泳	43.4	33.4	42.2	34.7	41.8
蝶泳	33.3	28.5	38.9	30.4	32.7
自由泳	28.7	26.4	29.6	28.5	31.1
A	0	0	0	0	0

设第 j 种泳姿对应第 i 人是否选用为 $x_{ij}(i,j=1,2,3,4,5)$,c_{ij} 为上表中每种泳姿对应人的所用时间。可建模如下:

$$\min z=\sum_{i=1}^{5}\sum_{j=1}^{5}c_{ij}x_{ij}$$

$$\text{s. t.}\begin{cases}\sum_{i=1}^{5}x_{ij}=1,j=1,2,3,4,5\\\sum_{j=1}^{5}x_{ij}=1,\ i=1,2,3,4,5\\x_{ij}=\begin{cases}1,\text{第 } i \text{ 个人选择第 } j \text{ 种泳姿}\\0,\text{第 } i \text{ 个人不选择第 } j \text{ 种泳姿}\end{cases}\end{cases}$$

8. 解:本问题的决策变量是不同班次的临时工人数。设 x_i 为 i 点开始上班的临时

工人数($i=8,9,\cdots,16$,x_i 为整数)。

目标函数:$\min z=60(x_8+x_9+x_{10}+x_{11}+x_{12}+x_{13}+x_{14}+x_{15}+x_{16})$

$$
\text{s. t.}\begin{cases}
1+x_8\geqslant 7\\
1+x_8+x_9\geqslant 8\\
1+x_8+x_9+x_{10}\geqslant 7\\
x_9+x_{10}+x_{11}\geqslant 4\\
1+x_{10}+x_{11}+x_{12}\geqslant 3\\
2+x_{11}+x_{12}+x_{13}\geqslant 2\\
2+x_{12}+x_{13}+x_{14}\geqslant 6\\
2+x_{13}+x_{14}+x_{15}\geqslant 12\\
x_{14}+x_{15}+x_{16}\geqslant 10\\
1+x_{15}+x_{16}\geqslant 7\\
1+x_{16}\geqslant 6\\
x_i\geqslant 0\ (i=8,9,\cdots,16),\text{且为整数}
\end{cases}
$$

第二章

目标规划

第一节　判断题

1. 线性规划问题是目标规划问题的一种特殊形式。(　　)

2. 目标规划是针对线性规划中目标单一的局限性而建立起来的。(　　)

3. 目标规划模型中存在的约束条件 $x_1+x_2+d^- -d^+=3$，则该约束是系统约束。(　　)

4.在多目标决策问题中，当目标中规定了 $x=b$，为达到目标则必须同时满足 $y^+=y^-=0$，才算达到了目标。(　　)

5. 正偏差变量应取正值，负偏差变量应取负值。(　　)

6. 目标规划模型中，应同时包含系统约束(绝对约束)与目标约束。(　　)

7. 同一目标约束中的一对偏差变量 d_i^-、d_i^+ 至少有一个取值为零。(　　)

8. 目标规划的目标函数中既包含决策变量又包含偏差变量。(　　)

9. 只含目标约束的目标规划模型一定存在满意解。(　　)

10. 目标规划模型中的优先级 $p_1,p_2,\cdots$，其中 p_i 较之 p_{i+1} 目标的重要性一般为数倍至数十倍之间。(　　)

11. 下列表达式均不能用来表达目标规划模型的目标函数：(　　)

① $\max z=p_1d_1^- +p_2d_2^-$ ② $\min z=p_1d_1^- -p_2d_2^-$ ③ $\min z=p_1d_1^- +p_2(d_2^- -d_2^+)$

12.对于目标规划问题，目标函数只是偏差变量的线性函数。(　　)

13.目标规划中，根据目标的优先级给出目标偏差变量的权重，这样，最优解能保证所有目标都实现。(　　)

14.目标规划中对其中一个目标的要求是尽量不超过规定指标时，目标函数应写作 $\min d^+$。(　　)

第二节　分析计算题

1. 试用单纯形法求解下列目标规划。

$$\min z=p_1d_1^+ +p_2(d_2^- +d_2^+)+p_3d_3^-$$

$$\text{s. t.}\begin{cases}2x_1+x_2\leqslant 11\\ x_1-x_2+d_1^- +d_1^+ =0\\ x_1+2x_2+d_2^- -d_2^+ =10\\ 8x_1+10x_2+d_3^- -d_3^{\ +} =56\\ x_1,x_2,d_i^-,d_i^+\geqslant 0,\quad i=1,2,3\end{cases}$$

2. 试用单纯形法求解下列目标规划。

$$\min z= p_1 d_1^- + p_2 (5 d_2^- + 3d_2^+)+ p_3 d_3^-$$

$$\text{s. t.}\begin{cases}x_1+x_2+d_1^- =80\\ x_1+d_2^- -d_2^+ =70\\ x_2+d_3^- =60\\ x_1,x_2,d_i^-,d_i^+\geqslant 0,\ i=1,2,3\end{cases}$$

3. 某厂生产 A、B 两种产品，由一、二两个车间生产，生产每件产品 A，一车间需 2 小时，二车间需 1 小时。生产每件产品 B，一车间需 1 小时，二车间需 3 小时，而且每种产品都需要在仓库存放，每件 A 产品每月收费 50 元，每件 B 产品每月收费 30 元。一车间每月操作 110 小时，二车间每月操作 150 小时。一车间每小时生产费用 80 元，二车间每小时生产费用 20 元。估计利润：每件 A 产品 100 元，每件 B 产品 75 元。根据市场分析，下月份可售出 A 产品 50 件，B 产品 80 件，现按以下目标制订下个月的生产计划：

(1)仓库费用每月不超过 4 600 元。

(2)产品 A 每月售出 50 件；产品 B 每月售出 80 件。

(3)不能使一、二两个车间停工(权数由两个车间生产费用决定)。

(4)一车间加班不超过 20 小时。

试列出其目标规划模型。

4. 某种品牌的果汁主要由三种成分组成。已知各种成分的每天供应量和单位成本如下：

成分Ⅰ：供应量 1 500 单位/每天，成本 6 元/单位。

成分Ⅱ：供应量 2 000 单位/每天，成本 4.5 元/单位。

成分Ⅲ：供应量 1 000 单位/每天，成本 3 元/单位。

该种品牌的果汁有三种等级(A、B、C)，各种等级果汁的混合及售价如表 2-1 所示。

表 2-1

等级	总制配比要求	单位售价/元
A	Ⅲ少于 10% Ⅰ多于 50%	6
B	Ⅲ少于 70% Ⅰ少于 20%	5.0
C	Ⅲ少于 50% Ⅰ多于 10%	4.5

为保持声誉，确定经营目标：

P_1：各种成分配比必须严格满足。

P_2：企业获取的利润尽可能不少于 5 000 元。试对该问题建立目标规划模型。

5. 某公司要将一批货从 3 个产地运到 4 个销地，有关运费数据如表 2-2 所示。

表 2-2

产地	销地 B_1	销地 B_2	销地 B_3	销地 B_4	供应量
A_1	9	4	3	4	560
A_2	5	7	8	3	400
A_3	4	6	5	10	750
需求量	320	240	480	380	—

现在要求制订调运计划，且依次满足：

(1) 对 B_1 的供应量不低于需要量。

(2) 对其余销地的供应量不低于需求量的 80%。

(3) A_2 对 B_1 的供应量不低于 120。

(4) A_3 尽可能少供应 B_2。

(5) 对销地 B_2、B_3 的供应量尽可能保持平衡。

(6) 使总运费尽可能不超过 5 140 元。

试建立该问题的目标规划数学模型。

6. 某车间生产 A、B 两种产品，各产品所需工时利润和生产能力如表 2-3 所示。

表 2-3

产品	所需工时/(工时/件)	利润/(元/件)	生产能力/(件/日)
A	2	30	60
B	1	12	100

设车间有效工时为 140 工时/日。

如果要求：

(1)第一目标：要求完成或超额完成每天的利润指标 2 500 元。

(2)第二目标：不超过有效工时。

(3)第三目标：不超过生产能力。

试建立目标规划模型，并用单纯形法求解。

7. 某工厂生产两种产品，产品 A 可获利 10 元/件，产品 B 可获利 8 元/件，生产 1 件 A 产品需 3 小时，B 产品 2.5 小时。每周总的有效时间为 120 小时。若加班生产，则 A 产品的利润要下降 1.5 元/件；B 产品的利润要降低 1 元/件。加班总工时不允许超过 30 小时。决策者期望的利润指标为 500 元/周，同时希望在允许的工作及加班时间内取最大利润，试建该问题的目标规划模型，并求解。

8. 某工厂生产 A、B 两种产品，每生产 1 件 A 产品需要 3 小时，盈利 60 元；每生产

1 件B 产品需要 4 小时，盈利 80 元。每周总的有效时间为 100 小时。现按以下目标制订生产计划：

(1)每周利润尽量达到 1 500 元。

(2)尽量避免开工不足。

(3)A 产品的产量控制在 12 件左右。

试列出其目标规划模型，并用单纯形法求解。

9. 某电动车厂生产 A、B 两种型号的电动车，每小时均可生产 100 辆，工厂正常开工为每周 80 小时。根据市场预测，产品 A 需求量为每周 7 000 辆，产品 B 需求量为每周 4 500辆。产品 A 的利润为每辆 250 元，产品 B 的利润为每辆 150 元。

第一目标：尽量避免开工不足。

第二目标：每周加班时间不超过 10 小时。

第三目标：努力达到最大的销售量。

第四目标：尽可能减少加班时数。

试制订合理的生产计划。

本章答案

第一节 判断题

1.(√) 2.(√) 3.(×) 4.(√) 5.(×) 6.(×) 7.(√) 8.(×)
9.(√) 10.(×) 11.(√) 12.(√) 13.(×) 14.(√)

第二节 分析计算题

1. 解:将原线性规划模型转换为 $\min z = p_1 d_1^+ + p_2(d_2^- + d_2^+) + p_3 d_3^-$

$$\text{s. t.}\begin{cases} 2x_1 + x_2 + d_4^- = 11 \\ x_1 - x_2 + d_1^- - d_2^+ = 0 \\ x_1 + 2x_2 + d_2^- - d_2^+ = 10 \\ 8x_1 + 10x_2 + d_3^- - d_3^+ = 56 \\ x_1, x_2, d_i^-, d_i^+, d_4^- \geqslant 0, i = 1,2,3 \end{cases}$$

		x_1	x_2	d_1^-	d_1^+	d_2^-	d_2^+	d_3^-	d_3^+	d_4^-	b	θ
		0	0	0	p_1	p_2	p_2	p_3	0	0		
d_4^-	0	2	1	0	0	0	0	0	0	1	11	11
d_1^-	0	1	−1	1	−1	0	0	0	0	0	0	
d_2^-	p_2	1	②	0	0	1	−1	0	0	0	10	5 ↑
d_3^-	p_3	8	10	0	0	0	0	1	−1	0	56	56
	p_3	8	10	0	0	0	0	0	0	0	56	
$z_j - c_j$	p_2	1	2	0	0	0	−2	0	0	0	10	
	p_1	0	0 ↑	0	−1	0	0	0	0	0	0	
d_4^-	0	$1\frac{1}{2}$	0	0	0	$-\frac{1}{2}$	$\frac{1}{2}$	0	0	1	6	4
d_1^-	0	$1\frac{1}{2}$	0	1	−1	$\frac{1}{2}$	$-\frac{1}{2}$	0	0	0	5	$\frac{10}{3}$
x_2	0	$\frac{1}{2}$	1	0	0	$\frac{1}{2}$	$-\frac{1}{2}$	0	0	0	5	10
d_3^-	p_3	③	0	0	0	−5	5	1	−1	0	6	2 ↑
	p_3	3	0	0	0	−5	5	0	−1	0	6	
$z_j - c_j$	p_2	0	0	0	0	−1	−1	0	0	0	0	
	p_1	0 ↑	0	0	−1	0	0	0	0	0	0	
d_4^-	0	0	0	0	0	2	−2	−0.5	0.5	1	3	
d_1^-	0	0	0	1	−1	3	−3	−0.5	0.5	0	2	
x_2	0	0	1	0	0	4/3	−4/3	−1/6	1/6	0	4	
x_1	0	1	0	0	0	−5/3	5/3	1/3	−1/3	0	2	
	p_3	0	0	0	0	0	0	−1	0	0		
$z_j - c_j$	p_2	0	0	0	0	−1	−1	0	0	0		
	p_1	0	0	0	−1	0	0	0	0	0		

∴最优解为 $x_1 = 2, x_2 = 4, d_1^- = 2, d_4^- = 3$。

2. 解：计算过程如下表所示。

c_j			0	0	p_1	$5p_2$	$3p_2$	p_3	θ
c_b	x_b	b	x_1	x_2	d_1^-	d_2^-	d_2^+	d_3^-	
p_1	d_1^-	80	1	1	1	0	0	0	80
$5p_2$	d_2^-	70	①	0	0	1	−1	0	70 ↑
p_3	d_3^-	60	0	1	0	0	0	1	
$\sigma_j=z_j-c_j$		p_1	1	1	0	0	0	0	
		p_2	5 ↑	0	0	0	−8	0	
		p_3	0	1	0	0	0	0	
p_1	d_1^-	10	0	①	1	−1	1	0	10 ↑
0	x_1	70	1	0	0	1	−1	0	
p_3	d_3^-	60	0	1	0	0	0	1	60
σ_j		p_1	0	1 ↑	0	−1	1	0	
		p_2	0	0	0	−5	−3	0	
		p_3	0	1	0	0	0	0	

↑

c_j			0	0	p_1	$5p_2$	$3p_2$	p_3	θ
c_b	x_b	b	x_1	x_2	d_1^-	d_2^-	d_2^+	d_3^-	
0	x_2	10	0	1	1	−1	1	0	
0	x_1	70	1	0	0	1	−1	0	
p_3	d_3^-	50	0	0	−1	1	−1	1	
σ_j		p_1	0	0	−1	0	0	0	
		p_2	0	0	0	−5	−3	0	
		p_3	0	0	−3	1	−1	0	

最优解为：$x_1=70$ ，$x_2=10$。

3. 解：设该厂每月生产 A 产品 x_1 件，B 产品 x_2 件。

则目标函数为 $\min z=p_1\cdot d_1^-+4p_2\cdot d_2^-+3p_2\cdot d_3^-+p_3\cdot d_4^-+4p_3\cdot d_5^-+p_4\cdot d_{44}^+$

$$\text{s.t.}\begin{cases}50x_1+30x_2+d_1^-=4\ 600\\ x_1+d_2^-=50\\ x_2+d_3^-=80\\ 2x_1+x_2+d_4^--d_4^+=110\\ x_1+3x_2+d_5^--d_5^+=150\\ d_4^++d_{44}^--d_{44}^+=20\\ d_i^-,d_i^+,d_{44}^-,d_{44}^+,x_1,x_2\geqslant 0(i=1,2,3,4,5)\end{cases}$$

其中，d_{44}^-，d_{44}^+分别表示一车间加班时间不到20小时的负偏差和加班时间超过20小时的正偏差。

4. 设 $j=1,2,3$ 分别代表 A、B、C 三种等级果汁的序号，则

x_{ij}——第 i 种成分在第 j 种等级果汁中所占数量；

y_j——第 j 种等级果汁的生产数量。

可建立目标规划数学模型如下：

$$\min z=P_1(d_1^-+d_1^++d_2^-+d_2^++d_3^-+d_3^++d_4^-+d_4^++d_5^-+d_5^++d_6^-+d_6^+)+P_2d_7^-$$

$$\text{s.t.}\begin{cases}y_1=x_{11}+x_{21}+x_{31} & \\ y_2=x_{12}+x_{22}+x_{32} & \text{(产量关系约束)} \\ y_3=x_{13}+x_{23}+x_{33} & \\ x_{11}+x_{21}+x_{31}\leqslant 1\,500 & \\ x_{12}+x_{22}+x_{32}\leqslant 2\,000 & \text{(原料限制约束)} \\ x_{13}+x_{23}+x_{33}\leqslant 1\,000 & \\ x_{31}+d_1^--d_1^+=10\%\,y_1 & \\ x_{11}+d_2^--d_2^+=50\%\,y_1 & \\ x_{32}+d_3^--d_3^+=70\%\,y_2 & \\ x_{12}+d_4^--d_4^+=20\%\,y_2 & \text{(配比限制)} \\ x_{33}+d_5^--d_5^+=50\%\,y_3 & \\ x_{13}+d_6^--d_6^+=10\%\,y_3 & \\ 6y_1+5.0y_2+4.5y_3-6(x_{11}+x_{12}+x_{13}) & \\ -4.5(x_{21}+x_{22}+x_{23})-3(x_{31}+x_{32}+x_{33}) & \text{(利润限制)} \\ +d_7^--d_7^+=5\,000 & \\ y_j\geqslant 0,x_{ij}\geqslant 0,d_k^-,d_k^+\geqslant 0 & \\ (i=1,2,3;j=1,2,3;k=1,2,3,\cdots,7) & \end{cases}$$

5. 解：设 x_{ij} 为 A_i 到 B_j 的运量，建立数学模型如下：

$$\min z=P_1d_1^-+P_2(d_2^-+d_3^-+d_4^-)+P_3d_5^-+P_4d_6^++P_5(d_7^-+d_7^+)+P_6d_8^+$$

$$\text{s.t.}\begin{cases}x_{11}+x_{21}+x_{31}+d_1^--d_1^+=320 & B_1\text{ 保证供应} \\ x_{12}+x_{22}+x_{32}+d_2^--d_2^+=192 & B_2\text{ 需求的 }80\% \\ x_{13}+x_{23}+x_{33}+d_3^--d_3^+=384 & B_3\text{ 需求的 }80\% \\ x_{14}+x_{24}+x_{34}+d_4^--d_4^+=304 & B_4\text{ 需求的 }80\% \\ x_{21}+d_5^--d_5^+=120 & A_2\text{ 对 }B_1 \\ x_{32}-d_5^+=0 & A_3\text{ 对 }B_2 \\ (x_{13}+x_{23}+x_{33})-(x_{12}+x_{22}+x_{32})+d_7^--d_7^+=0 & B_2\text{ 与 }B_3\text{ 的平衡} \\ \sum\sum c_{ij}x_{ij}-d_8^+=5\,140 & \text{运费最小} \\ x_{ij}\geqslant 0,d_i^-,d_i^+\geqslant 0,i=1,2,\cdots,8 & \end{cases}$$

6. 解：设生产 A 产品 x_1 件，B 产品 x_2 件，目标规划模型为

$$\min z=p_1d_1^-+p_2d_2^-+5p_3d_3^-+2p_3d_4^-$$

$$\text{s. t.}\begin{cases}30x_1+12x_2+d_1^--d_1^+=2\ 500\\2x_1+x_2+d_2^-=140\\x_1+d_3^-=60\\x_2+d_4^-=100\\d_1^+,d_i^-\geqslant 0,(i=1,2,3,4)\end{cases}$$

其中，d_1^+ 和 d_1^- 表示超过和未达到利润指标的正偏差和负偏差。

d_2^- 为未达到有效工时的负偏差。

d_3^-,d_4^- 分别为未达到各自生产能力的负偏差。

7. 解：设在正常工作时间内 A 生产 x_{11} 件，B 生产 x_{22} 件；

加班时间（设每超不过 30 小时）内 A 生产 x_{12} 件，B 生产 x_{21} 件；

d_1^-,d_1^+ 表示未达到利润指标（设定在允许的工作及加班时间内利润指标为 500 元）的负偏差和超过利润指标的正偏差；

d_2^-,d_2^+ 表示开工不足的负偏差和超过有效工时的正偏差；

d_{22}^-,d_{22}^+表示加班达到允许时间的负偏差和正偏差。

目标规划模型为

$$\min z=p_1d_1^-+p_2d_2^-+p_3d_{22}^+$$

$$\text{s. t.}\begin{cases}10x_{11}+8x_{21}+8.5x_{12}+7x_{22}+d_1^--d_1^+=500\\3x_{11}+3x_{12}+2.5x_{21}+2.5x_{22}+d_2^--d_2^+=120\\d_2^++d_{22}^--d_{22}^+=30\end{cases}$$

$d_1^+,\ d_1^-,d_2^+,d_2^-,d_{22}^+,d_{22}^-\geqslant 0$

8. 解：设生产 A 产品 x_1 件，B 产品 x_2 件。

$$\min z=P_1d_1^-+P_2d_2^-+P_3(d_3^-+d_3^+)$$

$$\text{s. t.}\begin{cases}60x_1+80x_2+d_1^-=1\ 500\\3x_1+4x_2+d_2^-=100\\x_1+d_3^--d_3^+=12\\x_1,x_2\ \text{均为正整数},d_i^-,d_j^+\geqslant 0,i=1,2,3\end{cases}$$

c_j			0	0	P_1	P_2	P_2	P_3	θ
c_b	x_b	b	x_1	x_2	d_1^-	d_2^-	d_2^-	d_3^+	
P_1	d_1^-	1 500	60	(80)	1	0	0	0	18.75 ↑
P_2	d_2^-	100	3	4	0	1	0	0	25
P_3	d_3^-	12	1	0	0	0	1	−1	
σ_j		P_1	60	80 ↑	0	0	0	0	
		P_2	3	4	0	0	0	0	
		P_3	1	0	0	0	0	−2	

续表

c_j			0	0	P_1	P_2	P_2	P_3	θ
c_b	x_b	b	x_1	x_2	d_1^-	d_2^-	d_2^-	d_3^+	
0	x_2	18.75	0.75	1	1/80	0	0	0	25
P_2	d_2^-	25	0	0	−1/20	1	0	0	
P_3	d_3^-	12	①	0	0	0	1	−1	12 ↑
σ_j		P_1	0	0	−1	0	0	0	
		P_2	0	0	−1/20	0	0	0	
		P_3	1 ↑	0	0	0	0	−2	
0	x_2	9.75	0	1	1/80	0	−0.75	0.75	
P_2	d_2^-	25	0	0	−1/20	1	0	0	
0	x_1	12	1	0	0	0	1	−1	12
σ_j		P_1	0	0	−1	0	0	0	
		P_2	0	0	−1/20	0	0	0	
		P_3	0	0	0	0	−1	−1	

最优解：$x_1=12, x_2=10$。

9. 解：x_1 为每周生产 A 型号电动车的辆数，x_2 为每周生产 B 型号电动车的辆数。则目标规划模型为

$$\min z=p_1d_1^-+p_2d_{11}^++5p_3d_2^-+3p_3d_3^-+p_4d_1^+$$

$$\text{s. t.}\begin{cases}x_1+x_2+d_1^--d_1^+=8\ 000\\ x_1+d_2^-=7\ 000\\ x_2+d_3^-=4\ 500\\ d_1^++d_{11}^--d_{11}^+=10\\ x_1,x_2,d_1^-,d_1^+,d_2^-,d_3^-,d_{11}^-,d_{11}^+\geqslant 0\end{cases}$$

初始单纯形表为

c_j		0	0	p_1	$5p_3$	$3p_3$	0	p_4	p_2	b	θ
c	x	x_1	x_2	d_1^-	d_2^-	d_3^+	d_{11}^-	d_1^+	d_{11}^+		
p_1	d_1^-	1	1	1	0	0	0	−1	0	8 000	8 000
$5p_3$	d_2^-	1	0	0	1	0	0	0	0	7 000	7 000
$3p_3$	d_3^-	0	1	0	0	1	0	0	0	4 500	
0	d_{11}^-	0	0	0	0	0	1	1	−1	10	
$\sigma_j=z_j-c_j$	p_1	1	1	0	0	0	0	−1	0		
	p_2	0	0	0	0	0	0	0	−1		
	p_3	5	3	0	0	0	0	0	0		
	p_4	0	0	0	0	0	0	−1	0		

最终单纯形表为

c_j		0	0	p_1	$5p_3$	$3p_3$	0	p_4	p_2	b	θ
c	x	x_1	x_2	d_1^-	d_2^-	d_3^-	d_{11}^-	d_1^+	d_{11}^+		
0	x_2	0	1	1	−1	0	1	0	−1	1 010	
0	x_1	1	0	0	1	0	0	0	0	7 000	
$3p_3$	d_3^-	0	0	−1	1	1	−1	0	1	3 490	
p_4	d_1^+	0	0	0	0	0	1	1	−1	10	
	p_1	0	0	−1	0	0	0	0	0		
	p_2	0	0	0	0	0	0	0	−1		
	p_3	0	0	−3	−2	0	−3	0	3		
	p_4	0	0	0	0	0	1	0	−1		

最优解：$x_1=7\ 000$，$x_2=1\ 010$，$d_3^-=3\ 490$，$d_1^+=10$。

第三章

动态规划

第一节 判断题

1. 在用逆向解法求动态规划时，$f_k(s_k)$ 的含义是从第 k 阶段到 n 阶段的最优解。(　　)

2. 动态规划方法把一个大问题化成一组同类型的子问题，然后逐个求解，最后一个子问题所得的最优解就是整个问题的最优解。(　　)

3.在多阶段决策过程中，每段决策的选取是从全局来考虑的，与该段的最优选择答案相同。(　　)

4. 一个最优策略的子策略总是最优的。(　　)

5. 如果一个决策问题有最优策略，则该问题的最优值函数一定可用动态规划的基本方程来表示。(　　)

6. 最优性原理对任何决策过程都普遍成立。(　　)

7.对于动态规划问题，初始阶段状态变量已知时采用逆序解法。(　　)

8. 动态规划、线性规划和非线性规划所研究的对象本质上都是一个求极值的问题，都是利用迭代法去逐步求解的。(　　)

9.对动态规划问题，若最终阶段的状态变量已知，则应采用逆序递推解法。(　　)

10.为动态规划问题建模时，需要划分阶段，定义各阶段的状态变量、决策变量，给出状态转移方程，最后推导出最优值函数的基本方程。(　　)

第二节 计算题

1. 计算如图 3-1 所示的从 A 到 E 的最短路线及其长度。

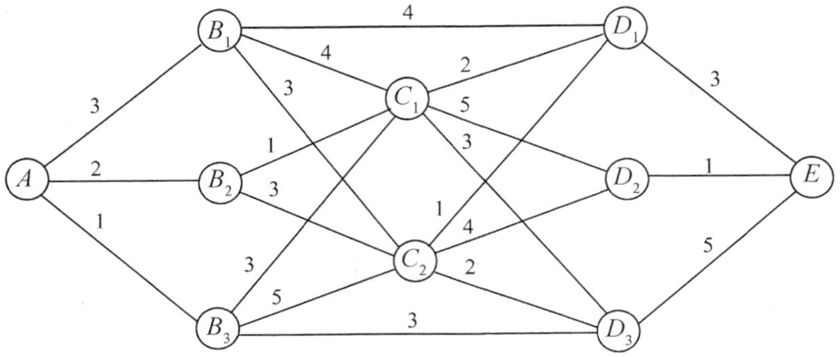

图 3-1

2. 有一部货车每天沿着公路的 4 个零售店卸下 6 箱货物，如果各零售店因出售该货物所得的利润如表 3-1，试求在各零售店各卸下几箱，能使获得总利润最大？其值是多少？

表 3-1

箱数	利润			
	零售店 1	零售店 2	零售店 3	零售店 4
0	0	0	0	0
1	4	2	8	4
2	6	4	5	5
3	7	6	7	6
4	7	8	8	6
5	7	9	8	6
6	7	10	8	6

3. 某公司打算在 3 个不同的地区设置 4 个销售点，根据市场预测部门估计，在不同的地区设置不同数量的销售店，每月可得到的利润如表 3-2 所示。试问在各个地区应如何设置销售店，才能使每月获得的总利润最大？其值是多少？

表 3-2

地区	利润				
	零售店 0	零售店 1	零售店 2	零售店 3	零售店 4
1	0	16	25	30	32
2	0	12	17	21	22
3	0	10	14	16	17

4. 某工厂根据国家的需要其交货任务如表 3-3 所示。表中数字为月底的交货量。该厂的生产能力为每月 400 件，该厂仓库的存货能力为 300 件，已知每百件货物的生产费为 10 000 元，在进行生产的月份，工厂要支出经常费 4 000 元，仓库保管费为每百件货物每月 1 000 元。假定开始时及 6 月底交货后无存货。试问应在每个月各生产多少件物品，才能既满足交货任务，又使总费用最小？

表 3-3

项目	1	2	3	4	5	6
货物量/百件	1	2	5	3	2	1

5. 某厂生产一种产品，该产品在未来 4 个月的销售量估计如表 3-4 所示。

表 3-4

月份	销售量/件	月份	销售量/件
1	4	3	3
2	5	4	2

该项产品的生产准备费用为每批 500 元，每件的生产费用为 100 元，每件的存储费用每月为 100 元。假定 1 月初的存货为 100 件，5 月初的存货为 0。试求该厂在这 4 个月内的最优生产计划。

6. 求图 3-2 中从 A 点到终点 E 点的最短路线及长度。

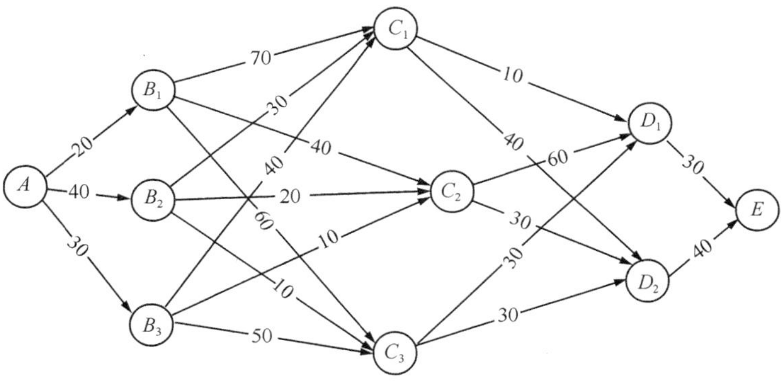

图 3-2

7. 用递推方法求解

$\min z = 3x_1^2 - 6x_1 + 3x_2^2 + 3x_2 + 2x_3^2 - 8x_3$

$$\text{s. t.} \begin{cases} 2x_1 + 3x_2 + 2x_3 \geqslant 10 \\ x_j \geqslant 0 \quad (j = 1, 2, 3) \end{cases}$$

8. 王先生打算用 a 万元资金计划在 4 年内全部用于投资，已知在 1 年内若投资 x 万元就可获得 $\sqrt{x}$ 万元的效用。每年没有用掉的金额，连同利息(年利率 10%)可用于下一年的投资。而用于投资的金额不计利息，试制订资金的使用计划，而使 4 年内获得的总效用最大?

9. 某公司拟投资 600 万元对下属 4 个工厂进行技术改造，各工厂改造后的利润与投资额大小关系如表 3-5 所示，要求确定各厂投资额，使总利润最大。

表 3-5

投资额	工厂 1	工厂 2	工厂 3	工厂 4
0	0	0	0	0
100	40	40	50	50
200	100	80	120	80
300	130	100	170	100
400	160	110	200	120
500	170	120	220	130
600	170	130	230	140

10. 某人外出旅游，有 3 种物品可供选择携带，供装物品的包裹容量有限，总重量不能超过 15 千克。物品的单件重量及价值如表 3-6 所示，试问如何装这些物品使总价值最大?

表 3-6

项目	物品 A	物品 B	物品 C
单件重量/千克	5	4	4
单件价值/元	4	3	2

11. 某单位有资源 100 单位，拟分 4 个周期使用，在每个周期有生产任务 A 和任务 B。把资源用于 A 生产任务，每单位能获利 10 元，资源回收率为 $\frac{2}{3}$。把资源用于 B 生产任务，每单位能获利 7 元，资源回收率为 $\frac{9}{10}$。问：每个周期应如何分配资源，才能使总收益达最大?

本章答案

第一节 判断题

1.(√) 2.(√) 3.(×) 4.(√) 5.(√) 6.(×) 7.(√) 8.(√) 9.(√) 10.(√)

第二节 计算题

1. 解：

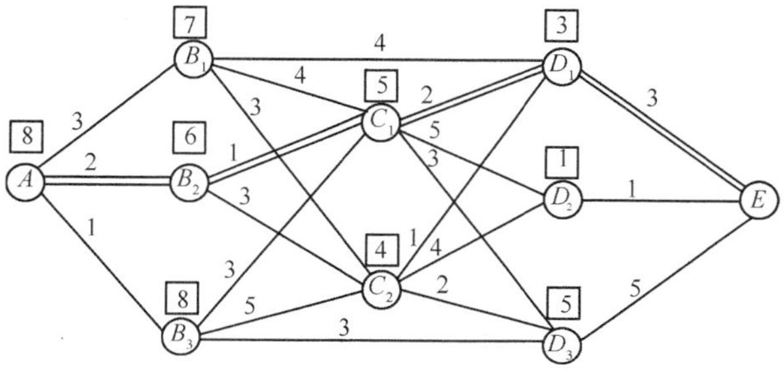

最短路线长度为 8。

$A \to B_2 \to C_1 \to D_1 \to E$

2. 解：

A. 按动态规划要求确定以下参数。

(1)将卸货问题按零售店分为 4 个阶段,顺序 1、2、3、4。

(2)各阶段的状态参数 S_K 表示为分配给第 K 个至第 4 个零售店的总货物箱数。

(3)u_k 是分配给第 K 个店的货物箱数。

(4)状态转移方程 $S_{k+1}=S_k-u_k(S_K)$。

(5)最优指标函数 $f_k(S_k)$是从第 K 阶段开始到最后阶段为止的最大利润。

$$f_k(S_k)=\max_{u_k}\{d_k(S_k,u_k)+f_{k+1}(S_{k+1})\}$$

$$f_4(S_k)=0$$

B. 分阶段计算。

当 $k=4$,$S_4=(0,1,2,3,4,5,6)$。

S_4	u_4	$d_4(S_4,u_4)$	$f_4(S_4)$	$u_4^*(S_4)$
0	0	0	0	0
1	1	4	4	1
2	2	5	5	2
3	3	6	6	3
4	4	6	6	4
5	5	6	6	5
6	6	6	6	6

当 $k=3$ 时，$S_3=(0,1,2,3,4,5,6)$。

S_3	u_3	$d_3(S_3,u_3)$	$f_4(S_3-u_3)$	d_3+f_4	$u_3^*(S_3)$	$f_3(S_3)$
0	0	0	0	0	0	0
1	0	0	4	4		
	1	8	0	8	1	8
2	0	0	5	5		
	1	8	4	12	1	12
	2	5	0	5		
3	0	0	6	6		
	1	8	5	13	1	13
	2	5	4	9		
	3	7	0	7		
4	0	0	6	6		
	1	8	6	14	1	14
	2	5	5	10		
	3	7	4	11		
	4	8	0	8		
5	0	0	6	6		
	1	8	6	14	1	14
	2	5	6	11		
	3	7	5	12		
	4	8	4	12		
	5	8	0	8		
6	0	0	6	6		
	1	8	6	14	1	14
	2	5	6	11		
	3	7	6	13		
	4	8	5	13		
	5	8	4	12		
	6	8	0	8		

$k=2$ 时，$S_2=(0,1,2,3,4,5,6)$。

S_2	u_2	$d_2(S_2,u_2)$	$f_3(S_2-u_2)$	d_2+f_3	$u_2^*(S_2)$	$f_2(S_2)$
0	0	0	0	0	0	0
1	0	0	8	8	0	8
	1	2	0	2		
2	0	0	12	12	0	12
	1	2	8	10		
	2	4	0	4		
3	0	0	13	13		
	1	2	12	14	1	14

续表

S_2	u_2	$d_2(S_2,u_2)$	$f_3(S_2-u_2)$	d_2+f_3	$u_2^*(S_2)$	$f_2(S_2)$
	2	4	8	12		
	3	6	0	6		
4	0	0	14	14	2	16
	1	2	13	15		
	2	4	12	16		
	3	6	8	14		
	4	8	0	8		
5	0	0	14	14	3	18
	1	2	14	16		
	2	4	13	17		
	3	6	12	18		
	4	8	8	16		
	5	9	0	9		
6	0	0	14	14	4	20
	1	2	14	16		
	2	4	14	18		
	3	6	13	19		
	4	8	12	20		
	5	9	8	17		
	6	10	0	10		

$k=1$ 时，$S_1=6$。

S_1	u_1	$d_1(S_1,u_1)$	$f_2(6-u_1)$	d_1+f_2	$u_1^*(S_1)$	$f_1(S_1)$
6	0	0	20	20		
	1	4	18	22	1	22
	2	6	16	22	2	
	3	7	14	21		
	4	7	12	19		
	5	7	8	15		
	6	7	0	7		

C. 从第一个阶段开始寻找最优决策序列，步骤如下。

(1)由 $u_1^*(S_1)=1$ 或 2 可知，在零售店 1 卸下 1 箱或 2 箱。

(2)由 $u_2^*(5)=3$ 或 $u_2^*(4)=2$ 可知：①当在店 1 卸下 1 箱时，则在店 2 卸下 3 箱；②当在店 1 卸下 2 箱时，则在店 2 卸下 2 箱。

(3)由 $u_3^*(2)=1$ 可知，在店 3 卸下 1 箱。

(4)由 $u_4^*(1)=1$ 可知，在店 5 卸下 1 箱。

由以上分析可知，有两个最优方案，利润都是 22。

方案Ⅰ:零售店: 1 2 3 4

箱数: 1 3 1 1

方案Ⅱ:零售店: 1 2 3 4

箱数: 2 2 1 1

3. 解:

A. 确定参数。

(1)将 3 个地区按 1、2、3 顺序分成 3 个阶段。

(2)各阶段状态参数 S_K 是在第 K 个地区之后(包含第 K 个地区)有零售店总数,u_k 是在第 K 个地区的零售店数目。$S_{k+1}=S_k-u_k$。

(3)最优指标函数 $f_k(S_k)$是从第 K 个地区开始到最后为止的最大利润。

$f_k(S_k)=\max\limits_{u_k}\{d_k(S_k,u_k)+f_{k+1}(S_{k+1})\},f_4=0$。

B. $k=3,S_3=(0,1,2,3,4)$。

S_3	u_3	$d_3(S_3,u_3)$	$f_3(S_3)$	$u_3^*(S_3)$
0	0	0	0	0
1	1	10	10	1
2	2	14	14	2
3	3	16	16	3
4	4	17	17	4

$k=2,S_2=(0,1,2,3,4)$。

S_2	u_2	$d_2(S_2,u_2)$	$f_3(S_2-u_2)$	d_2+f_3	$u_2^*(S_2)$	$f_2(S_2)$
0	0	0	0	0	0	0
1	0	0	10	10		
	1	12	0	12	1	12
2	0	0	14	14		
	1	12	10	22	1	22
	2	17	0	17		
3	0	0	16	16		
	1	12	14	26	2	27
	2	17	10	27		
	3	21	0	21		
4	0	0	17	17		
	1	12	16	28		
	2	17	14	31	2	31
	3	21	10	31	3	
	4	22	0	22		

$k=1, S_1=4$。

S_1	u_1	$d_1(S_1,u_1)$	$f_2(4-u_1)$	d_1+f_2	$u_1^*(S_1)$	$f_1(S_1)$
4	0	0	31	31	2	47
	1	16	27	43		
	2	25	22	47		
	3	30	12	42		
	4	32	0	32		

∴ 方案为

地区	1	2	3
零售店	2	1	1

4. 解：

A. (1)每月的生产存储计划作为一个阶段，共分为六阶段。

(2) S_k——每月月初的库存量；u_k——各阶段的生产量；d_k——第 k 阶段（月）的需求量。

$$S_{k+1}=S_k+u_k-d_k$$

(3)指标函数取为总成本。

本期成本：$C_k(S_k,u_k)=\begin{cases}4+10u_k & (u_k>0)\\ 0 & (u_k=0)\end{cases}+1\cdot S_k$

从 k 阶段开始到最后为止最低总成本递推公式是：

$$f_k(S_k)=\min_{\substack{0\leqslant u_k\leqslant 4\\ S_k+u_k\geqslant d_k\\ S_k\leqslant 3}}\{C_k(S_k,u_k)+f_k+1(S_k+u_k-d_k)\}$$

$$f_7(S_7)=0$$

B. 分段计算。

$k=6, S_6=(0,1), d_6=1$。

S_6	u_6	$C_6(S_6,u_6)$	期末存货 S_7	以后各时期成本 $f_7(S_7)$	总成本 $f_6(S_6)$
0	1	14	0	0	14
1	0	1	0	0	1

$k=5, d_5=2, S_5=(0,1,2,3)$。

S_5	u_5	$C_5(S_5,u_5)$	S_6	$f_6(S_6)$	总成本 (C_5+f_6)	$f_5(S_5)$
0	2	24+0	0	14	38	35
	3*	34+0	1	1	35	
1	1	14+1	0	14	29	26
	2*	24+1	1	1	26	
2	0*	0+2	0	14	16	16
	1	14+2	1	1	17	
3	0*	0+3	1	1	4	4

$k=4, d_4=3, S_4=(0,1,2,3)$。

S_4	u_4	$C_4(S_4,u_4)$	S_5	$f_5(S_5)$	总成本 (C_4+f_5)	$f_4(S_4)$
0	3*	34+0	0	35	69	69
	4	44+0	1	26	70	
1	2*	24+1	0	35	60	60
	3	34+1	1	26	61	
	4	44+1	2	16	61	
2	1	14+2	0	35	51	50
	2	24+2	1	26	52	
	3	34+2	2	16	52	
	4*	44+2	3	4	50	
3	0*	0+3	0	35	38	38
	1	14+3	1	26	43	
	2	24+2	2	16	43	
	3	34+3	3	4	41	

$k=3, d_3=5, S_3=(1,2,3)$。

S_3	u_3	$C_3(S_3,u_3)$	S_4	$f_4(S_4)$	总成本 (C_3+f_4)	$f_3(S_3)$
1	4	44+1	0	69	114	114
2	3*	34+2	0	69	105	105
	4	44+2	1	60	106	
3	2*	24+3	0	69	96	96
	3	34+3	1	60	97	
	4	44+3	2	50	97	

$k=2, d_3=2, S_3=(0,1,2,3)$。

S_2	u_2	$C_2(S_2,u_2)$	S_3	$f_3(S_3)$	总成本 (C_2+f_3)	$f_2(S_2)$
0	3*	34+0	1	114	148	148
	4	44+0	2	105	149	
1	2*	24+1	1	114	139	139
	3	34+1	2	105	140	
	4	44+1	3	96	141	
2	1*	14+2	1	114	130	130
	2	24+2	2	105	131	
	3	34+2	3	96	132	

续表

S_2	u_2	$C_2(S_2,u_2)$	S_3	$f_3(S_3)$	总成本 (C_2+f_3)	$f_2(S_2)$
3	0*	0+3	1	114	117	117
	1	14+3	2	105	122	
	2	24+3	3	96	123	

$k=1,d_1=1,S_1=0$。

S_1	u_1	$C_1(S_1,u_1)$	S_2	$f_2(S_2)$	总成本	$f_1(S_1)$
0	1	14+0	0	148	162	161
	2	24+0	1	139	163	
	3	34+0	2	130	164	
	4*	44+0	3	117	161	

C. 总结以上可得每个月的最优生产与库存计划。

月份 k	月初存货 S_k	月末存货 S_{k+1}	最优生产量	该月成本 $C_k(S_k, u_k)$	总成本
1	0	3	4	44	161
2	3	1	0	0	117
3	1	0	4	45	114
4	0	0	3	34	69
5	0	1	3	34	35
6	1	0	0	0	1

即第一、第三个月各产 400 个，第四、第五个月各生产 300 个，总成本为 161 000 元。

5. 解：

A. 按月份分为 4 个阶段。

S_k：各月初的存货。u_k：每个月的生产量。d_k：每个月的销售量(单位均为百件)。

$$S_{k+1}=S_k+u_k-d_k$$

指标函数取为总成本，各阶段成本 $C_k(S_k,u_k)=\begin{cases}5+1\cdot u_k & (u_k>0)\\ 0 & (u_k=0)\end{cases}+1\cdot S_k$。

从 k 阶段开始到最后为止最低总成本递推公式是：

$f_k(S_k)=\min\limits_{S_k+u_k\geqslant d_k}\{C_k(S_k,u_k)+f_{k+1}(S_{k+1})\}$

$f_5(S_k)=0$

$S_1=1,S_5=0$

B. 分段计算：$k=4,d_4=2,S_4=(0,1,2)$。

S_4	u_4	$C_4(S_4,u_4)$	S_5	$f_5(S_5)$	$f_4(S_4)$
0	2	7+0	0	0	7
1	1	6+1	0	0	7
2	0	0+2	0	0	2

$k=3,d_3=3,S_3=(0,1,2,3,4,5)$。

S_3	u_3	$C_3(S_3,u_3)$	S_4	$f_4(S_4)$	总成本 (C_3+f_4)	$f_3(S_3)$
0	3	8+0	0	7	15	12
	4	9+0	1	7	16	
	5*	10+0	2	2	12	
1	2	7+1	0	7	15	12
	3	8+1	1	7	16	
	4*	9+1	2	2	12	
2	1	6+2	0	7	15	12
	2	7+2	1	7	16	
	3*	8+2	2	2	12	
3	0*	0+3	0	7	10	10
	1	6+3	1	7	16	
	2	7+3	2	2	12	
4	0*	0+4	1	7	11	11
	1	6+4	2	2	12	
5	0	0+5	2	2	7	7

$k=2,d_2=5,S_2=(0,1,2,3,4,5,6,7,8,9,10)$。

S_2	u_2	$C_2(S_2,u_2)$	S_3	$f_3(S_3)$	总成本 (C_2+f_3)	$f_2(S_2)$
0	5*	10+0	0	12	22	22
	6	11+0	1	12	23	
	7	12+0	2	12	24	
	8	13+0	3	10	23	
	9	14+1	4	11	25	
	10*	15+0	5	7	22	
1	4*	9+1	0	12	22	22
	5	10+1	1	12	23	
	6	11+1	2	12	24	
	7	12+1	3	10	23	
	8	13+1	4	11	25	
	9*	14+1	5	7	22	

续表

S_2	u_2	$C_2(S_2,u_2)$	S_3	$f_3(S_3)$	总成本 (C_2+f_3)	$f_2(S_2)$
2	3*	8+2	0	12	22	22
	4	9+2	1	12	23	
	5	10+2	2	12	24	
	6	11+2	3	10	23	
	7	12+2	4	11	25	
	8*	13+2	5	7	22	
3	2*	7+3	0	12	22	22
	3	8+3	1	12	23	
	4	9+3	2	12	24	
	5	10+3	3	10	23	
	6	11+3	4	11	25	
	7*	12+3	5	6	22	
4	1*	6+4	0	12	22	22
	2	7+4	1	12	23	
	3	8+4	2	12	24	
	4	9+4	3	10	23	
	5	10+4	4	11	25	
	6*	11+4	5	7	22	
5	0*	0+5	0	12	17	17
	1	6+5	1	12	23	
	2	7+5	2	12	24	
	3	8+5	3	10	23	
	4	9+5	4	11	25	
	5	10+5	5	7	22	
6	0*	0+6	1	12	18	18
	1	6+6	2	12	24	
	2	7+6	3	10	23	
	3	8+6	4	11	25	
	4	9+6	5	7	22	

续表

S_2	u_2	$C_2(S_2,u_2)$	S_3	$f_3(S_3)$	总成本 (C_2+f_3)	$f_2(S_2)$
7	0*	0+7	2	12	19	19
	1	6+7	3	10	23	
	2	7+7	4	11	25	
	3	8+7	5	7	22	
8	0*	0+8	3	10	18	18
	1	6+8	4	11	25	
	2	7+8	5	7	22	
9	0*	0+9	4	11	20	20
	1	6+9	5	7	22	
10	0	0+10	5	7	17	17

$k=1, d_1=4, s_1=1$。

S_1	u_1	$C_1(S_1, u_1)$	S_2	总成本	$f_1(S_1)$
1	3*	8+1	0	22	31
	4	9+1	1	22	32
	5	10+1	2	22	33
	6	11+1	3	22	34
	7	12+1	4	22	35
	8*	13+1	5	17	31
	9	14+1	6	18	33
	10	15+1	7	19	35
	11	16+1	8	18	35
	12	17+1	9	20	38
	13	18+1	10	17	36

可得该厂在 4 个月内的最优生产计划(3 种方案):

Ⅰ. 1 月份生产 300 件,2 月份生产 500 件,3 月份生产 500 件。

Ⅱ. 1 月份生产 300 件,2 月份生产 1 000 件。

Ⅲ. 1 月份生产 800 件,3 月份生产 500 件。

3 种方案总成本均为 3 100 元。

6. 解:由后向前推移至 A 点。

当 $k=4$ 时,由 D_1 到终点 E 只有一条路线,故 $f_4(D_1)=30$,同理,$f_4(D_2)=40$。

当 $k=3$ 时，出发点有 C_1、C_2、C_3 三个。若从 C_1 出发，则有两个选择：①至 D_1；②至 D_2。

$$f_3(C_1)=\min\begin{Bmatrix} d_3(C_1,D_1)+f_4(D_1) \\ d_3(C_1,D_2)+f_4(D_2) \end{Bmatrix}=\min\begin{Bmatrix} 10+30 \\ 40+40 \end{Bmatrix}=40$$

其相应的决策为 $u_3(C_1)=D_1$。这说明，由 C_1 至终点 E 的最短距离为 40，其最短路线是

$$C_1 \to D_1 \to E$$

同理，从 C_2 和 C_3 出发，则有

$$f_3(C_2)=\min\begin{Bmatrix} d_3(C_2,D_1)+f_4(D_1) \\ d_3(C_2,D_2)+f_4(D_2) \end{Bmatrix}=\min\begin{Bmatrix} 60+30 \\ 30+40 \end{Bmatrix}=70$$

其相应的决策为 $u_3(C_2)=D_2$。

$$f_3(C_3)=\min\begin{Bmatrix} d_3(C_3,D_1)+f_4(D_1) \\ d_3(C_3,D_2)+f_4(D_2) \end{Bmatrix}=\min\begin{Bmatrix} 30+30 \\ 30+40 \end{Bmatrix}=60$$

其相应的决策为 $u_3(C_3)=D_1$。

类似地，可算得

当 $k=2$ 时，有

$f_2(B_1)=110 \quad u_2(B_1)=C_1$ 或 C_2

$f_2(B_2)=70 \quad u_2(B_2)=C_1$ 或 C_3

$f_2(B_3)=80 \quad u_2(B_3)=C_1$ 或 C_2

当 $k=1$ 时，出发点只有一个 A，则

$$f_1(A)=\min\begin{Bmatrix} d_1(A,B_1)+f_2(B_1) \\ d_1(A,B_2)+f_2(B_2) \\ d_1(A,B_3)+f_2(B_3) \end{Bmatrix}=\min\begin{Bmatrix} 20+110 \\ 40+70 \\ 30+80 \end{Bmatrix}=110$$

且 $u_1(A)=B_2$ 或 B_3。于是得到从起点 A 到终点 E 的最短距离为 110。

相应的路线有四条：

$A \to B_2 \to C_1 \to D_1 \to E$

$A \to B_2 \to C_3 \to D_1 \to E$

$A \to B_3 \to C_1 \to D_1 \to E$

$A \to B_3 \to C_2 \to D_2 \to E$

7. 解：将问题目标函数变形为

$$\min z=3(x_1-1)^2+3\left(x_2+\frac{1}{2}\right)^2+2(x_3-2)^2-\frac{47}{4}$$

$$\text{s. t.}\begin{cases} 2(x_1-1)+3\left(x_2+\frac{1}{2}\right)+2(x_3-2)\geqslant \frac{11}{2} \\ x_j \geqslant 0(j=1,2,3) \end{cases}$$

设 $y_1=x_1-1, y_2=x_2+\frac{1}{2}, y_3=x_3-2$，于是原问题等价于：

$$\min z=3y_1^2+3y_2^2+2y_3^2-\frac{47}{4}$$

$$\text{s.t.}\begin{cases}2y_1+3y_2+2y_3\geqslant\dfrac{11}{2}\\ y_1+1\geqslant 0,y_2-\dfrac{1}{2}\geqslant 0,y_3+2\geqslant 0\end{cases}$$

设状态变量为 s_0,s_1,s_2,s_3 且 $s_3\geqslant\dfrac{11}{2}$，取 y_1,y_2,y_3 为各阶段的决策变量，各阶段指标函数按加法方式结合，最优值函数 $f_k(s_k)$ 表示第 k 阶段结束状态为 s_k 时从第 1 阶段至第 k 阶段的最小值。于是有 $2y_1=s_1,s_1+3y_2=s_2,s_2+2y_3=s_3$。

因为 $y_1=\dfrac{s_1}{2},\dfrac{1}{2}\leqslant y_2\leqslant\dfrac{s_2}{3},-2\leqslant y_3\leqslant\dfrac{s_3}{2}$，故 $f_1(s_1)=\min\limits_{y_1=\frac{s_1}{2}}3y_1^2=\dfrac{3s_1^2}{4}$，最优值为 $y_1^*=\dfrac{s_1}{2}$。

$$f_2(s_2)=\min_{\frac{1}{2}\leqslant y_2\leqslant\frac{s_2}{3}}\{3y_2^2+f_1(s_1)\}=\min_{\frac{1}{2}\leqslant y_2\leqslant\frac{s_2}{3}}\left\{3y_2^2+\frac{3(s_2-3y_2)^2}{4}\right\}$$

在 $y_2=\dfrac{3}{13}s_2$ 处取得最小值，故 $f_2(s_2)=\dfrac{3s_2^2}{13}$，最优值为 $y_2^*=\dfrac{3}{13}s_2$。

$$f_3(s_3)=\min_{-2\leqslant y_3\leqslant\frac{s_3}{2}}\{2y_3^2+f_2(s_2)\}=\min_{-2\leqslant y_3\leqslant\frac{s_3}{2}}\left\{2y_3^2+\frac{3(s_3-2y_3)^2}{13}\right\}$$

在 $y_3=\dfrac{3s_3}{19}$ 处取得最小值，故 $f_3(s_3)=\dfrac{3s_3^2}{19}$，于是最优解 $y_3^*=\dfrac{3s_3}{19}$。因为 $s_3\geqslant\dfrac{11}{2}$，故在 $\dfrac{11}{2}$ 处达到最小值。

$$z^*=\min z=\frac{3}{19}\times\left(\frac{11}{2}\right)^2-\frac{47}{4}=-\frac{265}{38}$$

$$y_1^*=\frac{22}{38},y_2^*=\frac{33}{38},y_3^*=\frac{33}{38}$$

$$x_1^*=\frac{30}{19},x_2^*=\frac{7}{19},y_3^*=\frac{109}{38}$$

8. 解：按年份分为 4 阶段，即 $k=1,2,3,4$；设状态变量 s_k 表示第 k 年年初的可供投资的金额；设决策变量 x_k 表示第 k 年实际用于投资的金额；状态转移方程为 $s_{k+1}=1.1(s_k-x_k)$ 。

允许决策变量集合为 $D_k(s_k)=\{x_k\mid 0\leqslant x_k\leqslant s_k\}$ 。

令最优值函数 $f_k(s_k)$ 表示以数量 s_k 可供投资的金额投资于第 k 年至第 4 年年末所得到的最大效用。因此，可写出问题的逆推公式：

$$\begin{cases}f_k(s_k)=\max\limits_{0\leqslant x_k\leqslant s_k}\{\sqrt{x_k}+f_{k+1}(s_{k+1})\}\\ f_5(s_5)=0,k=4,3,2,1\end{cases}$$

当 $k=4$ 时，有 $f_4(s_4)=\max\limits_{0\leqslant x_4\leqslant s_4}\{\sqrt{x_4}\}=\sqrt{s_4}$，最优解为 $x_4^*=s_4$。

依次有 $f_3(s_3)=\max\limits_{0\leqslant x_3\leqslant s_3}\{\sqrt{x_3}+f_4(s_4)\}=\max\limits_{0\leqslant x_3\leqslant s_3}\{\sqrt{x_3}+\sqrt{1.1(s_3-x_3)}\}$。

当 $x_3=\frac{s_3}{2.1}$ 时,取得极大值 $f_3(s_3)=\sqrt{2.1s_3}$,最优解为 $x_3^*=\frac{s_3}{2.1}$。

$$f_2(s_2)=\max_{0\leqslant x_2\leqslant s_2}\{\sqrt{x_2}+f_3(s_3)\}=\max_{0\leqslant x_2\leqslant s_2}\{\sqrt{x_2}+\sqrt{2.1\times1.1(s_2-x_2)}\}$$

当 $x_2=\frac{s_2}{3.31}$ 时,$f_2(s_2)$ 取得极大值,且 $f_2(s_2)=\sqrt{3.31s_2}$,最优解为 $x_2^*=\frac{s_2}{3.31}$。

$$f_1(s_1)=\max_{0\leqslant x_1\leqslant s_1}\{\sqrt{x_x}+f_2(s_2)\}=\max_{0\leqslant x_1\leqslant s_1}\{\sqrt{x_x}+\sqrt{3.31\times1.1(s_1-x_1)}\}$$

当 $x_1=\frac{s_1}{4.461}$ 时,$f_1(s_1)$ 取得极大值,且 $f_1(s_1)=\sqrt{4.461s_1}$,最优解为 $x_1^*=\frac{s_1}{4.461}$。因为 $s_1=a$,故 4 年内的最大效用为 $f_1(a)=\sqrt{4.461a}$。

应用反推法,求得最优解为

$$\begin{cases}x_1^*=0.224a\\x_2^*=0.26a\\x_3^*=0.315a\\x_4^*=0.38a\end{cases}$$

9. 解:将问题按工厂分为 4 个阶段,分别编号为 1,2,3,4。

设 s_k 表示为分配给第 k 个工厂至第 n 个工厂的投资总额。

x_k 表示为分配给第 k 个工厂的投资额。则 $s_{k+1}=s_k-x_k$ 为分配给第 $k+1$ 个工厂至第 n 个工厂的投资额。$P_k(x_k)$ 表示为 x_k 万元分配到第 k 个工厂所得利润。$f_k(s_k)$ 表示为 s_k 万元分配给第 k 个工厂至第 n 个工厂时所得到的最大利润。

因而逆推关系式为

$$\begin{cases}f_k(s_k)=\max\limits_{0\leqslant x_k\leqslant s_k}\{P_k(x_k)+f_{k+1}(s_k-x_k)\},k=4,3,2,1\\f_5(s_5)=0\end{cases}$$

第四阶段:设 s_4 万元全部分配给工厂 4 时;则最大利润为 $f_4(s_4)=\max\limits_{x_4}\{P_4(x_4)\}$,其中,$x_4=s_4$。

因为此时只有一个工厂;有多少资金就全部分配给工厂 4,故它的利润值就是该段的最大利润值。

s_4	$P_4(x_4)$							$f_4(s_4)$	x_4^*
	0	100	200	300	400	500	600		
0	0							0	0
100		50						50	100
200			80					80	200
300				100				100	300
400					120			120	400
500						130		130	500
600							140	140	600

第三阶段：把 s_3 万元分配给工厂 3 和工厂 4 时，则对每个 s_3 值，有一种最优分配方案，使利润最大为

$$f_3(s_3)=\max_{x_3}\{P_3(x_3)+f_4(s_3-x_3)\}$$

s_3	$P_3(s_3)+f_4(s_3-x_3)$							$f_3(s_3)$	x_3^*
	0	100	200	300	400	500	600		
0	0							0	0
100	0+50	50+0						50	0,100
200	0+80	50+50	120+0					120	200
300	0+100	50+80	120+50	170+0				170	200,300
400	0+120	50+100	120+80	170+50	200+0			220	300
500	0+130	50+120	120+100	170+80	200+50	220+0		250	300,400
600	0+140	50+130	120+120	170+100	200+80	220+50	230	280	400

第二阶段：s_2 万元分配给工厂 2、工厂 3、工厂 4，则最大利润为

$$f_2(s_2)=\max_{x_2}\{P_2(x_2)+f_3(s_2-x_2)\}$$

s_2	$P_2(x_2)+f_3(s_2-x_2)$							$f_2(s_2)$	x_2^*
	0	100	200	300	400	500	600		
0	0							0	0
100	0+50	40+0						50	0
200	0+120	40+50	80+0					120	0
300	0+170	40+120	80+50	100+0				170	0
400	0+220	40+170	80+120	100+50	110+0			220	0
500	0+250	40+220	80+170	100+120	110+50	120+0		260	100
600	0+280	40+250	80+220	100+170	110+120	120+50	130+0	300	200

第一阶段：把 $s_1=600$ 万元分配给工厂 1、工厂 2、工厂 3、工厂 4 时最大利润为

$$f_1(600)=\max_{x1}\{P_1(x_1)+f_2(600-x_1)\}$$

s_1	$P_1(x_1)+f_2(600-x_1)$							$f_1(600)$	x_1^*
	0	100	200	300	400	500	600		
600	0+300	40+260	100+220	130+170	160+120	170+50	170+0	320	200

故分配方案为 $x_1^*=200, x_2^*=0, x_3^*=300, x_4^*=100$。

10. 解：设携带物品 A, B, C 各为 x_1, x_2, x_3 件。

$$\max z=4x_1+3x_2+2x_3$$

$$\text{s. t.}\begin{cases}5x_1+4x_2+3x_3\leqslant 15\\ x_j\geqslant 0(j=1,2,3)\text{，且为整数}\end{cases}$$

$$f_3(15)=\max_{5x_1+4x_2+3x_3\leqslant 15}\{4x_1+3x_2+2x_2\}=\max_{15-3x_3\geqslant 0}\{2x_3+\max_{5x_1+4x_2\leqslant 15-3x_3}(4x_1+3x_2)\}$$

$$=\max_{x_3=0,1,2,3,4,5}\{2x_3+f_2(15-3x_3)\}$$

$$=\max\{0+f_2(15),2+f_2(12),4+f_2(9),6+f_2(6),8+f_2(3),10+f_2(0)\}$$

$$f_2(15)=\max_{5x_1+4x_2\leqslant 15}\{4x_1+3x_2\}=\max_{5x_1\leqslant 15-4x_2}\{4x_1+(3x_2)\}$$

$$=\max_{15-4x_2\geqslant 0}\{3x_2+\max_{5x_1\leqslant 15-4x_2}\}=\max_{x_2=0,1,2,3}\{3x_2+f_1(15-4x_2)\}$$

$$=\max\{f_1(15),3+f_1(11),6+f_1(7),9+f_1(3)\}$$

$$f_2(12)=\max_{5x_1+4x_2\leqslant 12}\{4x_1+3x_2\}=\max_{x_2=0,1,2,3}\{3x_2+f_1(12-4x_2)\}$$

$$=\max\{f_1(12),3+f_1(8),6+f_1(4),9+f_1(0)\}$$

$$f_2(9)=\max_{5x_1+4x_2\leqslant 9}\{4x_1+3x_2\}=\max_{x_2=0,1,2}\{3x_2+f_1(9-4x_2)\}$$

$$=\max\{f_1(9),3+f_1(5),6+f_1(1)\}$$

$$f_2(3)=\max_{5x_1+4x_2\leqslant 3}\{4x_1+3x_2\}=\max_{x_2=0}\{f_1(3)\}$$

$$f_2(0)=\max_{5x_1+4x_2\leqslant 0}\{4x_1+3x_2\}=\max_{x_2=0}\{f_1(0)\}$$

$$f_1(w)=\max_{5x_1\leqslant w}(4x_1)=4\times\left(\frac{w}{5}\right)$$

$f_1(15)=12, f_1(12)=f_1(11)=8$

$f_1(9)=f_1(8)=f_1(7)=f_1(6)=f_1(5)=4$

$f_1(4)=f_1(3)=f_1(2)=f_1(1)=0$

$f_2(15)=12, f_2(12)=9, f_2(9)=7, f_2(6)=4, f_2(3)=0$

$f_3(15)=12$

故 $x_3^*=0, x_2^*=0, x_1^*=3$。

11. 解：s_k 表示第 k 周期初剩余的资源总数，$s_1=100$，x_k 表示第 k 周期投入 A 种任务的资源数量，有

$$s_{k+1}=s_k-\frac{1}{3}x_k-\frac{1}{10}(s_k-x_k)=\frac{9}{10}s_k-\frac{7}{30}x_k$$

递推公式为
$$\begin{cases}f_k(s_k)=\max\limits_{0\leqslant x_k\leqslant s_k}\{10x_k+7(s_k-x_k)+f_{k+1}(s_{k+1})\}\\ f_5(s_5)=0\end{cases}$$

当 $k=4$ 时，$f_4(s_4)=\max\limits_{0\leqslant x_4\leqslant s_4}\{10x_4+7(s_4-x_4)\}$

$$=7s_4+3s_4=10s_4, x_4^*=s_4$$

当 $k=3$ 时，$f_3(s_3)=\max\limits_{0\leqslant x_3\leqslant s_3}\left\{10x_3+7(s_3-x_3)+f_4\left(\frac{9}{10}s_3-\frac{7}{30}x_3\right)\right\}$

$$=\max_{0\leqslant x_3\leqslant s_3}\left\{7s_3+3x_3+9s_3-\frac{7}{3}x_3\right\}$$

$$=\frac{50}{3}s_3, x_3^*=s_3$$

当 $k=2$ 时，$f_2(s_2)=\max\limits_{0\leqslant x_2\leqslant s_2}\left\{10x_2+7(s_2-x_2)+f_3\left(\frac{9}{10}s_2-\frac{7}{30}x_2\right)\right\}$

$$=\max_{0\leqslant x_2\leqslant s_2}\left\{7s_2+3x_2+15s_2-\frac{35}{9}x_2\right\}$$

$$=22s_2,x_2^*=0$$

当 $k=1$ 时，$f_1(s_1)=\max\limits_{0\leqslant x_1\leqslant s_1}\left\{10x_1+7(s_1-x_1)+f_2\left(\frac{9}{10}s_1-\frac{7}{30}x_1\right)\right\}$

$$=\max_{0\leqslant x_1\leqslant s_1}\left\{7s_1+3x_1+\frac{99}{5}s_1-\frac{77}{15}x_1\right\}$$

$$=\frac{134}{5}s_1,x_1^*=0$$

故 $f_1(s_1)=f_1(100)=2\ 680$。

具体分配方案为

第一周期 A　0，B　100;第二周期 A　0，B　90;第三周期 A　81，B　0;第四周期 A　54，B　0。最大收益为 2 680 元。

第四章

网络分析

第一节 判断题

1. 图论中的图不仅反映了研究对象之间的关系，而且是真实图形的写照，因而对图中点与点的相对位置、点与点连线的长短曲直等都要严格注意。（　　）

2. 连通图 G 的部分树是取图 G 的点和 G 的所有边组成的树。（　　）

3. 在有向图中，链和路是一回事。（　　）

4. 连通图一定有支撑树。（　　）

5. 避圈法（加边法）是：去掉图中所有边，从最短边开始添加，加边的过程中不能形成圈，直到有 n 条边（n 为图的点数）。（　　）

6. 应用矩阵法计算网络最小支撑树问题，应当在所有记有 T 的行里没有划去的元素中寻找最小元素。（　　）

7. 用避圈法得到的最小树是唯一的，但破圈法得到的则不是。（　　）

8. 最小生成树的 Kruskal 算法，每次迭代是将剩下边集中的最小权边加入树中。（　　）

9. Dijkstra 算法和 Floyd 算法均要求边的权重非负。（　　）

10. Dijkstra 算法可用于正权网络也可用于负权网络。（　　）

11. Dijkstra 算法可以用于求解有负权的网络最短路问题。（　　）

12. Dijkstra 算法可以适用于求解最短路中的所有情形。（　　）

13. Dijkstra 算法是求最大流的一种标号算法。（　　）

14. 在最短路问题中，发点到收点的最短路长是唯一的。（　　）

15. 求图的最小支撑树以及求图中一点至另一点的最短路问题，都可以归结为求解整数规划问题。（　　）

16. 只有一个奇点的连通图是欧拉图。（　　）

17. 在任何网络流中，零流总是一个可行流。（　　）

18. 在最大流问题中，最大流是唯一的。（　　）

19. 最大流问题是找一条从发点到收点的路，使得通过这条路的流量最大。（　　）

20. 容量 C_{ij} 是弧 (i,j) 的实际通过量。（　　）

21. 可行流是最大流的充要条件是不存在发点到收点的增广链。(　　)

22. 一个具有多个发点和多个收点的求网络最大流的问题一定可以转化为求具有单个发点和单个收点的求网络最大流问题。(　　)

23. 形成增广链的条件是对于正向弧必须满足 $f_{ij}>0$。(　　)

24. 可行流的流量等于每条弧上的流量之和。(　　)

25. 最大流量等于最大流。(　　)

26. 求网络最大流的问题可归结为求解一个线性规划模型。(　　)

27. 若已求得网络最大流,已标号节点的集合和未标号节点的集合给出了网络的最小割集。(　　)

28. 网络最大流等于该网络最大割容量。(　　)

29. 割集中弧的流量之和称为割量。(　　)

30. 最小割集等于最大流量。(　　)

31. 任意可行流的流量不超过任意割量。(　　)

32. 若已给网络的一个最小费用可行流,它的最小费用增广链对应于长度网络(赋权图)的最短路。(　　)

33. 总时差为 0 的各项作业所组成的路线即为关键路线。(　　)

34. 工程网络图中关键路线是最长路线。(　　)

35. 网络规划中,工作的机动时间或富裕时间叫做时差,分为总时差和单时差。(　　)

36. 以同一结点为开始事件的各项作业的最早开始时间相同。(　　)

37. 以同一结点为结束事件的各项作业的最迟结束时间相同。(　　)

38. 节点的最早开始时间与最迟完成时间两两相同所组成的路线是关键路线。(　　)

39. 优化网络图计划,保证资源的优化配置和工期的按时完成,通常根据工作的时差,采用调整非关键路线上的工作开始时间来实现。(　　)

40. 采取应急措施,往往不但缩短了工期还可以减少工程总费用。(　　)

41. 工程网络图中,只能有一个开始节点,但可以有多个结束节点。(　　)

42. 工程网络图中,事项只表示某项工作结束的状态。(　　)

43. 工程网络图可以有几个初始事项,但不可以有几个最终事项。(　　)

44. 虚活动的作业时间等于零。(　　)

45. 在网络图的关键路线上,总时差等于零。(　　)

第二节　图论问题

1. 某市举行 1990 年世界杯六强(A、B、C、D、E、F)安排联赛。竞赛采取循环制,每天安排 3 场比赛。同一个队一天之内只安排一场,要求竞赛在 5 天之内赛完,请用图的方法表示 6 个队之间的联赛和竞赛日程安排,并指出每个图是什么类型的图,各日程安排图与联赛图是什么关系。

2. 写出图 4-1 的关联矩阵和相关矩阵。

3. 有甲、乙、丙、丁、戊、己 6 名运动员报名参加 A、B、C、D、E、F 6 个项目的比赛。下表中打“√”的是各运动员报名参加的比赛项目(表 4-1)。问:6 个项目比赛顺序如何安排,做到每名运动员不连续参加两项比赛?

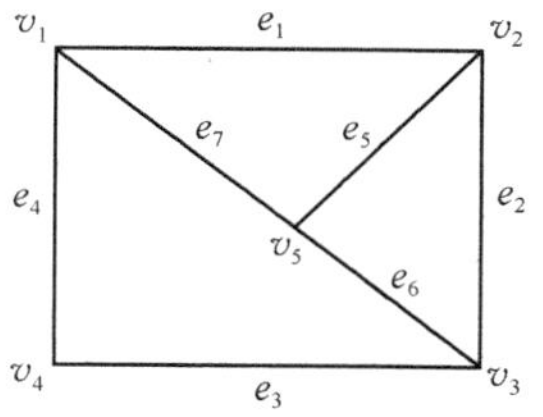

图 4-1

表 4-1

运动员	项目 A	项目 B	项目 C	项目 D	项目 E	项目 F
甲				√		√
乙	√	√		√		
丙			√		√	
丁	√				√	
戊		√			√	
己		√		√		

4. 出席某处国际学术报告会的 6 个成员 P_1,P_2,P_3,P_4,P_5,P_6 被分在一组。他们的情况是:

P_1 会讲汉语、法语和日语;

P_2 会讲德语、日语和俄语;

P_3 会讲英语和法语;

P_4 会讲汉语和西班牙语;

P_5 会讲英语和德语;

P_6 会讲俄语和西班牙语。

怎样把他们安排在一张圆桌旁坐下,使得每个人都能和他两旁的人交谈?

5. 图 $G=(V,E)$ 是连通图,且 $e\in E$,证明:e 属于每一棵生成树的充要条件是 e 为 G 的割集。

6. 已知图的结点集 $V=\{a,b,c,d\}$ 以及图 G 和图 D 的边集合分别为 $E(G)=\{(a,a),(a,b),(b,c),(a,c)\}$;$E(D)=\{\langle a,b\rangle,\langle a,c\rangle,\langle c,d\rangle,\langle c,a\rangle,\langle c,b\rangle\}$ 试作图 G 和图 D,写出各结点的度数,回答图 G、图 D 是简单图还是多重图?

第三节　最小生成树问题

1. 用破圈法或避圈法求下图 4-2 的最小生成树。

2. 求解图 4-3 中的最小生成树,画出该最小生成树,并给出该最小生成树的权值。边旁的数字为该边的权值。

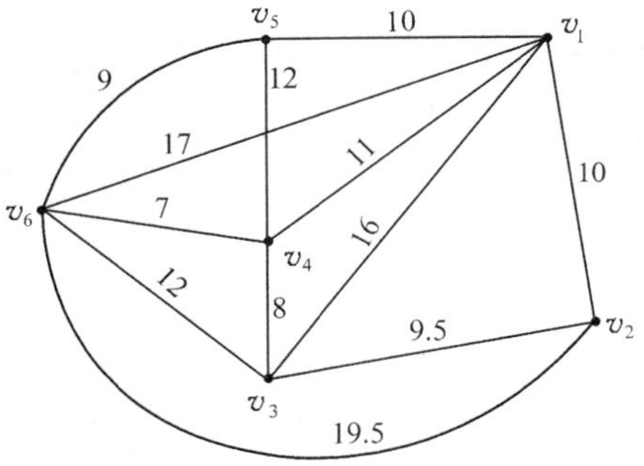

图 4-2

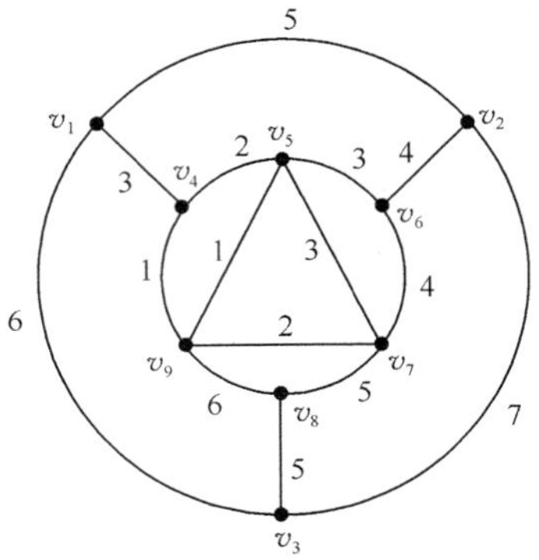

图 4-3

3. 某银行打算与其分行间建立计算机网络,用电话线作为通信联网手段,已知主行和各分行间的距离如表 4-2,试用矩阵法求其联网的最短线路。

表 4-2

项目	主行	B_1	B_2	B_3	B_4	B_5
主行	—	160	270	115	70	190
B_1	160	—	310	80	220	50
B_2	270	310	—	175	120	215
B_3	115	80	175	—	140	240
B_4	70	220	120	140	—	100
B_5	190	50	215	240	100	—

4. 某工厂内联结 6 个车间的道路网如图 4-4 所示,已知每条道路的距离,求怎样沿部分道路架设电话网,使电话线总距离最短?

5. 用生长法求图 4-5 的最小生成树。

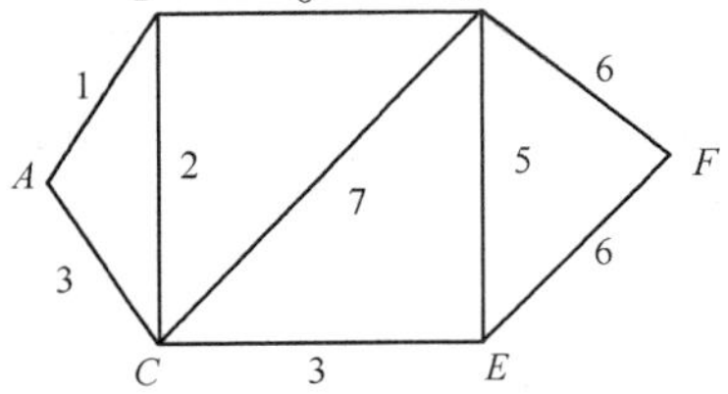

图 4-4

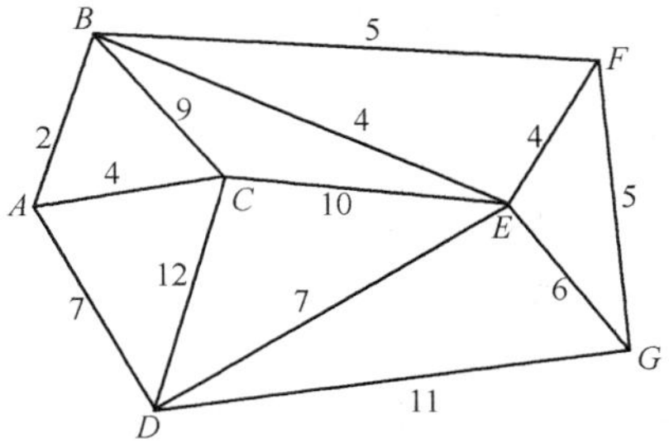

图 4-5

6. 有一项工程,要埋设电缆将中央控制室与 15 个控制点连通。图 4-6 中标出了允许挖电缆沟的地点和距离(单位:百米)。若电缆线 100 元/米,挖电缆沟(深 1 米,宽 0.6 米)土方 30 元/米^3,其他材料和施工费用 50 元/米,请作出该项工程预算的最少费用。

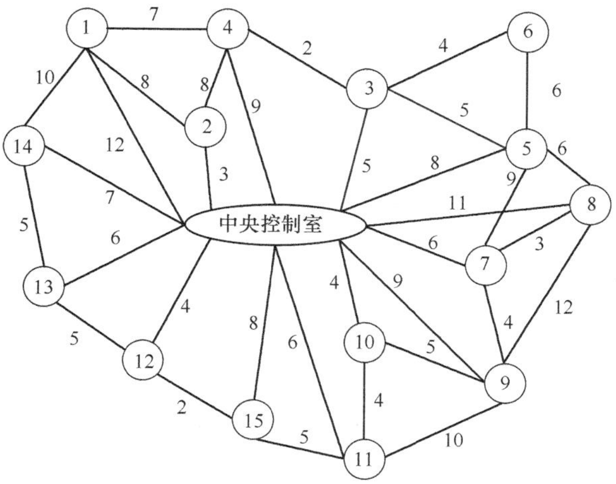

图 4-6

第四节　最短路问题

1. 试求下面网络从 S 到 T 的最短路(图上数字表示距离)。见图 4-7、图 4-8。

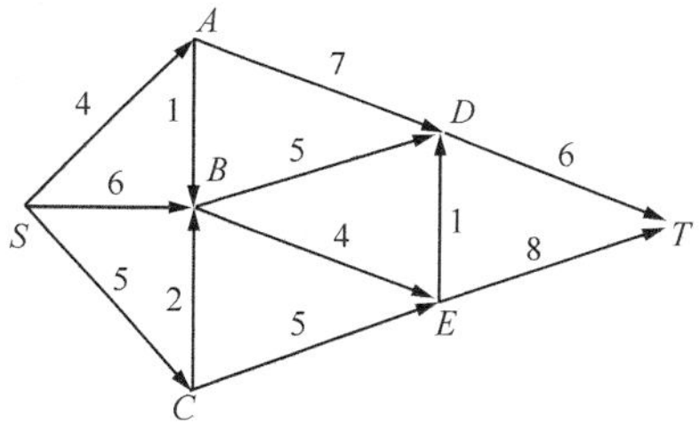

图 4-7

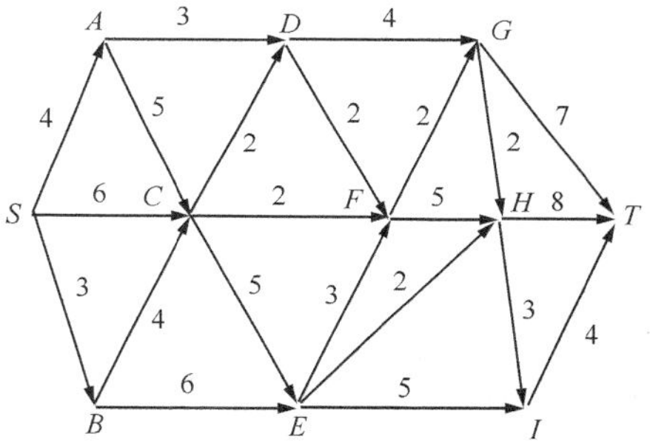

图 4-8

2. 某工厂准备购置一台新机器来扩大生产,新机器安装使用期限为 3 年,在此之后不再使用。然而其工作的 3 年内,负荷较大,所以随着时间的增长,运行和保修费用将有较大幅度的增加。因此在机器使用 1 年或 2 年后再购置 1 台新机器来代替它可能更经济。表 4-3 给出第 i 年年底购进一台新机器并在第 j 年年底将其卖掉所花费的总费用(购置费加运行和保修费减去残值)。试用图论的方法,将其描述为最短路问题,并给出设备更新的最佳方案。

表 4-3　　(单位:千元)

i	j		
	1	2	3
0	4	8	15
1		5	11
2			6

3. 某公司每年年初都要决定是否更换某件设备。购置新设备要支付一定的购置费用；继续使用旧设备，需支付一定的维修费用。两类费用随年份变化情况见表 4-4。如何运用最短路问题计划一个 5 年内的设备更新方案，使总费用最小？

表 4-4

年份	第一年	第二年	第三年	第四年	第五年
年初购置费/万元	11	11	12	12	13
使用年数	0～1	1～2	2～3	3～4	4～5
维修费/万元	5	6	8	11	18

4. 求解图 4-9 中从 $v_s \to v_t$ 的最短路线。

5. 试求下面网络从 S 到 T 的最短路，图 4-10 中的数字表示距离。

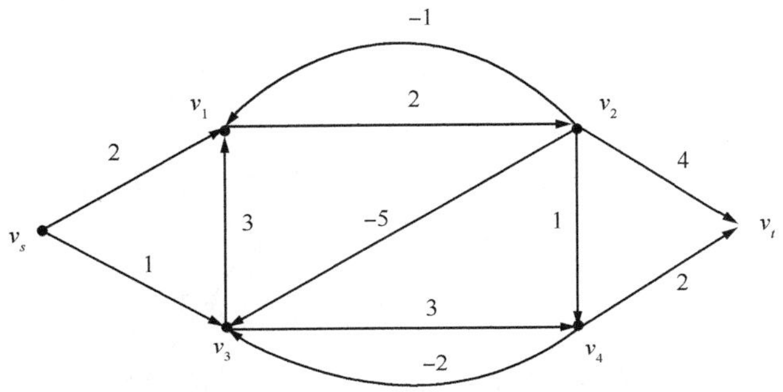

图 4-9

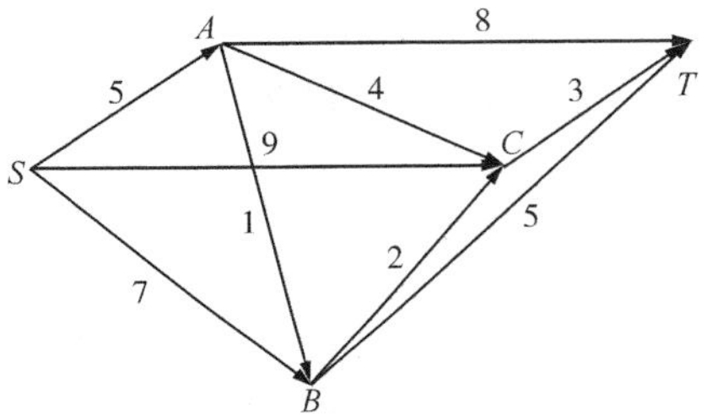

图 4-10

6. 试求下面网络从 S 到 T 的最短路，图 4-11 中的数字表示距离。

7. 如图 4-12 所示求网络中从 A 到 F 的最短路，图中的数字表示距离。

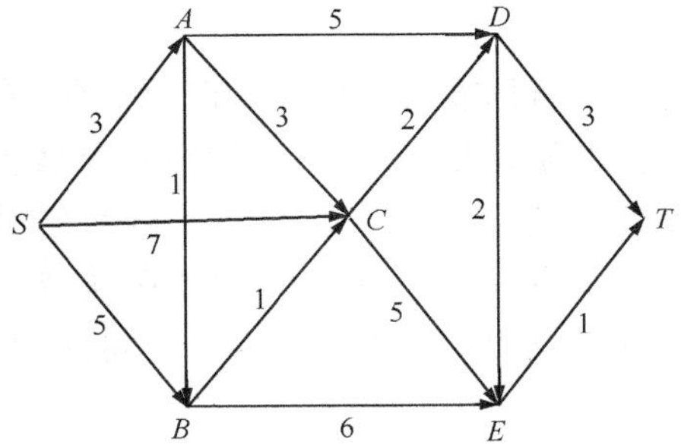

图 4-11

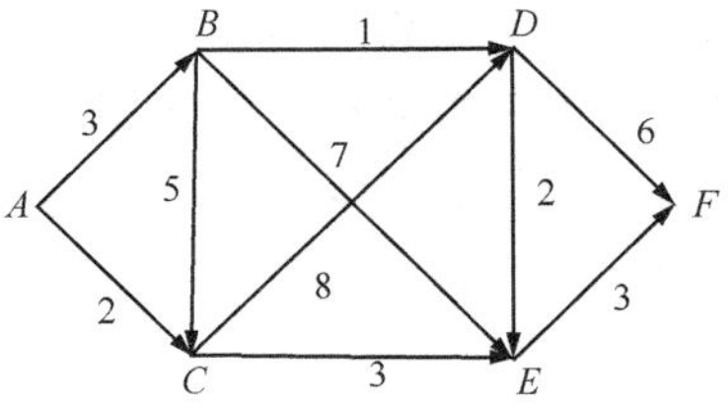

图 4-12

8. 求图 4-13 中 A 到 G 的最短距离及最短路。图中的数字表示两点之间的距离。

9. 试求网络图 4-14 中从 A 到 H 的最短路（图中的数字表示距离）。

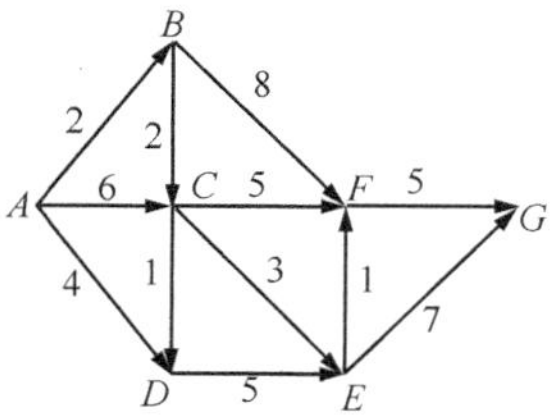

图 4-13

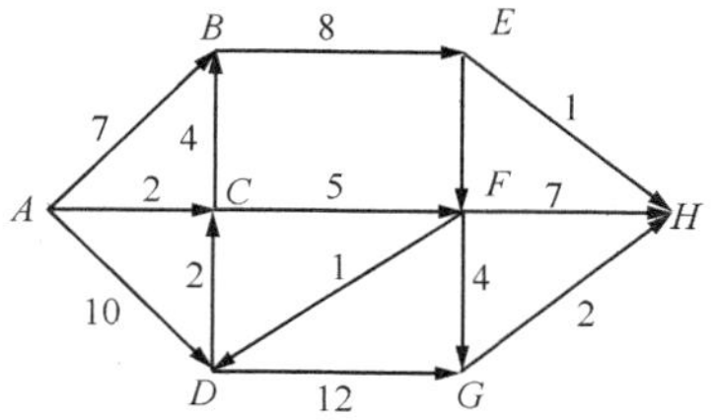

图 4-14

第五节 最大流问题

1. 求下列网络的最大流。图 4-15 中弧旁数字为(f_{ij},c_{ij})。

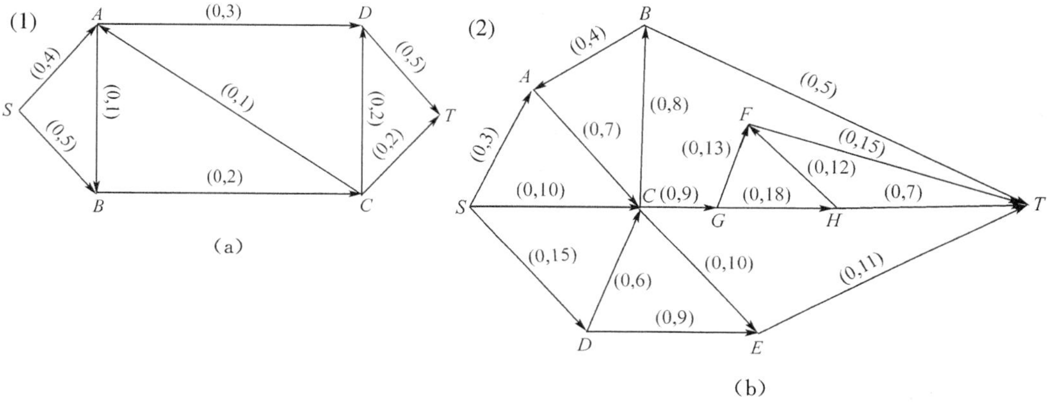

图 4-15

2. 求下列网络中的最大流,图 4-16 中弧旁数字为(f_{ij},c_{ij})。

3. 求下列网络中的最大流,图 4-17 中弧旁数字为(f_{ij},c_{ij})。

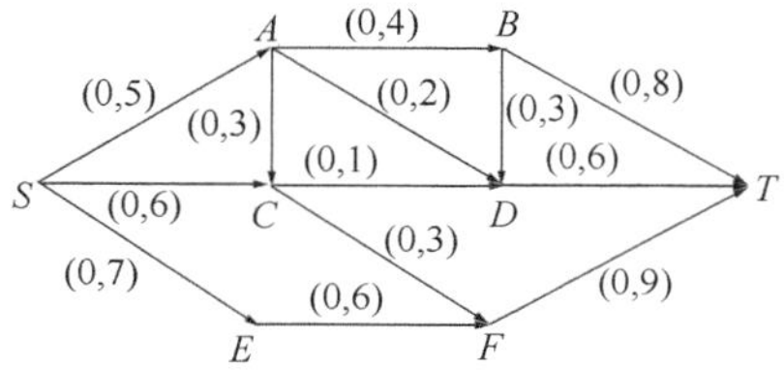

图 4-16

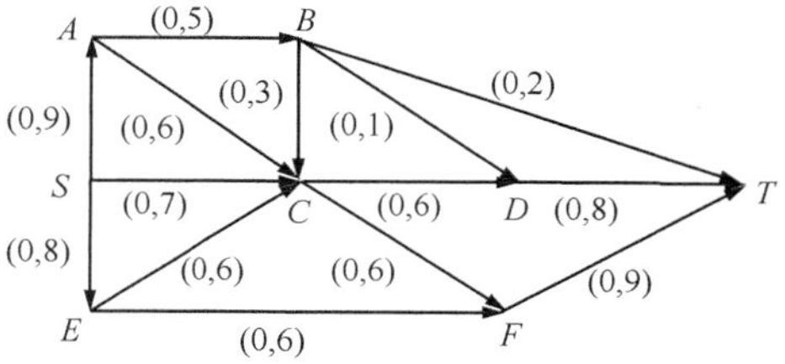

图 4-17

4. 求下列网络中的最大流。图 4-18 中弧旁数字为(f_{ij},c_{ij})。

5. 某航空公司需确定每天可以在上海到广州之间安排转机的数量。转接班机必须在南京停留,然后在长沙或者珠海停留。由于着陆空间有限,所以该航空公司每天在一对城市之间安排的航班数量将受到限制,如表 4-5 所示。确定一个最大流量问题,它的解为该航空公司每天从上海到广州的航班数量最多。

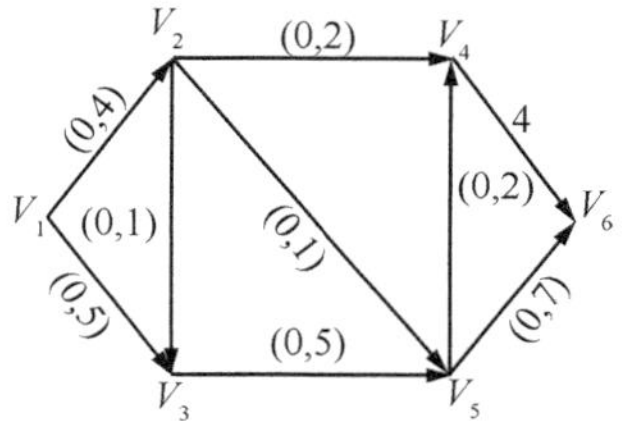

图 4-18

表 4-5

城市	每天最大航班数	城市	每天最大航班数
上海—南京	3	长沙—广州	1
南京—长沙	2	珠海—广州	2
南京—珠海	3		

6. 两家工厂 x_1 和 x_2 生产同一种商品，商品通过图 4-19 表示的网络送到市场 y_1、y_2、y_3。弧旁数字表示各工厂能运送到各市场的最大量，求从工厂到市场所能运送的最大总量。

7. 已知有向图 4-20 弧上数字为网络流量，现欲求节点 1 到节点 7 的最大流。

(1)写出求解该问题的线性规划模型。

(2)用标号法求解。

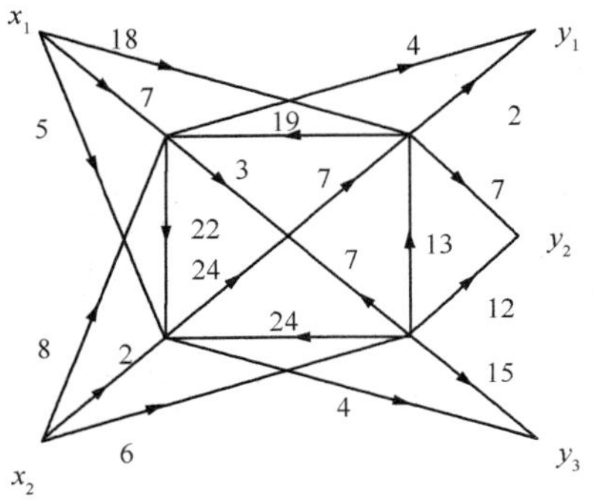

图 4-19

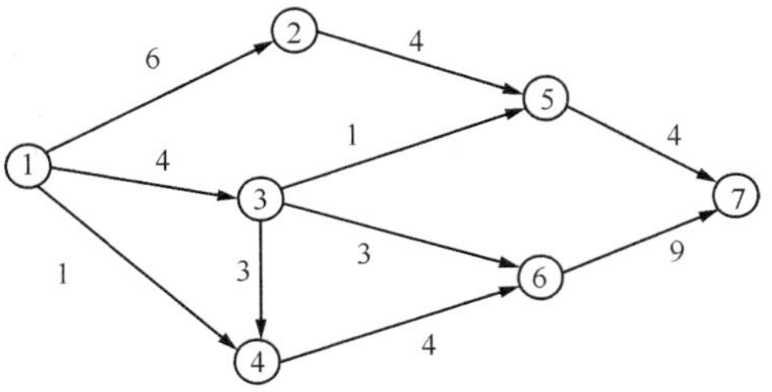

图 4-20

8. 有网络图如图 4-21 所示：

(1)求网络中由 v_s 到 v_t 的最大流。

(2)若弧(v_2、v_3)的容量改变量为 ΔC_{23}，试讨论对(1)中的最大流的影响。

(3)若增加一条弧(v_1、v_t)，且容量 $C_{1t}=2$，试问(1)中最大流如何变化？

9. 用标号法求下列网络的最大流，图 4-22 中弧旁的数字为(f_{ij}，c_{ij})。

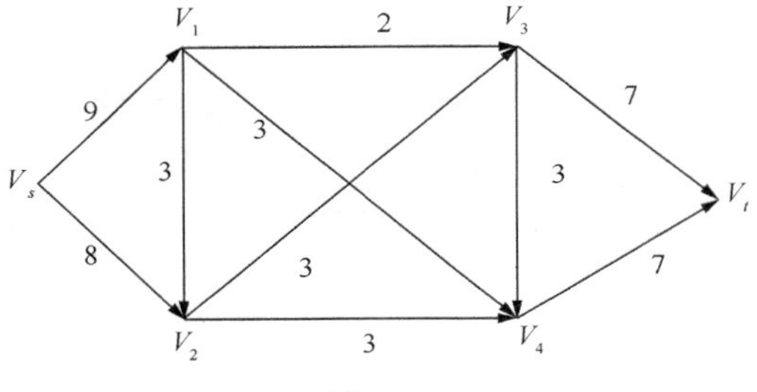

图 4-21

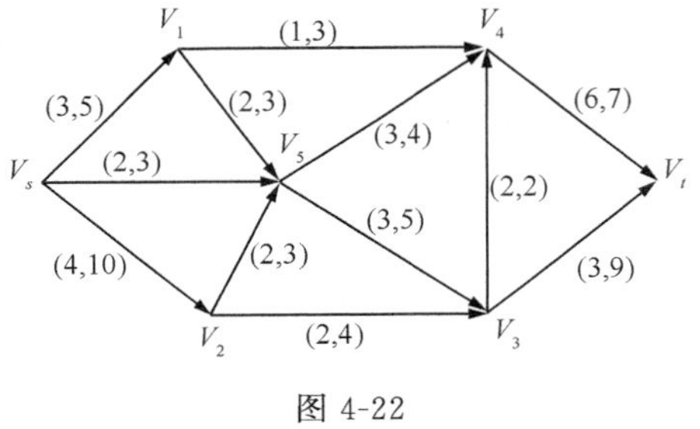

图 4-22

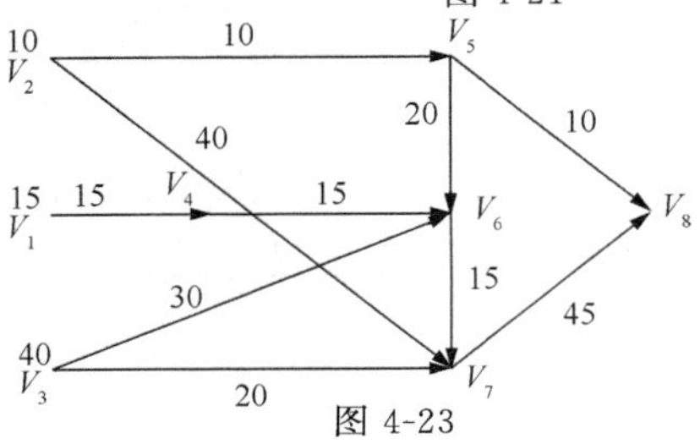

图 4-23

10. 某电力公司有 3 个发电厂，它们负责 5 个城市的供电任务，其输电网络如图 4-23 所示。图中顶点 V_1、V_2、V_3 代表发电厂，V_4、V_5、V_6、V_7、V_8 代表城市。已知 3 个发电厂在满足 5 个城市用电需求量后还分别剩余 15MW、10MW 和 40MW 的发电量，见图中顶点 V_1、V_2、V_3 上的数字。输电网还剩余输电能力，见弧旁的数字。城市 V_8 由于经济发展需要增加供电能力 65MW。问该输电网的输电能力能否满足要求？如果不能满足，应增建哪些输电线路？

第六节　最小费用流问题

1. 求解图 4-24 的最小费用流，图中弧旁数字为 (b_{ij},c_{ij})。

2. 求解图 4-25 的最小费用流，图中弧旁数字为 (b_{ij},c_{ij})。

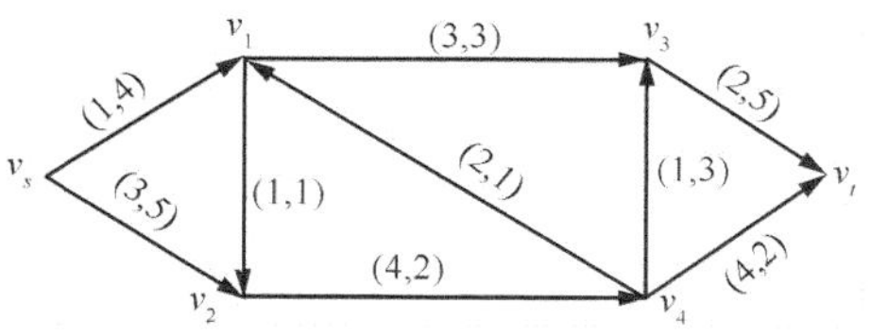

图 4-24

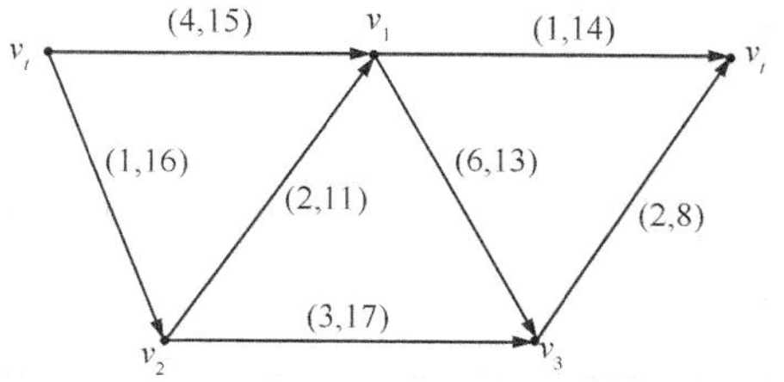

图 4-25

3. 求解网络中的最小费用流，图 4-26 中弧旁数字为 (b_{ij},c_{ij})。

4. 求下面网络中的最小费用最大流，图 4-27 中弧旁数字是 (c_{ij},b_{ij})。

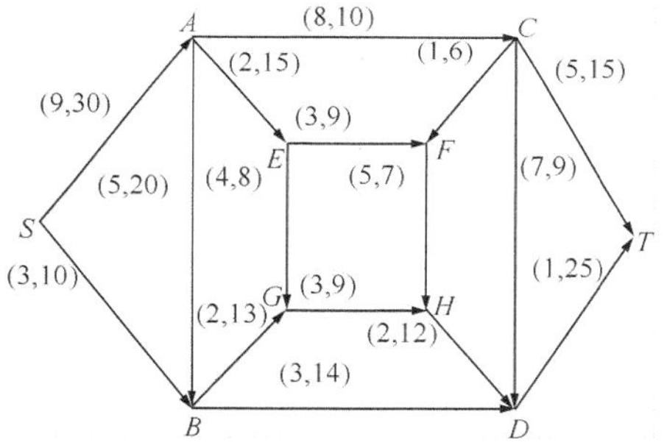

图 4-26

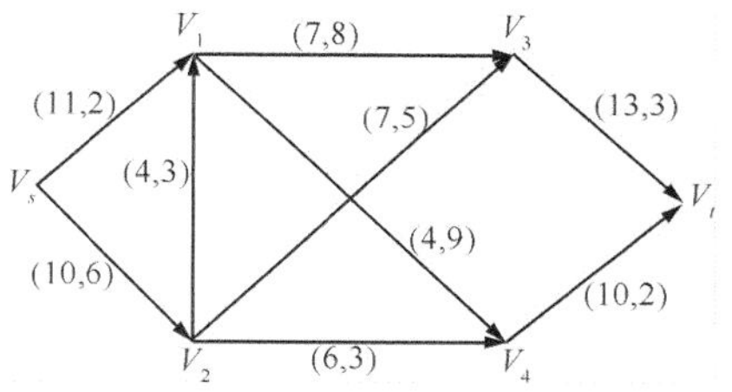

图 4-27

5. 设在图 4-28 中的交通网络中 V_s 表示仓库，V_t 表示商店。现在要从仓库运 10 单位的物资到商店，应如何调运才能使运费最省。图中弧旁数字 (W_{ij},C_{ij}) 中，W_{ij} 表示通过此弧单位物资运价，C_{ij} 表示通过此弧最大的运输能力。

6. 求图 4-29 所示网络中，从 V_s 到 V_t 的流量值为 25 的最小费用流，弧旁的权是 (c_{ij},b_{ij})。

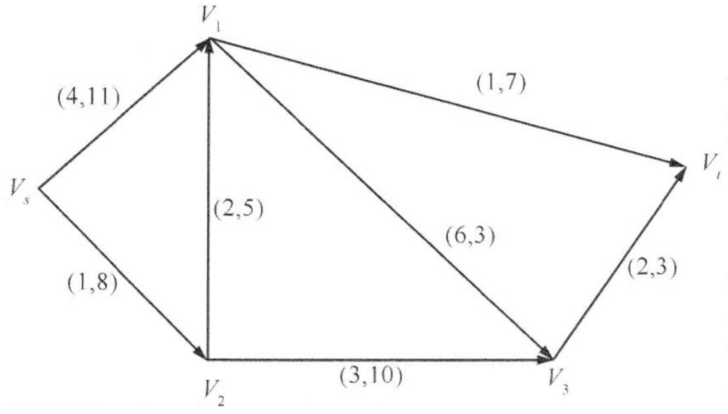

图 4-28

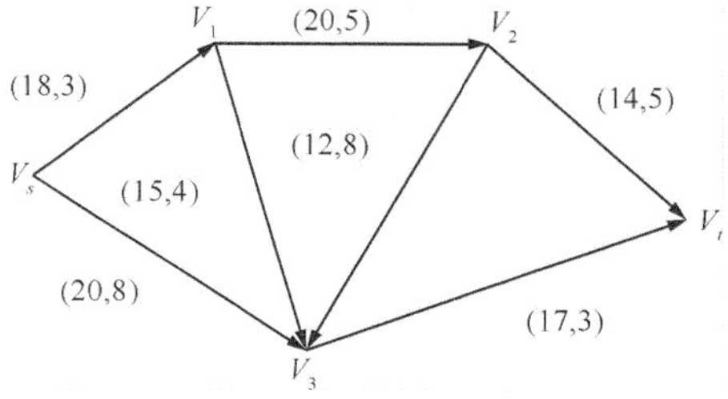

图 4-29

7. 表 4-6 给出的某运输问题的产销平衡表与单位运价表。将此问题转化为最小费用最大流问题，画出网络图并求 A、B 运往各销地的运量及总费用。

表 4-6

产地	销地 1	销地 2	销地 3	产量
A	20	24	5	8
B	30	22	20	7
销量	4	5	6	

第七节　中国邮递员问题

1. 用一笔画出图 4-30 中的三个图，并指出画的路线。

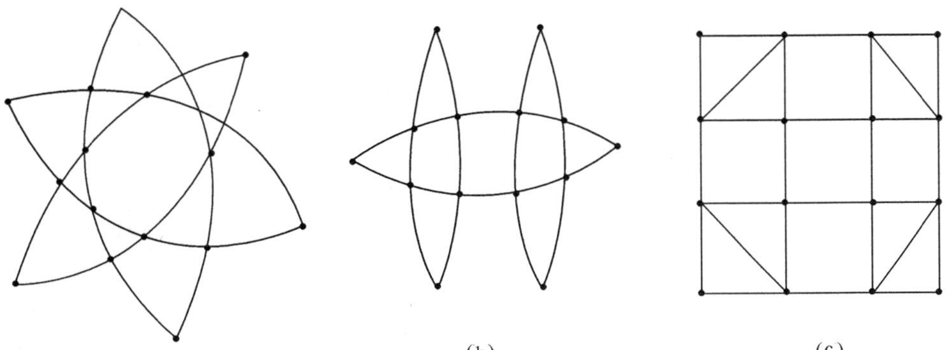

(a)　(b)　(c)

图 4-30

2. 某邮递员送信的街道图如图 4-31 中(a)、(b)两图，弧旁数字为距离，试为邮递员设计最佳投递路线，有"☆"处为出发点。

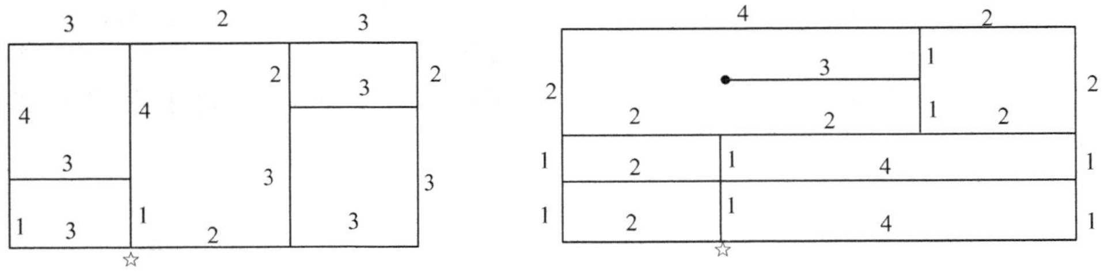

(a)　(b)

图 4-31

3. 试求图 4-32 中的 A 为起点的邮递员路线：

(1)给出重复边；

(2)给出行走路线；

(3)给出总长度。

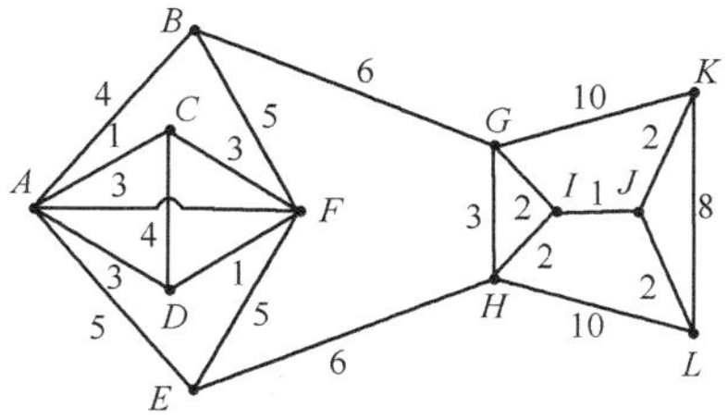

图 4-32

第八节　网络计划技术

1. 现有网络图如图 4-33 所示，箭线下的数字为该作业的时间(天)。

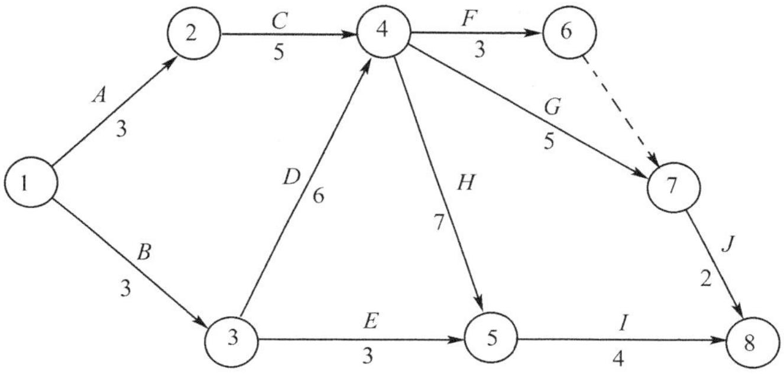

图 4-33

(1)列举所有可能的路线，并计算它们的周期。

(2)指出关键路线及总完工期。

2. 已知某项工程由下列作业组成(表 4-7)：

表 4-7

作业	紧前作业	作业	紧前作业
A	—	*E*	*B*、*C*
B	—	*F*	*C*
C	*A*	*G*	*D*
D	*C*	*H*	*G*、*F*、*E*

试绘其网络图。

3. 某项工程由下列作业构成，试绘其网络图(表 4-8)。

表 4-8

作业	紧前作业	作业	紧前作业
A	—	E	A、B
B	—	F	A、B、C
C	—	G	D、E、F
D	A、B	—	—

4. 表 4-9 是一架小型飞机制造的作业构成，试绘制其网络图。

表 4-9

代号	工序名称	时间/天	紧前工序
a	排日程	3	—
b	下订单	2	—
c	铸造主要结构件	10	a,b
d	各分支供货商供货	8	b
e	大梁、肋骨、蒙皮到位	6	c
f	机身总装	5	d,e
g	机身前后连接	3	f
h	机身中段和机翼连接	4	f
i	安装副翼、襟翼、尾翼、起落架等	3	f
j	飞机内线路管路铺设、电气设备到货安装	5	g
k	上线调试电脑、电力、液压、操纵、无线电等	3	h,i,j
l	发动机到货	6	c
m	最后总装试机	4	l
n	验收	2	k,m

5. 请画网络图。

某家庭装修，必须完成表 4-10 各项工作（所有时间单位是天）。

表 4-10

工作内容	说明	紧前活动	持续时间
A	设计装修图	—	6
B	聘请装修公司	—	5
C	购买装修材料	A	3
D	粉刷墙壁	C	2
E	定做家具	A、D	3
F	铺地板砖	B	2
G	放置各项家具	E	4
H	搬家入住	G、F	2

(1)绘制装修工作网络图。

(2)确定关键路线和关键活动。

(3)确定每项活动的总时差和单时差。

6. 请画网络图。

某工艺品有 A、B、C、D、E、F、G、H、I、J 等 10 道工序，工序衔接顺序及工期列于表 4-11，试绘制网络图。

表 4-11

工序代号	紧前工序	工 期
A	—	10
B	—	5
C	B	3
D	A,C	4
E	A,C	5
F	E	6
G	D	5
H	D	6
I	F,H	6
J	G	4

计算作业 D，作业 I 的最早开始时间，最早结束时间，最迟开始时间，最迟结束时间。

7. 某项工程的作业分析如表 4-12 所示。

表 4-12

作业	时间	紧前作业	作业	时间	紧前作业
A	2	—	F	5	D、E
B	1	—	G	3	F、C
C	3	A	H	6	D、E
D	4	A	I	0	G、H
E	4	B	—	—	—

(1)绘其网络图。

(2)用图上计算法，计算各结点的时间参数。

(3)计算作业 C 和作业 E 的最早开始时间，最早结束时间，最迟开始时间，最迟结束时间，总时差和单时差。

8. 飞机机体构造复杂，在飞机的装配和对接工作完成后，还要对飞机内部各个地方进行装修，并且安装相应的设备设施。若某飞机制造厂在装备完一架客机后，对飞机的内部进行装修的主要工艺及工作时间如表 4-13 所示。

表 4-13

工作代号	工序名称	紧前工作	工期/小时
A	搬入门窗	—	2
B	安装门窗 1	A	3
C	安装门窗 2	A	3
D	墙面装修	B、C	4
E	安装空调系统	D	6
F	运入地板料	B	1
G	铺地板	F	7
H	安装座椅	G	5
I	安装其他设备	E、H	2

(1)绘制其网络图,并计算各节点的时间参数;

(2)指出关键路径,并写出总工期。

9. 现有某工程的计划网络图如图 4-34:括号内数字代表(紧急工期,正常工期,费用率)。

(1)求正常情况下的总工期。

(2)如上级要求总工期缩短两天,试求最小追加费用的优化方案,指出缩短工期后的关键路线。

(3)如上级要求缩短 5 天,试求最小追加费用的优化方案和缩短工期后的关键路线。

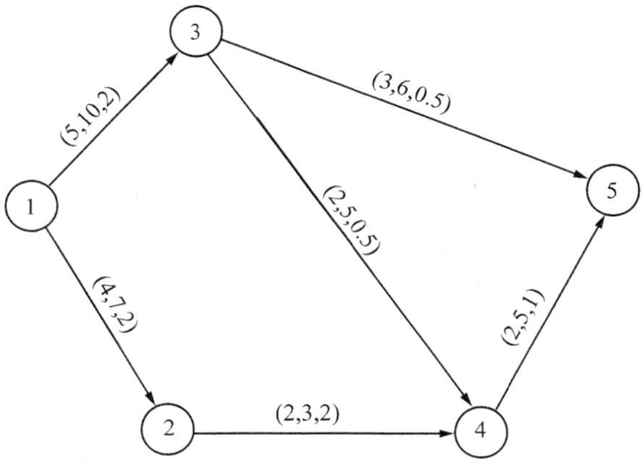

图 4-34

10. 现有某工程的计划网络图 4-35,弧上括号内数字代表(正常工期、紧急工期、费用率)。

(1)求正常情况下的关键路径和总工期。

(2)如上级要求总工期缩短 20 天,试求最小追加费用的优化方案,指出缩短工期后的关键路径。

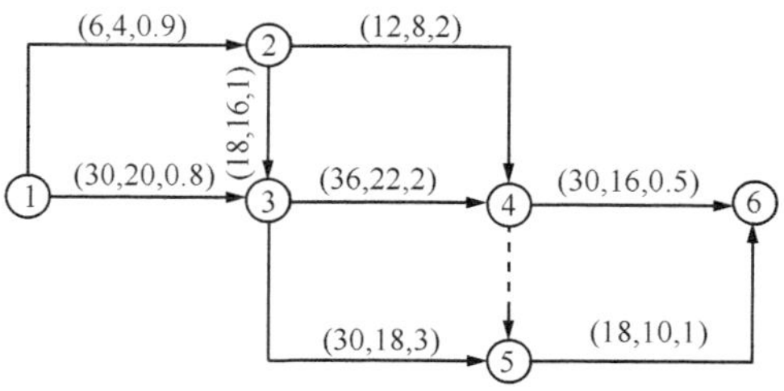

图 4-35

11. 一项工程中每项工序的数据见表 4-14。

表 4-14

工序	时间/周		成本		每周应急成本
	正常	应急	正常	应急	
A	2	1	1 800	2 800	1 000
B	4	2	3 200	4 200	500
C	10	7	6 200	8 600	800
D	6	4	2 600	3 400	400
E	4	3	4 100	5 700	1 600
F	5	3	1 800	2 600	400
G	7	4	9 000	10 200	400
H	9	6	2 000	3 800	600
I	7	5	2 100	2 700	300
J	8	6	4 300	4 900	300
K	4	3	1 600	2 000	400
L	5	3	2 500	3 500	500
M	2	1	1 000	2 000	1 000
N	6	3	3 300	5 100	600
T	5	3	3 000	3 500	800

图例,如图 4-36 所示。

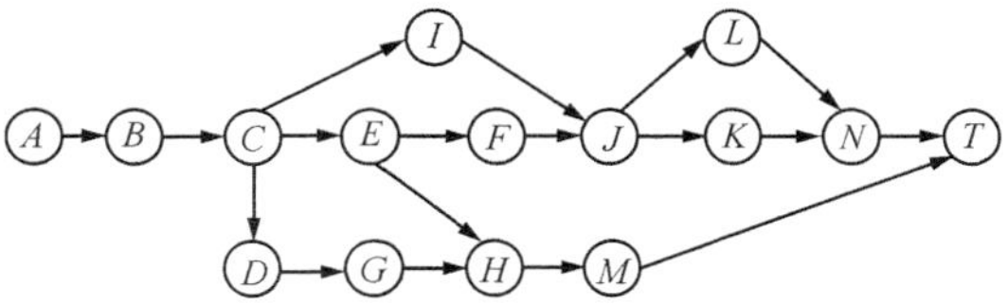

图 4-36

(1)若将总工期缩短 2 天,试求最小追加费用以及缩短工期后的关键路线。

(2)若将总工期缩短 4 天,试求最小追加费用以及缩短工期后的关键路线。

12. 下列网络计划的工期比指定工期长 6 天,请进行合理压缩,使其满足指定工期的要求而增加费用最少(图 4-37 箭线上的数字为压缩工作所用的费用,箭线下为正常工期和压缩后工期)。

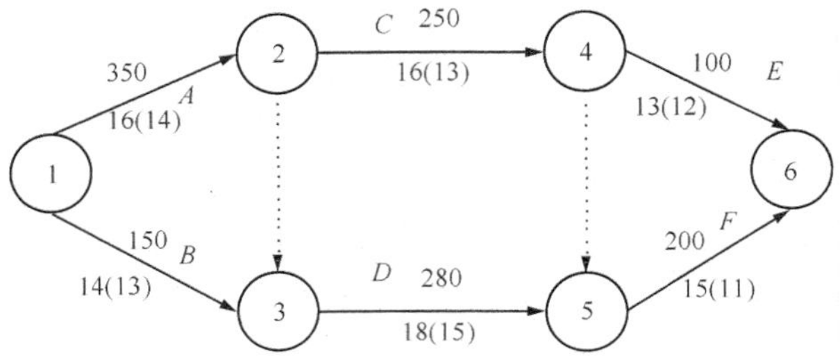

图 4-37

13. 某工程的有关资料如表 4-15 所示,每天只能安排 10 人,要求工程在 15 天里完成,应如何安排工程进度可以在现有人力资源下按期完成任务?

表 4-15

工作名称	紧前工作	工作时间/天	每天需要的人数/人
A	—	4	4
B	—	5	4
C	—	8	3
D	*B*	5	4
E	*AD*	9	7
F	*C*	1	3

14. 工程总费用=直接费用+间接费用+赶工费用。某工程由 4 项工作组成,其资料如表 4-16,该工程的间接成本为每天 4 500 元,问如何安排工作时间,使每日总费用最低。

表 4-16

工作名称	紧前工作	工作时间/天		工作费用/千元		成本斜率/(元/天)
		正常时间	赶工时间	正常费用	赶工费用	
A	—	3	1	10	18	4
B	*A*	7	3	15	19	1
C	*A*	4	2	12	20	4
D	*C*	5	2	8	14	2

本章答案

第一节　判断题

1.(×)	2.(×)	3.(×)	4.(√)	5.(×)
6.(√)	7.(×)	8.(×)	9.(√)	10.(×)
11.(×)	12.(×)	13.(×)	14.(√)	15.(√)
16.(×)	17.(√)	18.(×)	19.(×)	20.(×)
21.(√)	22.(√)	23.(×)	24.(×)	25.(×)
26.(√)	27.(√)	28.(×)	29.(×)	30.(×)
31.(√)	32.(√)	33.(√)	34.(√)	35.(√)
36.(√)	37.(√)	38.(×)	39.(√)	40.(×)
41.(×)	42.(×)	43.(×)	44.(√)	45.(√)

第二节　图论问题

1. 某市举行 1990 年世界杯六强(A、B、C、D、E、F)安排联赛(图 1)。竞赛采取循环制，每天安排三场比赛。同一个队一天之内只安排一场，要求竞赛在五天之内赛完，请用作图的方法表示六个队之间的联赛日程安排，并指出每个图是什么类型的图，各日程安排图与联赛图是什么关系(图 2)。

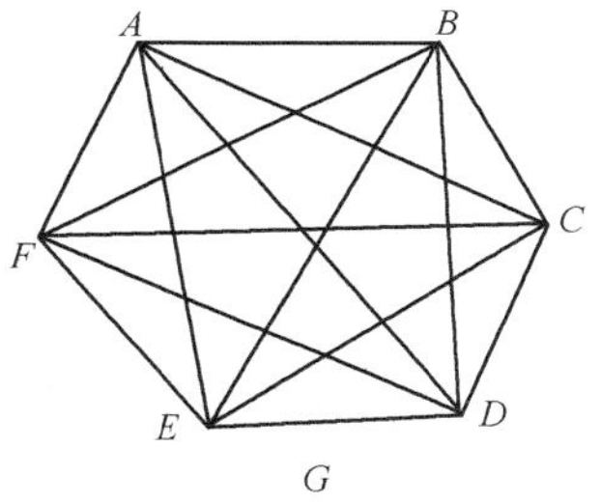

第一天	AB	CD	EF
第二天	AC	BE	DF
第三天	AD	CE	BF
第四天	AE	BD	CF
第五天	AF	BC	DE

图 1

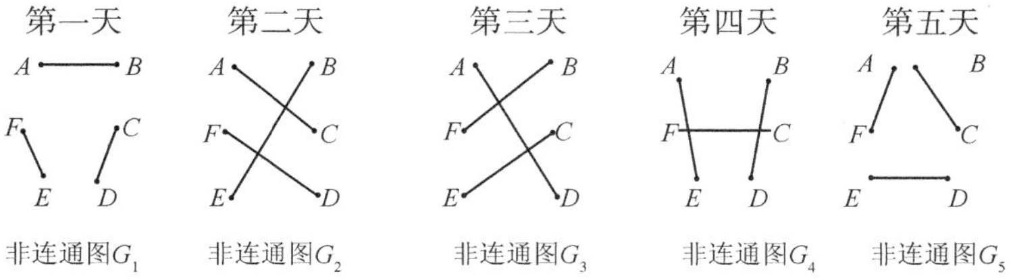

图 2

(1)G 是完备图；(2)G_1、G_2、G_3、G_4、G_5 都是 G 的子图。

2. 对应的关联矩阵(图 3)和相关矩阵(图 4)如下：

$$\begin{array}{c} \\ e_1 \\ e_2 \\ e_3 \\ e_4 \\ e_5 \\ e_6 \\ e_7 \end{array}\begin{array}{c} \begin{array}{ccccc} v_1 & v_2 & v_3 & v_4 & v_5 \end{array} \\ \left[\begin{array}{ccccc} 1 & 1 & 0 & 0 & 0 \\ 0 & 1 & 1 & 0 & 0 \\ 0 & 0 & 1 & 1 & 0 \\ 1 & 0 & 0 & 1 & 0 \\ 0 & 1 & 0 & 0 & 1 \\ 0 & 0 & 1 & 0 & 1 \\ 1 & 0 & 0 & 0 & 1 \end{array}\right] \end{array}$$

图 3 关联矩阵

$$\begin{array}{c} \\ v_1 \\ v_2 \\ v_3 \\ v_4 \\ v_5 \end{array}\begin{array}{c} \begin{array}{ccccc} v_1 & v_2 & v_3 & v_4 & v_5 \end{array} \\ \left[\begin{array}{ccccc} 0 & 1 & 0 & 1 & 1 \\ 1 & 0 & 1 & 0 & 1 \\ 0 & 1 & 0 & 1 & 1 \\ 1 & 0 & 1 & 0 & 0 \\ 1 & 1 & 1 & 0 & 0 \end{array}\right] \end{array}$$

图 4 相关矩阵

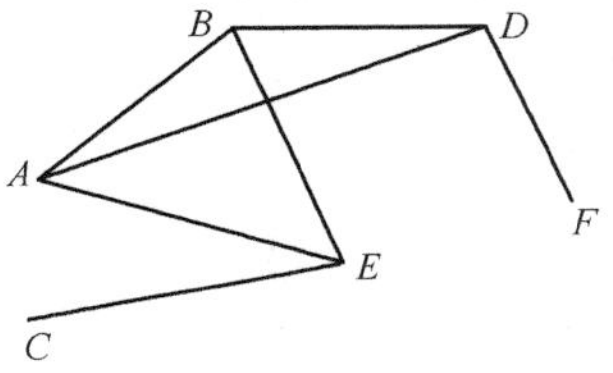

图 5

3. 解:将 A、B、C、D、E、F 用 6 个点表示,如果有运动员同时参加两个项目,则在对应的两点之间连一条边,这样运动员报名表转化为图 5,在图 5 中找到一条任意两点不相关序列即为一种安排方案。如 $A—C—B—F—E—D$ 或者 $A—F—B—C—D—E$。

4. 解:构造无向图 $G=\langle V,E\rangle$,其中:

$V=\{P_1,P_2,P_3,P_4,P_5,P_6\}$,$E=\{(P_i,P_j)\mid P_i$ 与 P_j 会讲同一种语言$\}$

则得无向图如图 6 所示。

由该图得一条哈密顿回路:$P_1P_3P_5P_2P_6P_4P_1$,即为满足要求的安排。

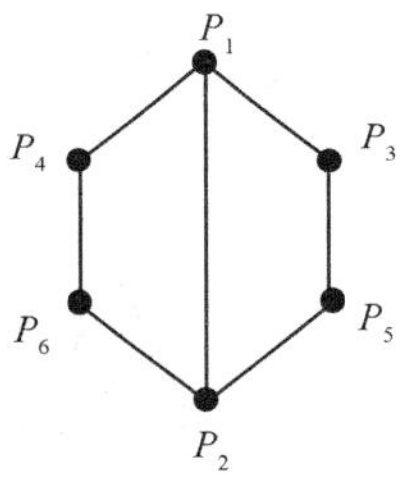

图 6

5. 证明:

充分条件:e 属于每一棵生成树,若$\{e\}$不是 G 的割集,$G—e$ 连通,则 $G—e$ 中必存在生成树 T,因为 T 也是 G 的生成树,但 T 不包含 e,导致矛盾。

必要条件:设$\{e\}$不是 G 的割集,若有 G 的生成树 T,则 $T+e$ 包含回路。删去 e 后连通,即与 e 属于每棵生成树矛盾,假设不成立。

6. 解:

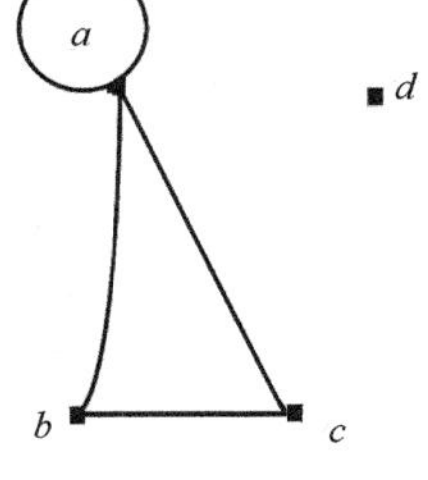

图 7

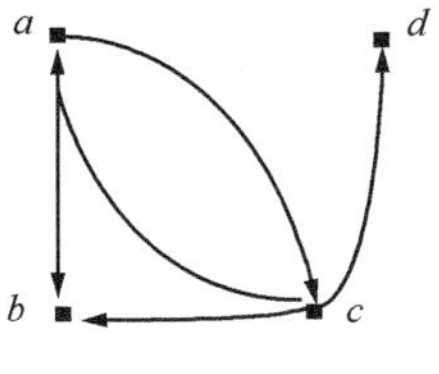

图 8

图 7 中:$\deg(a)=4$,$\deg(b)=2$,$\deg(c)=2$,$\deg(d)=0$。

图 8 中:$\deg(a)=3$,$\deg(b)=2$,$\deg(c)=4$,$\deg(d)=1$。

图 8 是简单图。

其中,$\deg^+(a)=2$, $\deg^-(a)=1$, $\deg^+(b)=0$, $\deg^-(b)=2$, $\deg^+(c)=3$, $\deg^-(c)=1$, $\deg^-(d)=1$。

第三节 最小生成树问题

1. 解：最小生成树如图 9 所示。

最小生成树的权值：43.5。

2. 求解图 10 的最小生成树，画出该最小生成树，并给出该最小生成树的权值。边旁的数字为该边的权值。

解：

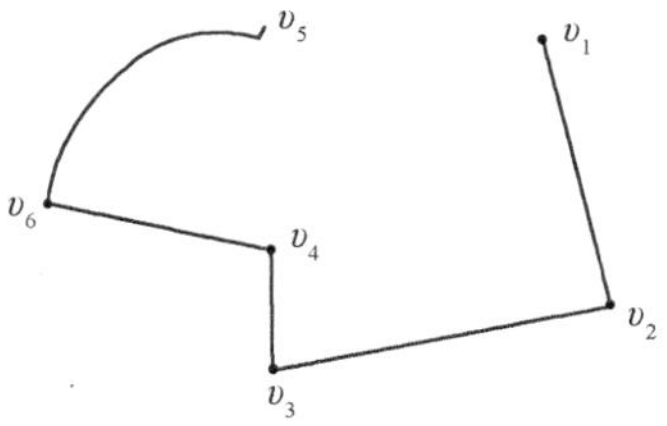

图 9

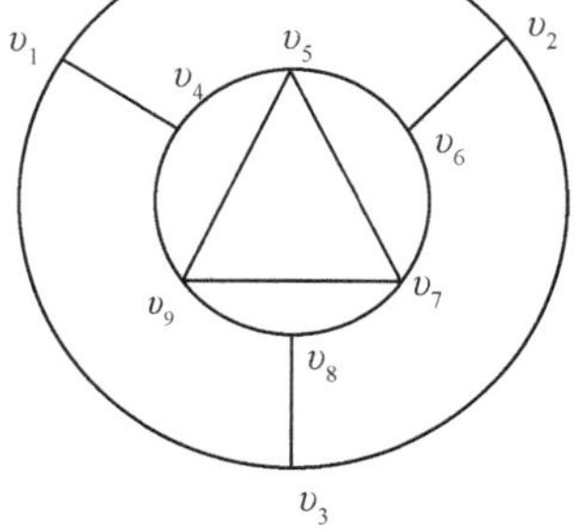

图 10

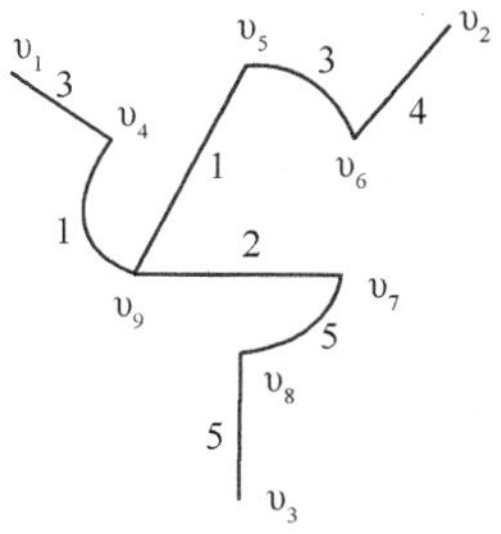

图 11

最小生成树的权值如图 11 所示：3＋1＋1＋3＋4＋2＋5＋5＝24。

3. 解：最短线路为

[主行，B_4]，[B_1，B_3]，[B_4，B_2]，[B_5，B_1]，[B_4，B_5]。

总长度为 420。

4. 解：最小树权数和为 17(图 12)。

	A	B	C	D	E	F
T A	0	①	3	+∞	+∞	+∞
T B	1	0	②	8	+∞	+∞
T C	3	2	0	7	③	+∞
T D	+∞	8	7	0	5	6
T E	+∞	+∞	3	⑤	0	⑥
T F	+∞	+∞	+∞	6	6	0

图 12

5. 解：求出其最小生成树为图 13。

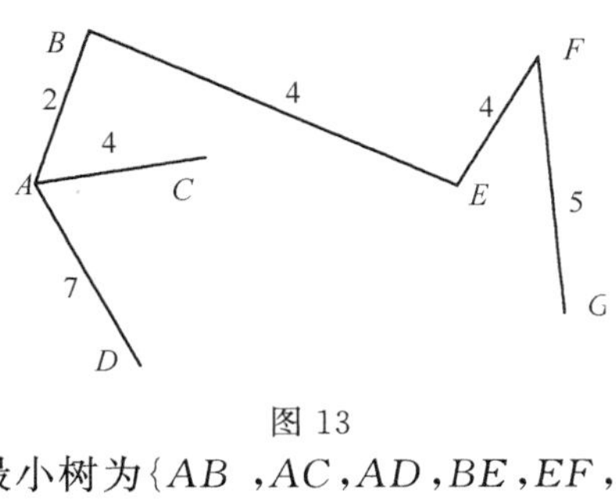

图 13

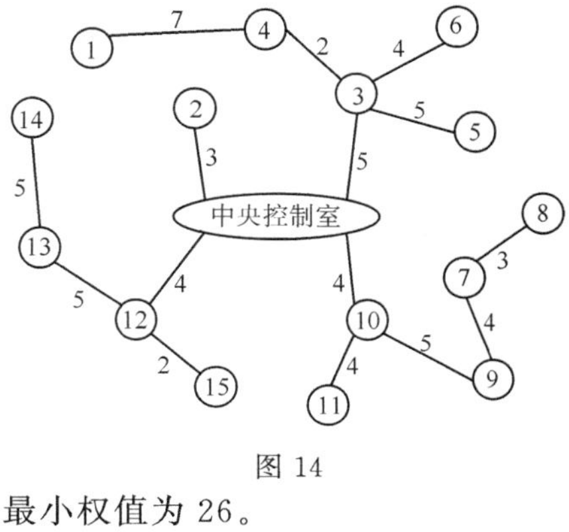

图 14

最小树为{AB ，AC，AD，BE，EF， GF}，最小权值为 26。

6. 解:求出其最小生成树为图 14。

埋设电缆的最优方案为总长 6 200 米。

所以最少工程预算费为 6 200×(100+0.6×30+50)=1 041 600 元。

第四节 最短路问题

1.(1)解:令 $P(S)=0$,其余 $T(i)=\infty(i=A,B,C,D,E,T)$。

第一次迭代:

$T(A)=\min[T(A),P(S)+W_{SA}]=\min[\infty,4]=4$

$T(B)=\min[T(B),P(S)+W_{SB}]=\min[\infty,6]=6$

$T(C)=\min[T(C),P(S)+W_{SC}]=\min[\infty,5]=5$

$\because T(A)$最小,$\therefore$令 $P(A)=4$

第二次迭代:

$T(B)=\min[T(B),P(A)+W_{AB}]=5$

$T(D)=\min[T(D),P(A)+W_{AB}]=11$

$\because T(B)=5$ 和 $T(C)=5$ 最小,$\therefore$令 $P(B)=5,P(C)=5$

第三次迭代:

$T(D)=\min[T(D),P(B)+W_{BD}]=\min[11,5+5]=10$

$T(E)=\min[T(E),P(B)+W_{BE}]=\min[\infty,5+4]=9$

$\because T(E)=9$ 最小,$\therefore$令 $P(E)=9$

第四次迭代:

$T(D)=\min[T(D),P(E)+W_{ED}]=\min[10,10]=10$

$T(T)=\min[T(T),P(E)+W_{ET}]=\min[\infty,9+8]=17$

$\therefore T(D)=10$ 最小,$\therefore$令 $P(D)=10$

第五次迭代:

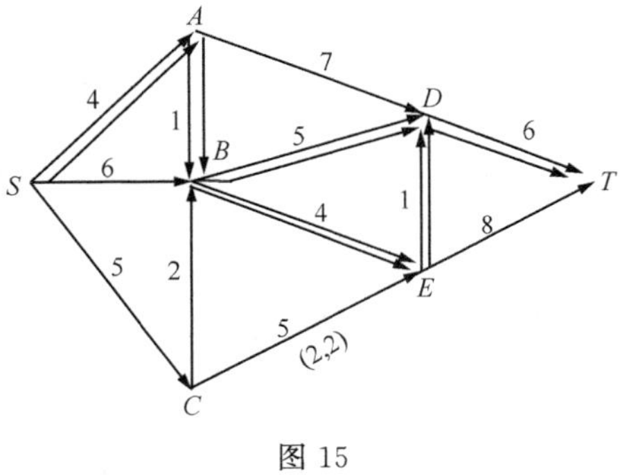

图 15

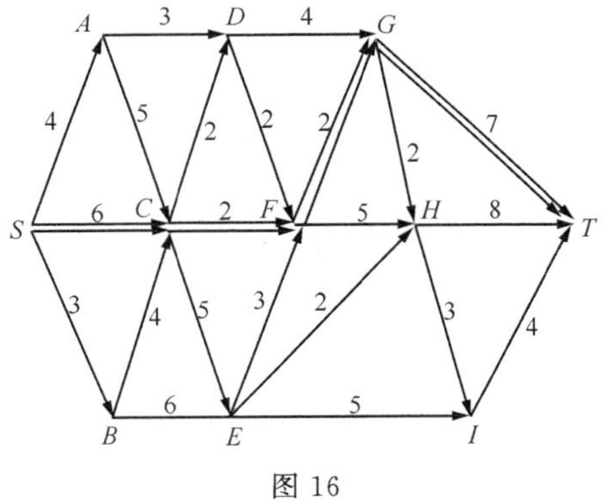

图 16

$T(T)=\min[T(T),P(D)+W_{DT}]=\min[17,10+6]=16$

$\because T(T)=16$ 最小,$\therefore$令 $P(T)=16$

$\therefore$最短路径长 16,路线有两条:$S\to A\to B\to D\to T$ 或 $S\to A\to B\to E\to D\to T$,见图 15。

(2)解:同法可求出最短路为 $S\to C\to F\to G\to T$,路长 17 见图 16。

2. 解:令第 1 年年初为 S_0,第 1 年年底为 S_1,第 2 年年底为 S_2,第 3 年年底为 S_3,则画图如下(图 17)。用标号法求得最短线路径为:$S_0 \to S_2 \to S_3$。

所以最佳方案为第 1 年年初买进设备到第 2 年年底卖出,同时购进新设备到第 3 年年底卖出。总费用为 1.4 万元。

3. 解:用点 A、B、C、D、E、F 分别表示第 1 年、第 2 年、第 3 年、第 4 年、第 5 年、第 6 年年初购进一台新设备(F 表示第 5 年年底),用弧表示在前一个时间节点购买新设备一直用到后一点时间节点,取弧上的权为该段时间内的总费用。求图 18 上的最短路即为设备最优更新方案。

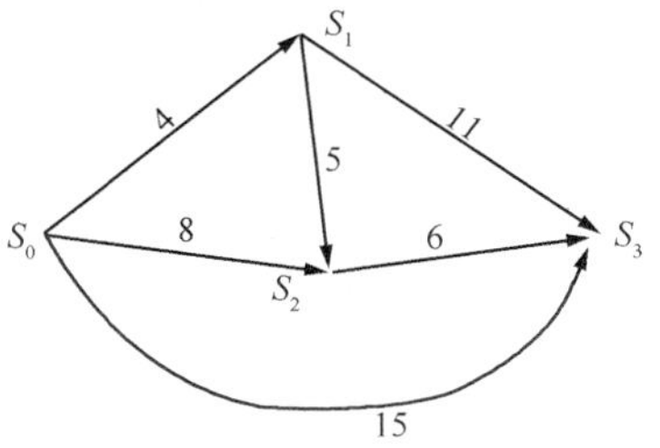

图 17

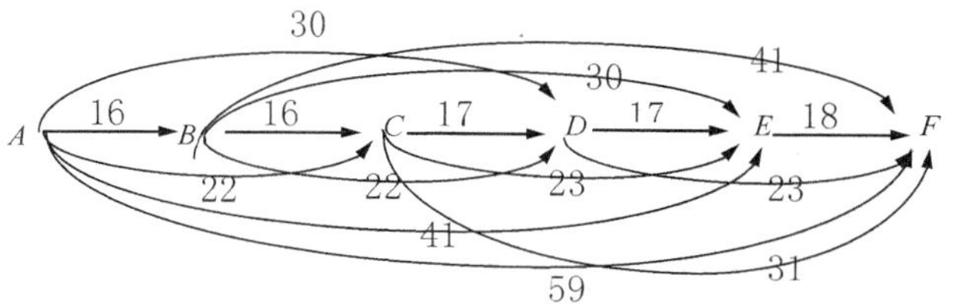

图 18

由最短路算法,可以找到 A 到 F 的两条最短路分别为

$A \longrightarrow C \longrightarrow F$ 和 $A \longrightarrow D \longrightarrow F$

故设备更新最优方案为第一年购进一台新设备,两年或三年后购进一台新设备,此时费用最少为 53 万元。

4. 解:令 $P(V_s)=0$,其余各点赋 T 标号 $T(V_i)=\infty(i=1,2,3,4,t)$。

第一次迭代:

$T(V_1)=2, T(V_3)=1$

$\therefore$ 令 $P(V_3)=1, T(V_1)=2$

第二次迭代:

$T(V_1)=\min[T(V_1), P(V_3)]+d(V_3,V_1)=\min[2,1+3]=2$

$T(V_4)=\min[T(V_4), P(V_3)+d(V_3,V4)]=4$

$\therefore$ 令 $P(V_1)=2, T(V_4)=4$

第三次迭代:

$T(V_2)=\min[T(V_2), P(V_1)+d(V_1,V_2)]=4$

$\therefore P(V_2)=4, T(V_4)=4$

第四次迭代:

$\because P(V_2)+d(V_2,V_1)=3>P(V_1)$

$\therefore P(V_1)=2, T(V_4)=\min[T(V_4), P(V_2)+d(V_2,V_4)]=4$

$P(V_2)+d(V_2,V_3)=4-5=-1, T(V_t)=P(V_2)+d(V_2,V_t)=8$

$\therefore P(V_3) \to T(V_3)=-1$

$\therefore$ 令 $P(V_3)=-1, P(V_1)=2, P(V_2)=4, T(V_4)=4$

第五次迭代:

$T(V_4)=\min[T(V_4), P(V_3)+d(V_3,V_4)]=\min[4,-1+3]=2$

$\therefore$ 令 $P(V_4)=2$

$\because P(V_4)+d(V_4,V_3)=2-2=0>P(V_3)$

$\therefore P(V_3)$仍为-1

$\therefore P(V_1)=2,P(V_2)=4,P(V_3)=-1,P(V_4)=2$

第六次迭代：

$T(V_t)=\min[T(V_t),P(V_4)+d(V_4,V_t)]=\min[8,2+2]=4$

$\therefore$令 $P(V_t)=4$

$\therefore P(V_1)=2,P(V_2)=4,P(V_3)=-1,P(V_4)=2,P(V_t)=4$

$\therefore$最短路线为 $V_S\to V_1\to V_2\to V_3\to V_4\to V_t$

5. 解：最短路为 $S—A—B—C—T$ 或 $S—A—B—T$，路长为 11，见图 19。

6. 解：最短路为 $S—A—B—C—D—E—T$，路长为 10，见图 20。

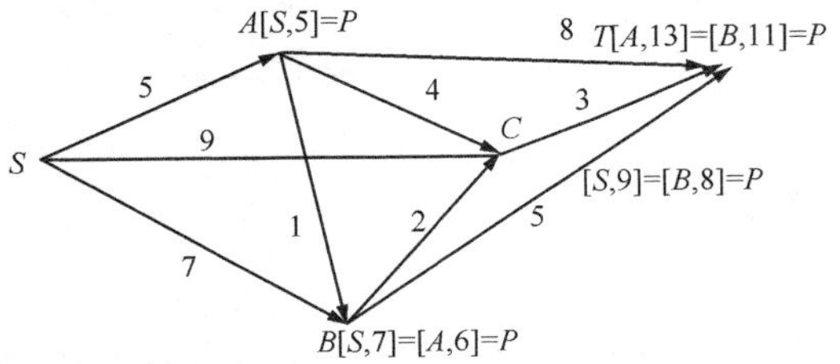

图 19

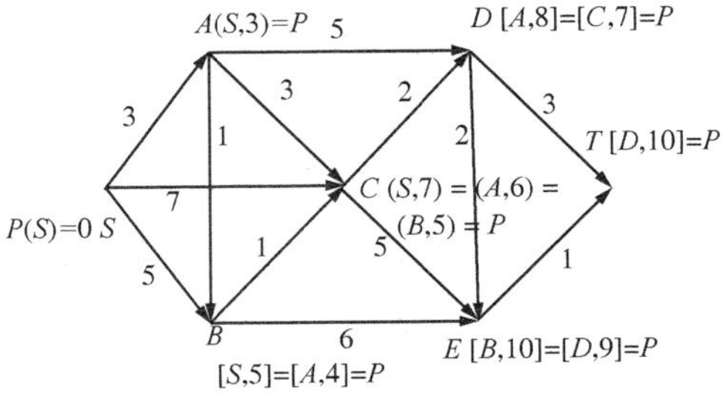

图 20

7. 解：最短路为 $A—C—E—F$，最短路长为 8，见图 21。

8. 解：最短路线为 $A— B—C— E— F— G$ ，A 到 G 的最短距离为 13，见图 22。

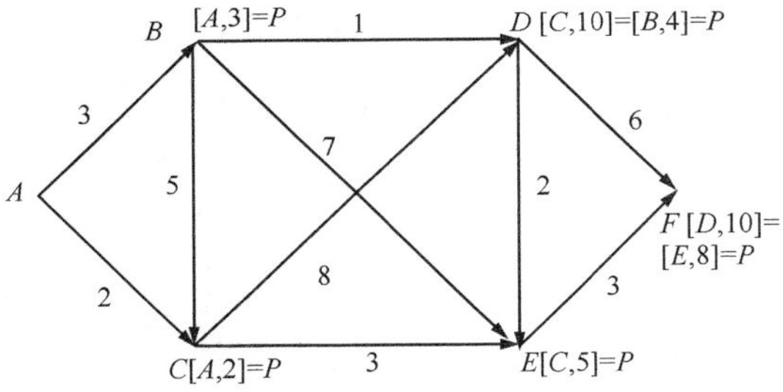

图 21

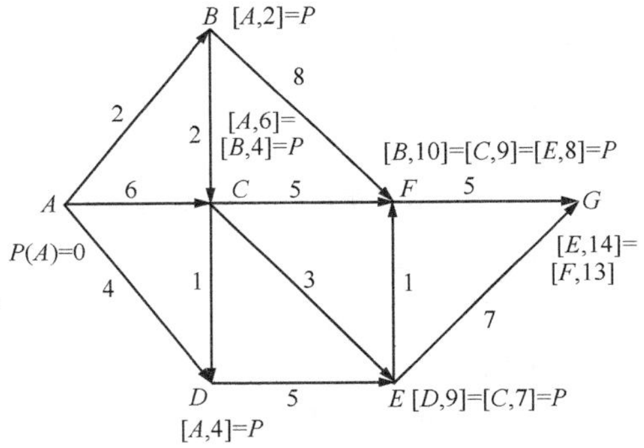

图 22

9. 解：最短路径为 $A—C—F—G—H$，路长 13，见图 23。

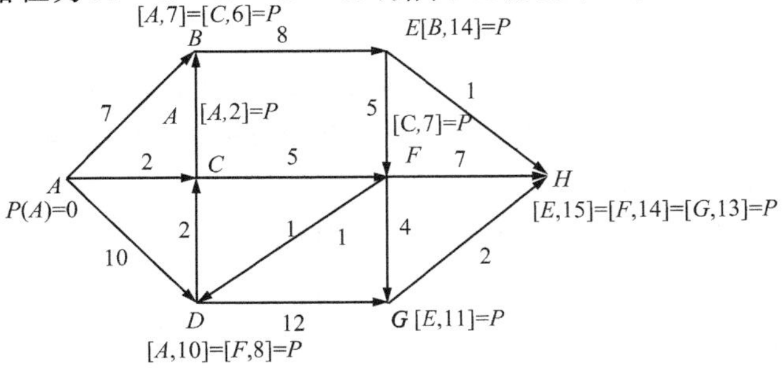

图 23

第五节　最大流问题

1. 求网络的最大流。

(1)解：第一次迭代，得出增广链 f (1)：$S\to A\to D\to T$

$$\beta_1=3$$

第二次迭代，得出增广链，f (2)：$S\to B\to C\to T$

$$\beta_2=2$$

因为都有饱和弧，不再存在增广链，所以标号停止，当前流 $f=f^{(1)}+f^{(2)}=5$ 就是最大流，最大流如图 24 所示。

(2)解：最大流为 25(图 25)。

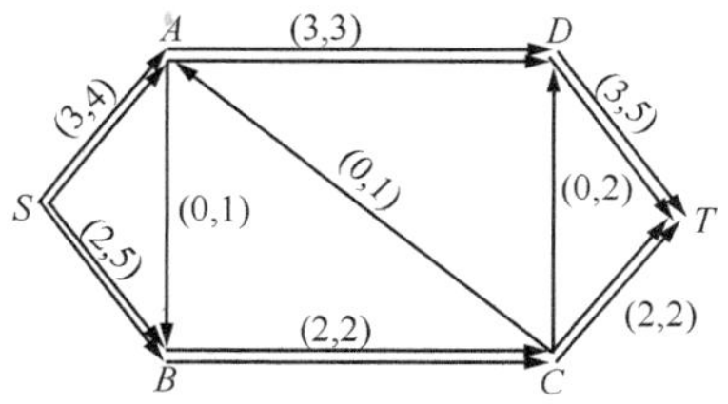

图 24

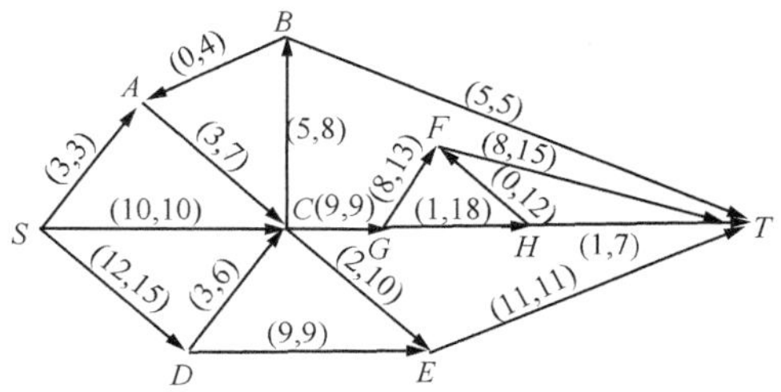

图 25

2. 解：增广链 1：$S—A—B—T$，$\Delta=4$

增广链 2：$S—A—D—T$，$\Delta=1$

增广链 3：$S—C—D—T$，$\Delta=1$

增广链 4：$S—C—F—T$，$\Delta=3$

增广链 5：$S—E—F—T$，$\Delta=6$

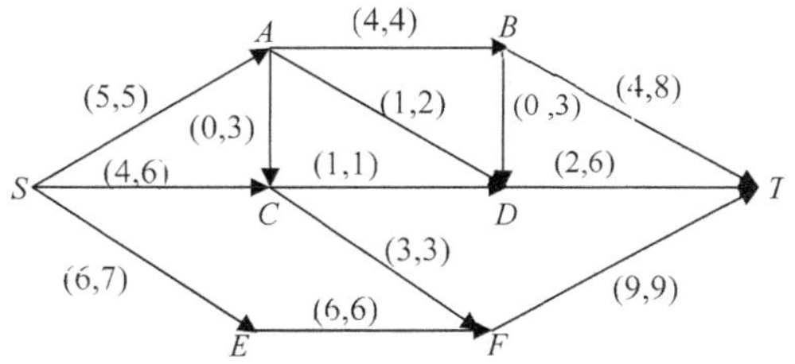

图 26

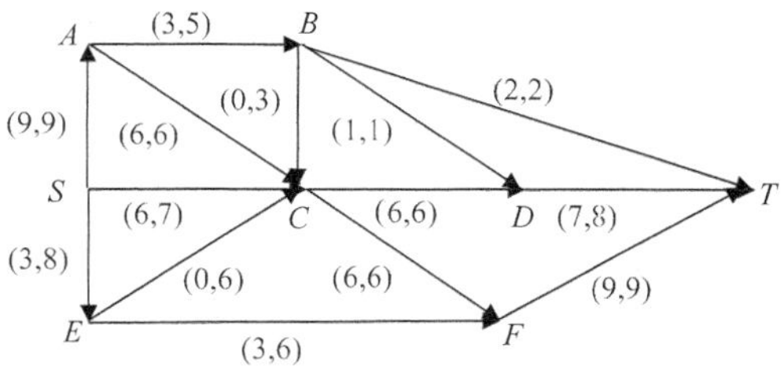

图 27

最大流为 15(图 26)。

3. 解：增广链 1：$S—A—B—T$，　　$\Delta=2$

增广链 2：$S—A—B—D—T$，　$\Delta=1$

增广链 3：$S—A—C—D—T$，　$\Delta=6$

增广链 4：$S—C—F—T$，　　$\Delta=6$

增广链 5：$S—E—F—T$，　　$\Delta=3$

所以,最大流为 18(图 27)。

4. 解:增广链 1:$V_1-V_2-V_4-V_6$, $\Delta=2$

增广链 2:$V_1-V_2-V_5-V_4-V_6$, $\Delta=1$

增广链 3:$V_1-V_2-V_3-V_5-V_4-V_6$, $\Delta=1$

增广链 4:$V_1-V_3-V_5-V_6$, $\Delta=4$

所以,最大流的流值为 8。

5. 解:图 28 给出了适当网络,每条弧容量是相应城市之间每日航班最大数量。这个最大流问题的最优解如图所示。所以,该航空公司每天可以发 3 个连接上海和广州的航班。

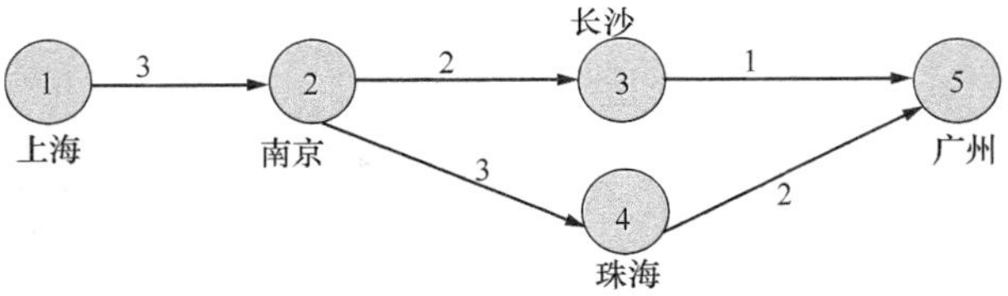

图 28

6. 解:加上 v_s、v_t 点,同时给中间点加上名称,令所有弧的可行流都为 0,求从 $V_s \to V_t$ 的最大流,如图 29 所示。

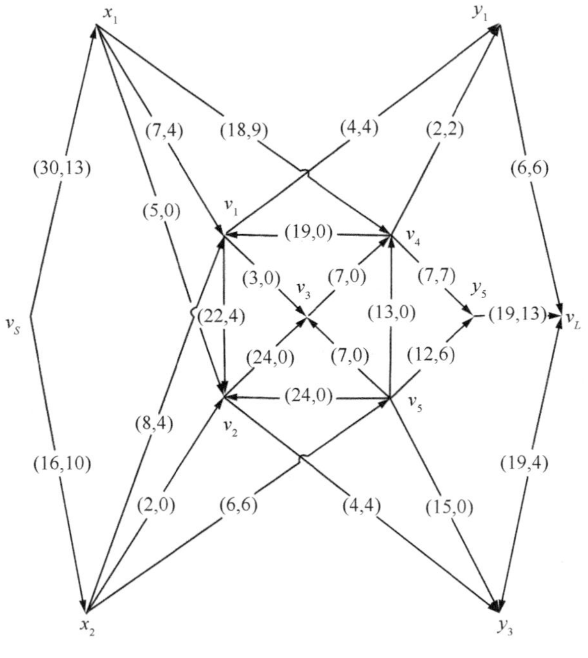

图 29

能运送的最大总量为 23。

7. 解:(1)该问题的线性规划模型如下:

$\max v(f)=f_{12}+f_{13}+f_{14}$

或者 $\max v(f)=f_{57}+f_{67}$

$$\text{s. t.}\begin{cases} f_{ij}\leqslant c_{ij} & \text{（容量约束条件）}\\ \sum_j f_{sj}-\sum_j f_{js}=v(f) & \text{（始点流平衡条件）}\\ \sum_j f_{tj}-\sum_j f_{jt}=-v(f) & \text{（终点流平衡条件）}\\ \sum_j f_{sj}-\sum_j f_{js}=0 & \text{（中间点流平衡条件）}\\ f_{ij}\geqslant 0 \end{cases}$$

(2)各步骤增广链为

(a)　$V_1\to V_2\to V_5\to V_7$，　$\beta=4$

(b)　$V_1\to V_3\to V_6\to V_7$，　$\beta=3$

(c)　$V_1\to V_3\to V_4\to V_6\to V_7$，　$\beta=1$

(d)　$V_1\to V_4\to V_6\to V_7$，　$\beta=1$

最大流为 $f^*=f_{25}+f_{14}+f_{13}=9$。

8. 解：

(1)各步骤增广链为

$V_s\to V_1\to V_3\to V_t$，　$\beta=2$

$V_s\to V_1\to V_4\to V_t$，　$\beta=3$

$V_s\to V_1\to V_2\to V_3\to V_t$，　$\beta=3$

$V_s\to V_2\to V_4\to V_t$，　$\beta=3$

$f^*=11$。

(2) 当$(v_2、v_3)$的容量改变为ΔC_{23}时，

若 $\Delta C_{23}=0$,则 $f^*=11-3=8$；

若 $0<\Delta C_{23}\leqslant 3$，$f^*=8+\Delta C_{23}$；

若 $\Delta C_{23}\geqslant 3$,则 $f^*=8+\Delta C_{23}\leqslant 14$。

(3)若增加一条弧 $v_1\to v_t$，$C_{1t}=2$,则 $f_{\max}=12$。

9. 解:增广链分别为

$V_s-V_1-V_4-V_t$，　$\Delta=1$

$V_s-V_1-V_4-V_3-V_t$，$\Delta=1$

$V_s-V_5-V_4-V_3-V_t$，$\Delta=1$

$V_s-V_2-V_5-V_3-V_t$，$\Delta=1$

$V_s-V_2-V_3-V_t$，　$\Delta=2$

所以,最大流为 $V=f_{s1}+f_{s5}+f_{s2}=5+3+7=15$

10. 解：

增广链 1:$V_2-V_5-V_8$，　$\Delta=10$

增广链 2:$V_1-V_4-V_6-V_7-V_8$，　$\Delta=15$

增广链 3:$V_3-V_7-V_8$，　$\Delta=20$

该网络的最大流为 45MW,小于 65MW,所以不能满足需要,需要 (V_6,V_7)增建 20MW,(V_7,V_8)增建 10MW。

第六节　最小费用流问题

1. 解：最小费用流如图 30 所示，弧旁数字为(f_{ij}，c_{ij}，b_{ij})。

最小费用为 37，最大流量为 5。

2. 解：最小费用最大流如图 31 所示，弧旁数字为(f_{ij}，c_{ij}，b_{ij})。

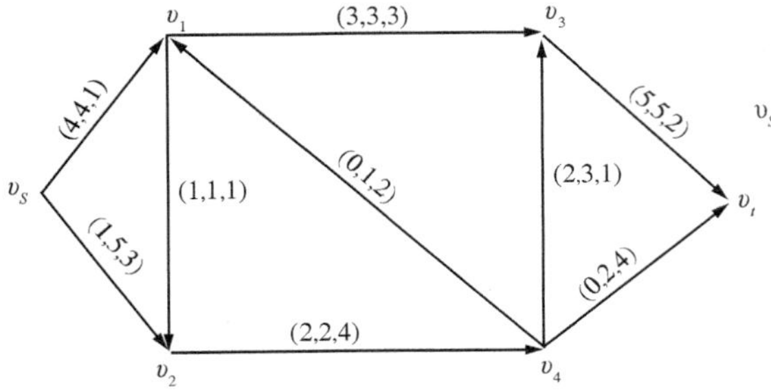

图 30

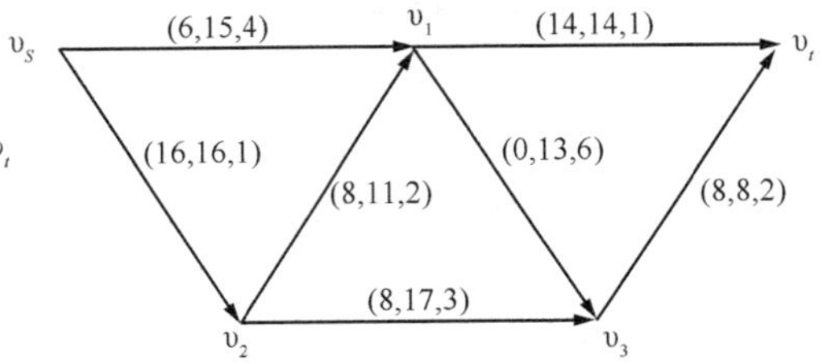

图 31

最小费用为 110，最大流量为 22。

3. 解：增广链 1：$S—B—D—T$，　　$\Delta=10$

增广链 2：$S—A—B—D—T$，　　$\Delta=4$

增广链 3：$S—A—E—G—H—D—T$，　　$\Delta=8$

增广链 4：$S—A—C—T$，　　$\Delta=10$

增广链 5：$S—A—E—F—H—D—T$，　　$\Delta=3$

最大流量为 35，最小费用为 596。

4. 解：增广链 1：$V_s—V_2—V_4—V_t$，　　$\Delta=6$，费用为 $6\times11=66$

增广链 2：$V_s—V_1—V_3—V_t$，　　$\Delta=7$，费用为 $7\times13=91$

增广链 3：$V_s—V_1—V_4—V_t$，　　$\Delta=4$，费用为 $4\times13=52$

增广链 4：$V_s—V_2—V_3—V_t$，　　$\Delta=4$，费用为 $4\times14=56$

所以，最大流量为 21，此时费用为 265。

5. 解：增广链 1：$V_s—V_2—V_1—V_t$，　　$\Delta=5$，费用为 $5\times4=20$

增广链 2：$V_s—V_1—V_t$，　　$\Delta=2$，费用为 $2\times5=10$

增广链 3：$V_s—V_2—V_3—V_t$，　　$\Delta=3$，费用为 $3\times6=18$

所以，从仓库运 10 单位的物资到商店，费用最省为 48。

6. 解：第一次迭代：增广链为 $V_s—V_1—V_3—V_t$，增加流量为 15，费用为 150。

第二次迭代：增广链为 $V_s—V_3—V_t$，增加流量为 2，费用为 22。

第三次迭代：增广链为 $V_s—V_1—V_2—V_t$，增加流量为 3，费用为 39。

第四次迭代：增广链为 $V_s—V_3—V_1—V_2—V_t$，增加流量为 5，费用为 70。

最终迭代结果见图 23。

所以，流量值为 25 的总费用为 281。

7. 解：画出如下网络图(图 32)，弧旁数字表示(b_{ij}，c_{ij})。

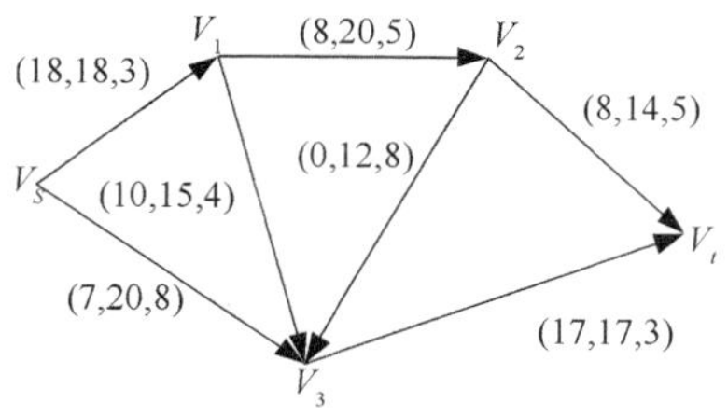

图 32

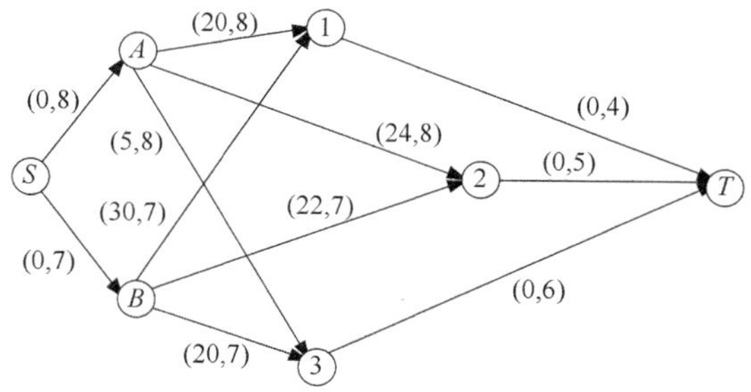

图 33

利用复合标号法求出最小费用增广链，可得(图 33)：

第一次迭代，增广链为 $S—A—3—T$，增加流量为 6，得运费为 $6\times5=30$，即 A 向地点 3 运 6。

第二次迭代，增广链为 $S—A—1—T$，增加流量为 2，得运费为 $2\times20=40$，即 A 向地点 1 运 2。

第三次迭代，增广链为 $S—B—2—T$，增加流量为 5，得运费为 $5\times22=110$，即 B 向地点 2 运 5。

第四次迭代，增广链为 $S—B—1—T$，增加流量为 2，得运费为 $2\times30=60$，即 B 向地点 1 运 2。

所以，总费用为 240。

第七节　中国邮递员问题

1.(1)1→2→3→5→1→15→12→11→10→5→6→3→4→7→6→9→7→8→13→9→12→13→14→10→1(图 34)。

(2)10→4→1→3→7→9→13→10→11→5→6→12→11→14→12→8→6→2→5→4→3→9→10(图 35)。

(3)2→1→5→2→6→5→9→10→6→7→11→10→14→9→13→14→15→16→12→15→11→12→8→4→3→7→8→3→2(图 36)。

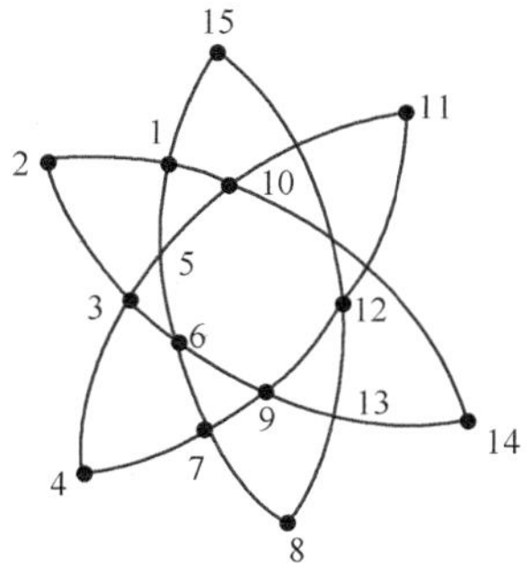

图 34

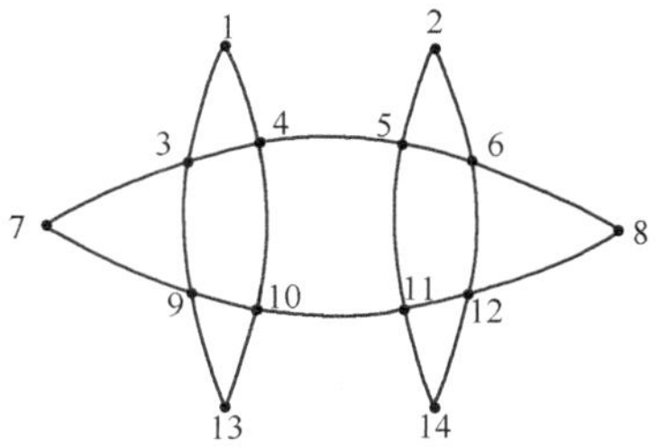

图 35

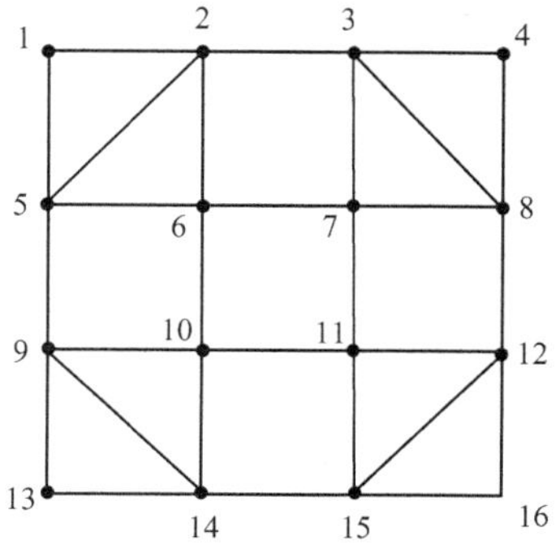

图 36

2.(1)最佳邮路就是使走的重复街道的总长度最短的投递路线。图中有 8 个奇点：A、C、E、G、H、J、K、L。则求最佳邮路问题就等价于求最优的奇点对组合方案。即为 LE、AC、GH、KJ(图 37 中已标明)，路长为 $3+2+2+3=10$。

(2)同上,其最优奇点对组合方案如图 38 所示。

路长为 1+1+1+1+3+1+1=9。

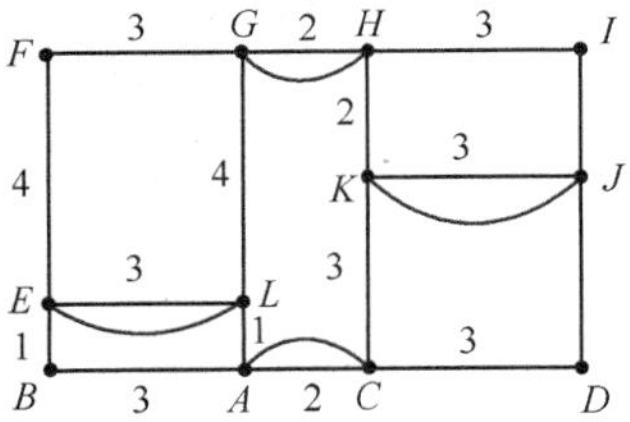

图 37

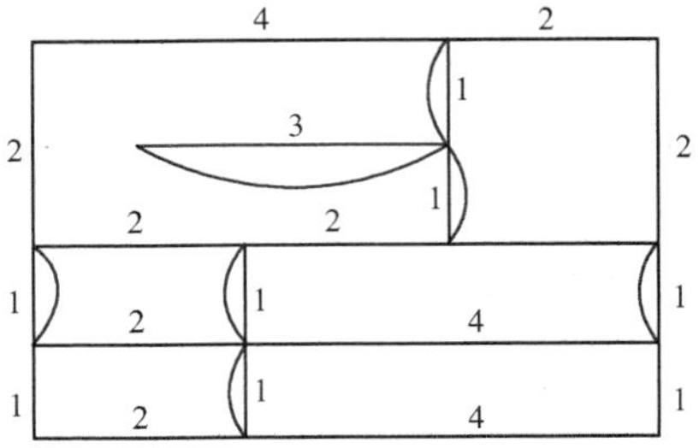

图 38

3. 解:(1)重复边有:AB、AE、AC、DF、IJ、KJ、KJ。

(2)行走路线:$ABACAEADFDCFBGKLHIJKJLJIGHEEA$。

(3)总长度为原图总长和重复边长之和:

(4+1+3+3+5+5+3+4+1+5+2×6+3+2×2+2×10+2×2+1+8)+(4+5+1+1+2+2+1)=102。

第八节　网络计划技术

1. 如图 39 所示。

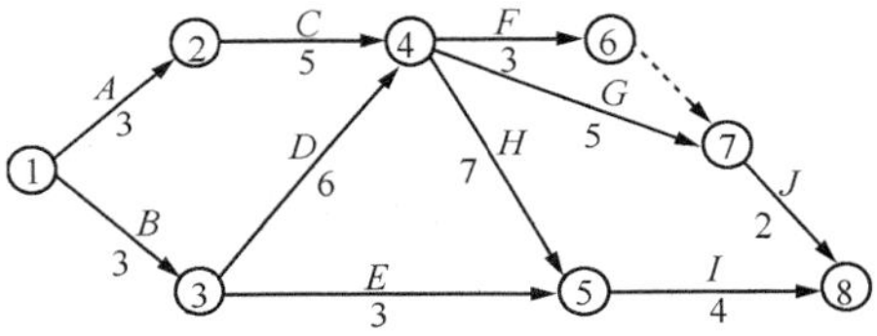

图 39

路线:	周期:
(1) A:①→②→④→⑥→⑦→⑧	3+5+3+2=13
B:①→②→④→⑦→⑧	3+5+5+2=15
C:①→②→④→⑤→⑧	3+5+7+4=19
D:①→③→④→⑥→⑦→⑧	3+6+3+2=14
E:①→③→④→⑦→⑧	3+6+5+2=16
F:①→③→④→⑤→⑧	3+6+7+4=20
G:①→③→⑤→⑧	3+3+4=10

(2)关键路线为①→③→④→⑤→⑧,总完工期为 20 天。

2. 网络图见图 40。

3. 网络图见图 41。

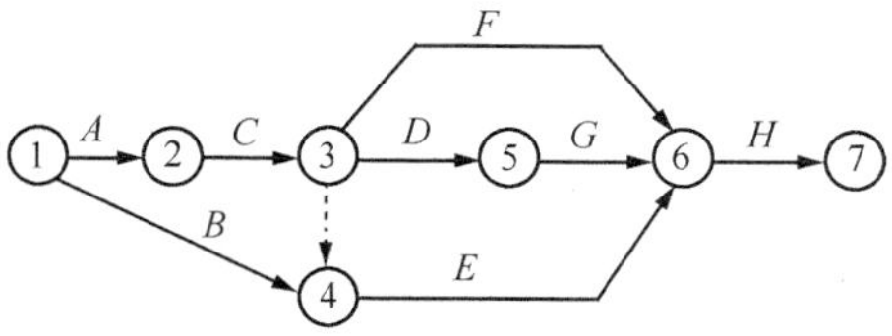

图 40

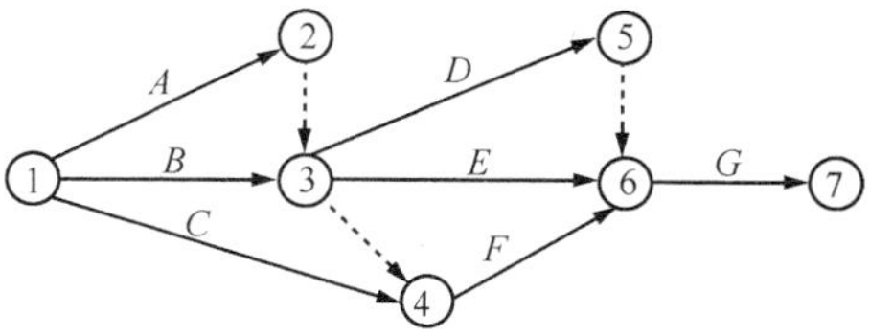

图 41

4. 解:如图 42 所示。

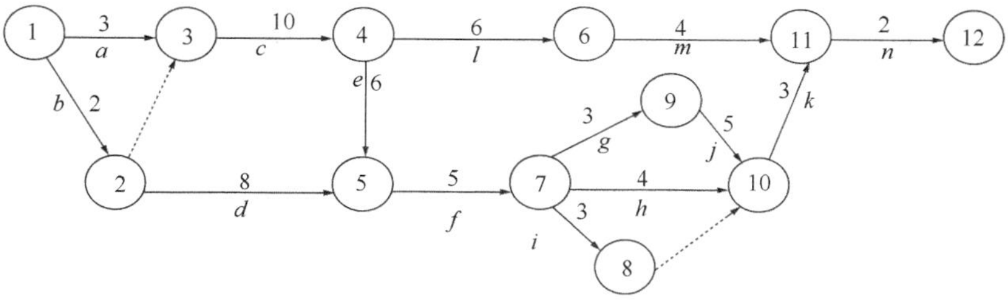

图 42

5. 解:(1)网络图如图 43 所示:

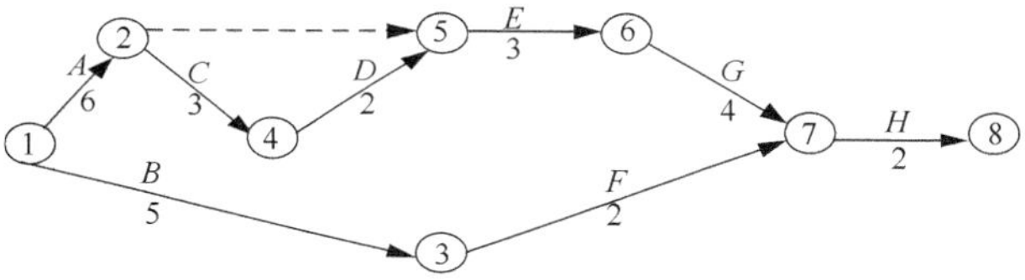

图 43

(2)如图,关键路线路径依次为 1,2,4,5,6,7,8;关键作业为 A,C,D,E,G,H。

(3)如下表所示。

工作内容	R_{ij}	r_{ij}	T_{ES}	T_{EF}	T_{LS}	T_{LS}
A	0	0	0	6	0	6
B	11	0	0	5	11	16
C	0	0	6	9	6	9
D	0	0	9	11	9	11
E	0	0	11	14	11	14
F	11	11	5	7	16	18
G	0	0	14	18	14	18
H	0	0	18	20	18	20

6. 解:该作业网络图如图 44 所示。

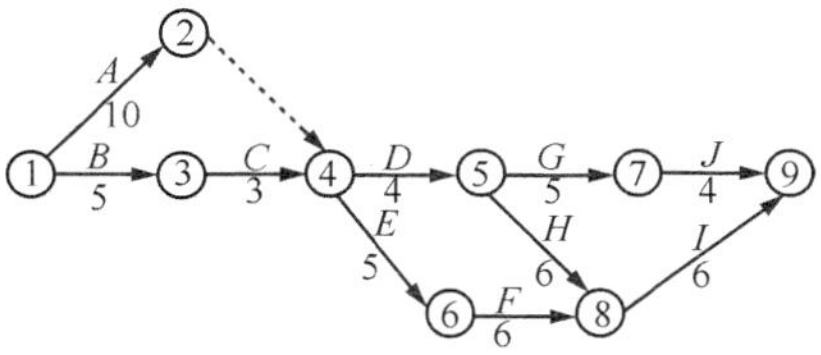

图 44

根据网络图可知：

作业 D 最早开始时间为 10，最早结束时间为 14，最迟开始时间为 10，最迟结束时间为 15。

作业 I 最早开始时间为 21，最早结束时间为 27，最迟开始时间为 21，最迟结束时间为 27。

7. 解：(1)网络图(图 45)：

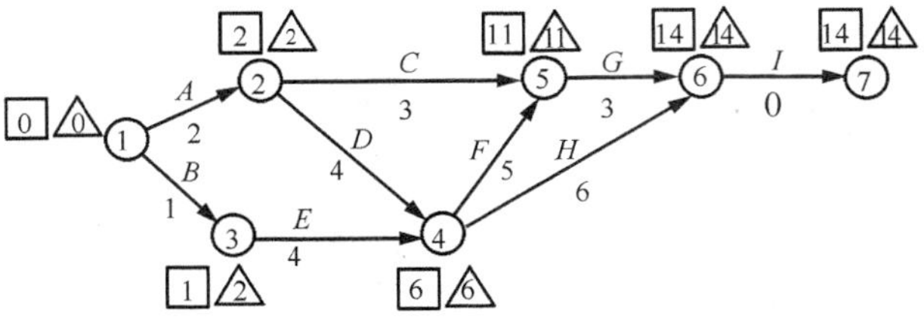

图 45

(2)各节点时间参数如图所示。

(3)作业 C：②→⑤

$T_{ES}(2-5)=T_E(2)=2$

$T_{EF}(2-5)=T_E(2)+3=5$

$T_{LF}(2-5)=T_L(5)=11$

$T_{LS}(2-5)=T_L(5)-3=8$

$R(2-5)=T_{LF}(2-5)-T_{EF}(2-5)=11-5=6$

$r(2-5)=T_E(5)-T_{EF}(2-5)=11-5=6$

作业 E：③→④

$T_{ES}(3-4)=T_E(3)=1$

$T_{EF}(3-4)=T_E(3)+4=5$

$T_{LF}(3-4)=T_L(4)=6$

$T_{LS}(3-4)=T_L(4)-4=2$

$R(3-4)=T_{LF}(3-4)-T_{EF}(3-4)=6-5=1$

$r(3-4)=T_E(4)-T_{EF}(3-4)=6-5=1$

8. 解：(1)如图 46 所示。

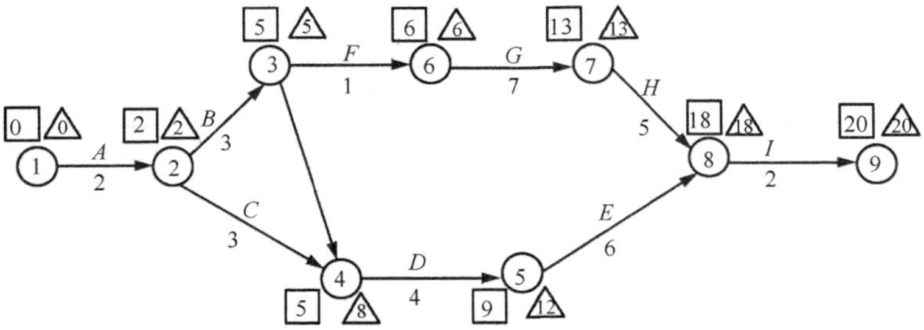

图 46

(2)关键路径是①→②→③→⑦→⑧→⑨，总工期是 20 个小时。

9. 解：(1)正常情况下，总工期为 20 天，关键路线：①→③→④→⑤。

(2)解：从关键路线上考虑可缩短 2 天的作业有 3 个，费用率为

作业	1～3	3～4	4～5
P_{ij}	2	0.5	1

以作业 3～4 为缩短时间对象，且不影响关键路线：①→③→④→⑤。

∴$T_k=20-2=18$，追加费用为 $2\times0.5=1$。

(3)选作业 3～4 为缩短时间的对象，受本身极限时间 T_c 限制，最多能缩短 3 天。

则 $T_k=20-3=17$ 天，追加费用为 $3\times0.5=1.5$。

再选择作业 4～5 为缩短时间的对象，当缩短一天时，此时 $T_k=17-1=16$。追加费用为 $1\times1=1$。

此时关键路线变为 2 条：①→③→④→⑤和①→③→⑤。

此时缩短总周期限方案有 2 个，如表所示。

项目	方案Ⅰ	方案Ⅱ
缩短作业 费用率	1—3 2	3—5，4—5 0.5+1

∴选择方案Ⅱ，$T_k=16-1=15$，追加费用累计 $2.5+1.5=4$。

10. 解：(1)正常情况下的关键路径为①→③→④→⑥。

故总工期为 $30+36+30=96$(天)

(2)第一次压缩：

缩短的作业	1～3	3～4	4～6
费用率	0.8	2	0.5

选择费用率最小的，即缩短作业 4～6，缩短到紧急工期 16 天，此时路径①→③→④→⑥的工期变为 $30+36+16=82$ 天，而路径①→③→④→⑤→⑥的工期为 $30+36+18=84$ 天，故作业 4～6 只能缩短到 18 天，此时关键路径变为①→③→④→⑥和①→③→④→⑤→⑥。追加费用为 $0.5\times12=6$(图 47)。

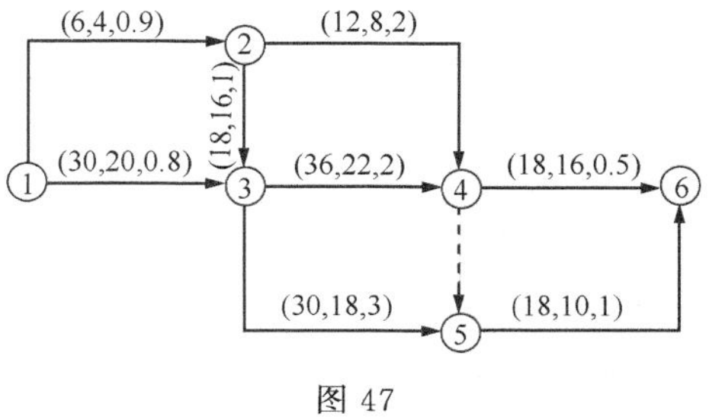

图 47

第二次压缩：

缩短的作业	1～3	3～4	4～6，5～6
费用率	0.8	2	1.5

选择费用率最小的，即缩短作业 1～3，缩短到紧急工期 20 天，此时路径①→③→④→⑥和①→③→④→⑤→⑥的工期变为 $20+36+18=74$ 天，而路径①→②→③→

④→⑥的工期为 6+18+36+18=78 天，故作业 1～3 只能缩短到 24 天，此时关键路径变为①→③→④→⑥、①→③→④→⑤→⑥、①→②→③→④→⑥和①→②→③→④→⑤→⑥。累计追加费用为 10.8(图 48)。

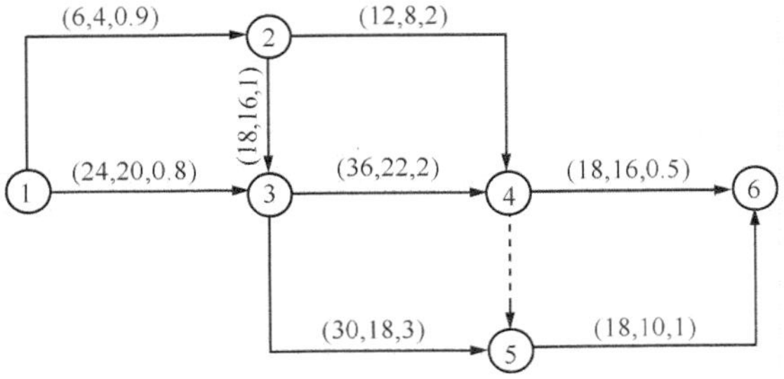

图 48

第三次压缩：

缩短的作业	1～2,1～3	1～3,2～3	3～4	4～6,5～6
费用率	1.7	1.8	2	1.5

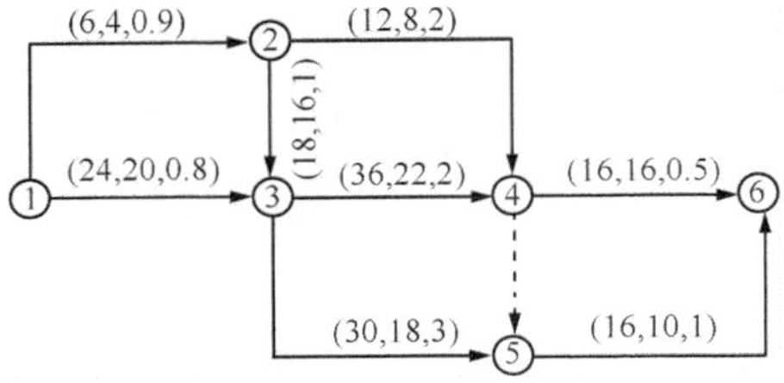

图 49

选择费用率最小的，即缩短作业 4～6，5～6，只能缩短到最大的紧急工期 16 天，总工期为 76 天，此时关键路径仍为①→③→④→⑥、①→③→④→⑤→⑥、①→②→③→④→⑥和①→②→③→④→⑤→⑥。累计追加费用为 13.8。此时总工期已缩短 20 天(图 49)。

11. 解：(1) J 工序由 8 变 6 追加 600，关键路线为 $A—B—C—E—F—J—L—N—T$。

(2) F 工序由 5 变 3 追加 800，关键路线变成 3 条：

$A—B—C—E—F—J—L—N—T$；

$A—B—C—I—J—L—N—T$；

$A—B—C—D—G—H—M—T$。

12. 解：关键路线为 1—2—3—5—6，总工期为 49 天，A,B,C,D,E,F 工作成本斜率分别为 175,150,83,93,100,50。

压缩步骤为

(1) F 缩 2 天，费用为 2×200=400，T=47。

(2) F 缩 2 天，累计费用为 400+400=800，T=45，此时关键路线为 1—2—4—6，1—2—3—5—6。

(3) A 缩 2 天，累计费用为 700+800=1 500，T=43，此时关键路线为 1—2—4—6，1—3—5—6，1—2—3—5—6。

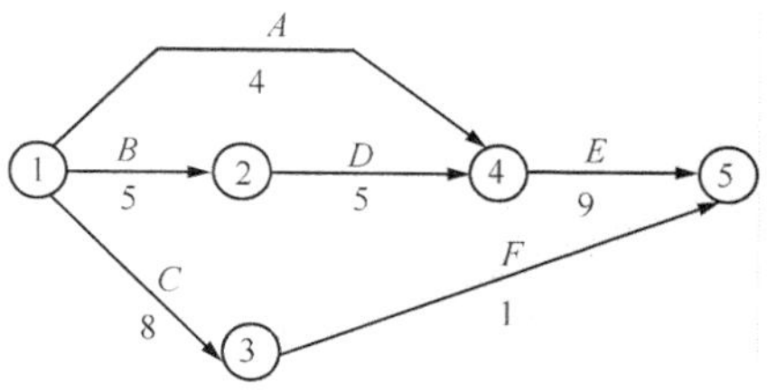

图 50

13. 解:网络图如图 50 所示:

关键路线为 1—2—4—5,总工期为 19 天。

工作 E 缩减 4 天,使工期变为 15 天。

首先进行人力资源总平衡,$M=4\times4+5\times4+8\times3+5\times4+9\times7+1\times3=146$。如果每天有 10 人工作,需要 14.6 天完成,符合题目要求的 15 天内,但是总工期超过 15 天。

由分析可知,工作 E 缩减 4 天后的调整方案为 C 延后 4—6 天开工,同时 F 作业延后 4—6 天即可。

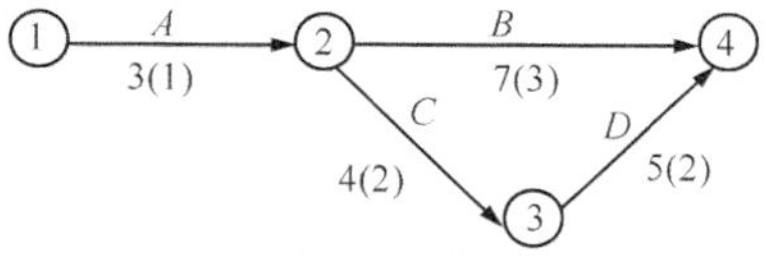

图 51

14. 解答:网络图如图 51 所示。

按正常时间完成时,工程直接费用为45 000(元)

总费用=45 000+4 500×12+0=99 000(元)

关键线路为 1—2—3—4,总工期为 12 天。

另外,线路 1—2—4 为时间富裕线,有 2 天机动时间。

改进方案 1:分析关键工作 ACD,工作 D 的赶工成本斜率最低,所以对 D 赶工。

对 D 赶工 2 天后,出现 2 条关键路线 1—2—3—4,1—2—4,工期为 10 天,总费用为 45 000+4 500×10+2 000×2=94 000(元)。

改进方案 2:进一步缩短工期?

要缩短工期就需要考虑两条路线。

工程可选择的赶工方案:

赶工方式	成本斜率/(元/天)
1. A 赶工 1 天	4
2. B、C 各赶工 1 天	5
3. B 、D 各赶工 1 天	3

由上表可知,方案 3 的赶工费用最低,所以选择 B、D 各赶工 1 天,这样工期变为 9 天。

总费用=45 000+4 500×9+2 000×3+1 000×1=92 500(元)

改进方案 3:

继续赶工,对 A 或者 B、C 赶工,但是发现 B、C 赶工费用为 5 000,大于工程每天的间接费,赶工已经不合算,所以对 A 赶工 2 天。

总费用=45 000+4 500×7+2 000×3+1 000×1+4 000×2=91 500(元)

答:该工程总工期为 7 天,总费用为 91 500 元。

第五章

决 策 论

第一节 判断题

1.效用理论按决策者对待风险的态度分为保守型、中性型和风险追求型。风险保守型的决策者任何情况下对风险永远持保守态度。（ ）

2.所谓主观概率基本上是对事件发生可能性作出一种主观猜想和臆测，缺乏必要的科学依据。（ ）

3.决策树比决策矩阵更适合于描绘序列决策过程。（ ）

4.不管决策问题怎么变化，一个人的效用曲线总是不变的。（ ）

5.具有中间型效用曲线的决策者，对收入的增长以及对金额的损失都不敏感。（ ）

6.与风险型决策相比较，不确定型决策中决策人无法估计各自然状态出现的概率。（ ）

7.决策稳定系数越大越好，稳定系数大的决策对由于信息不准确造成决策失误的风险具有更好的防范能力。（ ）

8.对利润表而言，乐观主义决策标准是最大最小决策标准。（ ）

9.最小最大决策准则用来解决不确定条件下的决策问题。（ ）

10. 对于不确定性决策问题，采用 maxmin 准则、等可能准则等各种方法所得的结果都相同。（ ）

11.已知一个决策问题有三种环境因素，但不知其发生的概率，因此可用悲观主义原则决策。（ ）

12. 决策树中的机会节点引出的分支反映可能的行动方案。（ ）

13. 用后悔值法求解不确定型决策问题是为了获得最大收益。（ ）

14.已知一个决策问题有三种环境因素，但不知其发生的概率，因此可用最大可能原则决策。（ ）

第二节 分析计算题

1. 某照相机制造商生产大众型和豪华型相机。为迎接生产旺季，他必须决定每种表型的生产数量。大众型相机的成本为10元，售价为20元；豪华型的成本为20元，售价为35元。每种类型的需求量如表5-1所示。相机如果未于旺季售出，则削价处理，将大众型以5元、豪华型以10元的价格卖出。由于两相机的市场购买对象为不同阶层，故上述两型的销售概率彼此独立。设此厂商的产量没有限制，故此两决策可单独制定。请计算每种类型的最佳产量。

表 5-1

项目	需求量	概率
大众型	6 000	0.3
	8 000	0.7
豪华型	2 000	0.2
	4 000	0.8

2. 某厂的产品中需要的一个部件，系从外厂订购，每1 000件一批。从以往使用过程中得知，每批产品中次品数及其频率如表5-2所示。如果对进货不予检验而直接组装，总装调试时发现有一个次品混入将带来损失3元，如果对进货全部预先检验后再使用，可避免上述损失，不过每批将增加检查费200元，你将作出怎样的决策？

表 5-2

项目	状态				
	x_1	x_2	x_3	x_4	x_5
次品数	10	30	50	70	90
频率	0.3	0.4	0.2	0.06	0.04

3. 某房地产公司有一家加油站，用来出租给一家大型石油公司，以利润分成作为租金。如果加油站经营成功，房地产公司收入的现值约为100万元，否则仅收租金的现值为20万元。此石油公司愿意以60万元购进此财产使用权。从金额期望值的观点来看，判断当“成功”的概率为若干时，对此投资商而言，卖与不卖的获利是否相同？

4. 某航空公司准备出售南京到北京航段的飞机票，分为经济舱和公务舱。为了迎接旅行旺季，该航空公司必须决定每种舱位的票数。经济舱的人均成本为300元，售价为500元；公务舱的人均成本为400元，售价为800元。各个舱的需求量如表5-3所示。由于两舱的市场购买对象为不同阶层，故上述两舱的销售概率彼此独立，两决策可以单独制定。各舱的最佳票数为多少？

表 5-3

项目	需求量	概率
经济舱	7 000	0.2
	3 000	0.8
公务舱	3 500	0.3
	1 500	0.7

5. 某工厂生产了一批灯泡，从以往的使用过程中得知，灯泡的损坏数及其频率如表 5-4 所示。如果不对灯泡检查就直接出厂，那么每一个损坏的灯泡须赔偿 5 元。如果对灯泡检查后再出厂可以消除损坏灯泡的概率，但是每批灯泡的检查费为 135 元，每 2 000 个灯泡为一批，请帮该工厂作出决策。

表 5-4

项目	每批损坏数					
	20	60	70	80	90	正常
频率	0.02	0.04	0.2	0.12	0.04	0.58

6. 根据自然条件，某农场可以选择种植的农作物有四种：水稻、小麦、大豆、燕麦。该农场所在地区每一年可能发生的天气类型有五种：极旱年、旱年、平年、湿润年、极湿年。表 5-5 给出了每一种天气类型发生的概率，以及在每一种天气类型条件下种植各种农作物所获得的收益。请用渴望水平原则计算该农场究竟应该种植哪一种农作物？（假定渴望的水平是 15）

表 5-5

天气类型		极旱年	旱年	平年	湿润年	极湿年
发生概率		0.1	0.2	0.4	0.2	0.1
农作物的收益/(千元/公顷)	水稻	10	12.6	18	20	22
	小麦	25	21	17	12	8
	大豆	12	17	23	17	11
	燕麦	11.8	13	17	19	21

7. 波音公司决定开发新产品，需要对产品品种作出决策，有三种产品 A_1、A_2、A_3 可供生产开发。未来市场对产品的需求情况有三种，即较大、中等、较小，经估计各种方案在各种自然状态下的效益值，见表 5-6。各种自然状态发生的概率分别为 0.3、0.4 和0.3，那么工厂应生产哪种产品，才能使其收益最大。

表 5-6 （单位：万元）

产品	较大 $P=0.3$	中等 $P=0.4$	较小 $P=0.3$
A_1	50	20	−20
A_2	30	25	−10
A_3	10	10	10

8. 某工厂准备试制一新产品，如果先做试验试销，将付出费用 0.3 万元。对于先做试验的情况，有 60%的可能性为保证质量，40%的可能性为尚未解决全部问题。在质量完全可靠的情况下投产，成本为 0.6 万元，而销路好的可能性为 85%，收益 4 万元；销路差的可能性为 15%，收益 1.6 万元。在质量不完全可靠下投产，成本为 1 万元，而销路好的可能性为 10%，收益 4 万元；销路差的可能性为 90%，收益 1 万元。如果不做试验，投产成本为 1.1 万元，销路好的可能性为 60%，收益 3.6 万元，销路差的可能性为 40%，收益 1.1 万元。试画出决策树进行决策。

9. 某公司有 40 000 元资金，若用于某新产品的开发估计成功的概率为 0.8，成功时一年获利额为投入资金的 30%；若失败则丧失全部资金。若将资金存入银行年利率为 6%，为了使新产品开发成功的可能性更大，可以进行一项技术预研，预研费为 1 100 元。估计预研成功的可能性为 0.5。如果预研成功则新产品开发成功的概率提高到 0.9。如果预研失败则新产品开发失败的可能性为 0.8。

试用决策树进行决策。

10. 某出版社考虑某本科技书的出版问题。编辑考虑有三个方案：①不出版这本书；②接受出版这本书；③请专家评定后再作决定，但需支付审稿费 400 元。专家评定的意见只是确定这本书是出版还是不出版，也不能确切知道将来市场的需要量。根据编辑估计，将来市场需要量有：差、一般、好、很好四种情况。出版社总结过去出版类似书的情况，其数据见表 5-7(已知出版一本书的成本是 15 000 元)。

试问：编辑仅根据这些统计数据应如何作出抉择？

表 5-7

市场需要	未经专家评定	专家评定		小计	平均每本书收入/元
		出版	不出版		
u_1 不出版	5		26	31	0
u_2 需要量差	2	7		9	5 000
u_3 需要量中	1	4		5	9 000
u_4 需要量好	1	6		7	70 000
u_5 需要量很好	1	7		8	100 000
	10	24	26	60	

11. 某工程队承担一座桥梁的施工任务。由于施工地区夏季多雨，需停工三个月。在停工期间该工程队可以将施工器械搬走或留在原处。如果搬走，需要搬运费 1 800 元。如果留在原处，一种方案是花 500 元修一座护堤，防止河水上涨发生高水位侵袭。若不修护堤，发生高水位侵袭时将损失 20 000 元。如果因为下暴雨发生洪水，则无论是否修筑，施工器械留在原地都将遭受 50 000 元损失。据历史资料分析，该地区夏季高水位发生率为 25%，洪水发生率为 2%。试用决策树法分析该施工队要不要修筑护堤。

12. 某石油公司计划开发海底石油。勘探尚未进行，该公司可先对海床等海底环境做试验分析，试验分析所需经费共 5 000 元。试验结果好的概率为 0.6，不好的概率为 0.4。已知勘探可能有以下三种结果：S_1 干井；S_2 油量中等；S_3 油量丰富。对应于各种结果，各方案的损益情况已知，如表 5-8 所示，采用决策树法进行决策。

表 5-8

项目	试验		不试验	益损值
	好	不好		
S_1	0.1	0.5	0.4	−10 000
S_2	0.3	0.3	0.2	20 000
S_3	0.6	0.2	0.4	45 000

13. 某航空公司长期承运一批由北京发往洛杉矶的贵重物品，毛重 78.5 千克，价值为 10 万元。若货主提前未办理货物的声明价值，货物在运输过程中发生损坏、丢失时，航空公司赔偿额度会很低；若货主提前办理货物声明价值，航空公司将如数赔偿，但当货主所交运货物的申报价值超过航空公司规定的赔偿限额时，需要向航空公司支付声明价值附加费，声明价值附加费＝(货物价值－货物重量×127)×5‰。若贵重物品损坏、丢失的概率为百分之一，问在这种情况下，货主该如何决策？

14. 为了适应市场的需要，某航空公司提出了引进某种收益管理系统的两种方案。一种方案是引进系统 A，另一种方案是引进系统 B，两种方案的使用期都是 10 年。引进系统 A 需要投资 600 万元，引进系统 B 需要投资 280 万元，两种方案的每年损益值及自然状态的概率，见表 5-9。试用决策树法选出合理的决策方案。

表 5-9 年度损益值计算表 (单位:万元/年)

自然状态	概率	方案	
		系统 A	系统 B
效益好	0.7	200	80
效益差	0.3	−40	60

15. 某开发公司拟为一航空公司承包新产品的研制与开发任务，但为得到合同其必须参加投标。已知投标的准备费用为 40 000 元，中标的可能性是 40%，如果不中标，准备费用得不到补偿。如果中标，可以采用两种方法进行研制开发。方法一成功的可能性为 80%。费用为 260 000 元，方法二成功的可能性为 50%，费用为 160 000 元。如果研制开发成功，该开发公司可得到 600 000 元，如果合同中标，但是未研制开发成功，则开发公司需赔偿 100 000 元。问题是要决策：

(1)是否参加投标；

(2)若中标了，采用哪种方法研制开发。

16. 现有 5 个行动方案，4 种自然状态，其益损值见表 5-10。

表 5-10

行动方案	θ_1	θ_2	θ_3	θ_4
A_1	20	10	0	−10

续表

行动方案	θ_1	θ_2	θ_3	θ_4
A_2	10	6	4	1
A_3	30	25	10	−20
A_4	40	30	−5	−10
A_5	25	15	5	−5

试用乐观法、悲观法、等概率法、后悔值法进行决策。

17. 已知方案 $A_i(i=1,2,3,4,5,6)$ 在不同自然状态 $\theta_j(j=1,2,3,4,5,6)$ 下的收益矩阵为

$$B=\begin{array}{c} \\ A_1 \\ A_2 \\ A_3 \\ A_4 \\ A_5 \\ A_6 \end{array}\begin{array}{c} \begin{array}{cccccc} \theta_1 & \theta_2 & \theta_3 & \theta_4 & \theta_5 & \theta_6 \end{array} \\ \begin{bmatrix} 7 & 9 & 6 & 4 & 10 & 8 \\ 10 & 5 & 7 & 5 & 8 & 4 \\ 4 & 6 & 11 & 9 & 10 & 7 \\ 9 & 4 & 6 & 12 & 9 & 5 \\ 6 & 8 & 5 & 4 & 11 & 9 \\ 10 & 7 & 8 & 10 & 6 & 6 \end{bmatrix} \end{array}$$

分别用乐观法、悲观法、等概率法和后悔值法进行决策。

18. 某工厂成批生产某种产品，批发价格为 0.5 元/个，成本为 0.3 元/个，这种产品当天生产，当天销售，如果当天卖不出去，每个损失 0.1 元。根据市场调查和历史记录表明，这种产品的需求量可能是 0 个、1 000 个、2 000 个、3 000 个、4 000 个。要求：

(1)画出该问题的益损值表；

(2)分别用乐观法、悲观法、等概率法、后悔值法确定该产品的产量。

19. 某公司因经营业务的需要，决定要在现有生产条件不变的情况下，生产一种新产品，现可供开发生产的产品有Ⅰ、Ⅱ、Ⅲ、Ⅳ四种不同产品，对应的方案分别为 A_1、A_2、A_3、A_4。由于缺乏相关资料背景，对产品的市场需求只能估计为大、中、小三种状态，而且对于每种状态出现的概率无法预测，每种方案在各种自然状态下的效益值表，如表 5-11 所示。分别用乐观法、悲观法、等概率法、后悔值法选出最优方案。

表 5-11 （单位：万元）

项目	需求量大 S_1	需求量中 S_2	需求量小 S_3
A_1：生产产品Ⅰ	800	320	−250
A_2：生产产品Ⅱ	600	300	−200
A_3：生产产品Ⅲ	300	150	50
A_4：生产产品Ⅳ	400	250	100

20. 有一个投资者面临一个带有风险的投资问题，在可供选择的投资方案中，可能获得的最大收益为 200 万元，可能出现的最大亏损为 100 万元。对该投资者进行心理测试的结果如下：

(1)投资者认为:“以 50%的机会获得 200 万元,50%的机会亏损 100 万元”和“收获 10 万元”二者对他没有差别。

(2)投资者认为:“以 50%的机会获得 200 万元,50%的机会获得 10 万元”和“收获 100 万元”二者对他没有差别。

(3)投资者认为:“以 50%的机会亏 100 万元,50%机会获得 10 万元”和“肯定亏 60 万元”二者对他没有差别。

根据以上结果画出该投资者的效用曲线,并说明投资者对风险的态度。

21. 在开辟以济南烟台、威海、潍坊、东营、临沂、大连、丹东的环渤海、黄海支线航空市场之后,A、B 两家航空公司决定是否加入该支线航空市场运营,根据市场需求、竞争和市场份额占有量等因素,该决定可能会为两家公司带来收益或者造成亏损。已知 A、B 航空公司两位决策人的效用观念资料如下:

A 航空公司决策人:

(1)肯定能得到 800 万元等效于:以 0.9 的概率得到 1 000 万元和以 0.1 的概率损失 100 万元。

(2)肯定能得到 600 万元等效于:以 0.8 的概率得到 1 000 万元和以 0.2 的概率损失 100 万元。

(3) 肯定能得到 100 万元等效于:以 0.25 的概率得到 1 000 万元和以 0.75 的概率损失 100 万元。

B 航空公司决策人:

(1)肯定能得到 800 万元等效于:以 0.5 的概率得到 1 000 万元和以 0.5 的概率损失 100 万元。

(2) 肯定能得到 500 万元等效于:以 0.25 的概率得到 1 000 万元和以 0.75 的概率损失 100 万元。

(3)肯定能得到 200 万元等效于:以 0.1 的概率得到 1 000 万元和以 0.9 的概率损失 100 万元。

判断并比较两家航空公司决策人的类型(取损失 100 万元的效用值为 0,收入 1 000 万元的效用值为 1)。

本章答案

第一节 判断题

1.(×) 2.(×) 3.(√) 4.(×) 5.(×) 6.(√) 7.(√) 8.(×)
9.(√) 10.(×) 11.(√) 12.(×) 13.(×) 14.(×)

第二节 分析计算题

1.解:大众型最佳产量:$6\ 000\times0.3+8\ 000\times0.7=7\ 400$

豪华型最佳产量:$2\ 000\times0.2+4\ 000\times0.8=3\ 600$

2.解:不检验

因次品而带来的损失费用为

$E_1=3\times(10\times0.3+30\times0.4+50\times0.2+70\times0.06+90\times0.04)=98.4$(元)

检验:检查费用为 $E_2=200$(元)

$\because E_1<E_2$

∴将选择对进货不予以检验而直接组装。

3.解:设成功的概率为 P:

$100\times P+20(1-P)=60$, $\therefore P=0.5$

∴当 $P=0.5$ 时,卖与不卖的利益相同。

4. 解:经济舱最佳票数$=7\ 000\times0.2+3\ 000\times0.8=3\ 800$

公务舱最佳票数$=3\ 500\times0.3+1\ 500\times0.7=2\ 100$

5. 解:因有损坏而带来的损失费为

$(20\times0.02+60\times0.04+70\times0.2+80\times0.12+90\times0.04)\times5=150$

因为 $135<150$,所以该厂应该优先选择给予检查出厂灯泡。

6. 解:从下表可知:

品种	水稻	小麦	大豆	燕麦
概率	0.7	0.7	0.8	0.7

故种植大豆最好。

7. 解:期望的目标是获得更大的收益,利用期望值法可以求得三种方案的期望值如下:

$E_{A_1}=50\times0.3+20\times0.4-20\times0.3=17$

$E_{A_2}=30\times0.3+25\times0.4-10\times0.3=16$

$E_{A_3}=10\times0.3+10\times0.4+10\times0.3=10$

比较可知 $E_{A_1}=17$ 最大,所以应选择开发产品 A_1。

8. 解:

(1)决策树如下图所示。

(2)计算各点的益损期望值。

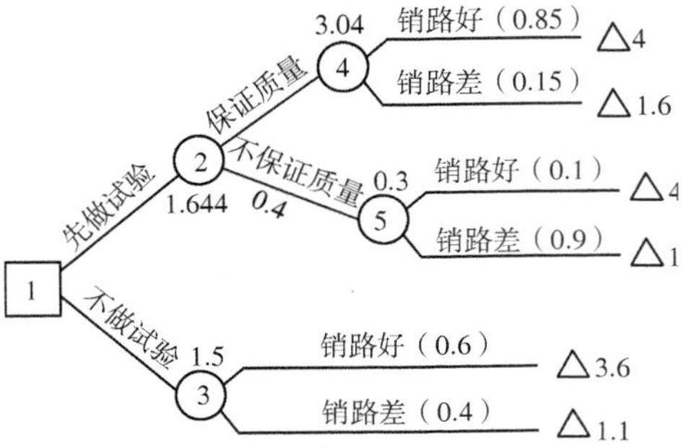

点 4：4×0.85＋1.6×0.15－0.6＝3.04(万元)

点 5：4×0.1＋1×0.9－1＝0.3(万元)

点 2：3.04×0.6＋0.3×0.4－0.3＝1.644(万元)

点 3：3.6×0.6＋1.1×0.4－1.1＝1.5(万元)

通过比较，先做试验试销方案，较合理。

9. 决策树如下：

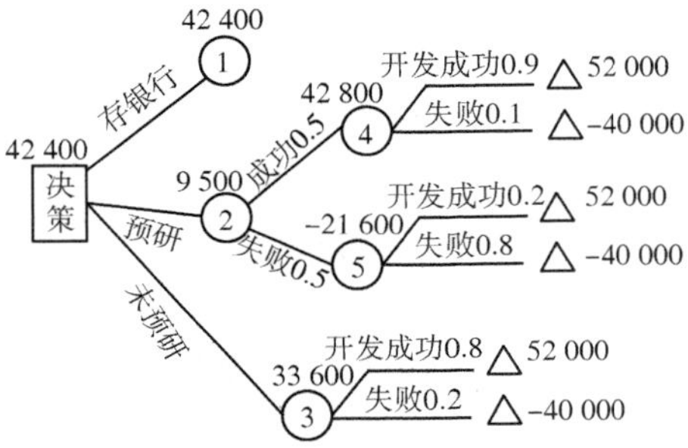

所以用决策树得到的决策结果是将资金存入银行。

10. 解：画出决策树，如图所示。

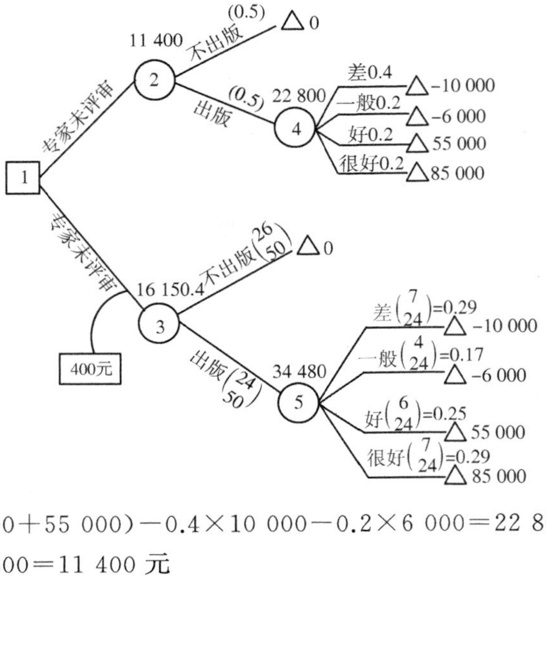

点 4：0.2(85 000＋55 000)－0.4×10 000－0.2×6 000＝22 800(元)

点 2：0.5×22 800＝11 400 元

点 5：0.29×85 000＋0.25×55 000－0.17×6 000－10 000×0.29＝34 480（元）

点 3：34 480×$\frac{24}{50}$－400＝16 550.4－400＝16 150.4（元）

将点 2 与点 3 比较，11 400＜16 150.4。

决策：请专家评定后再作决定。

11．解：

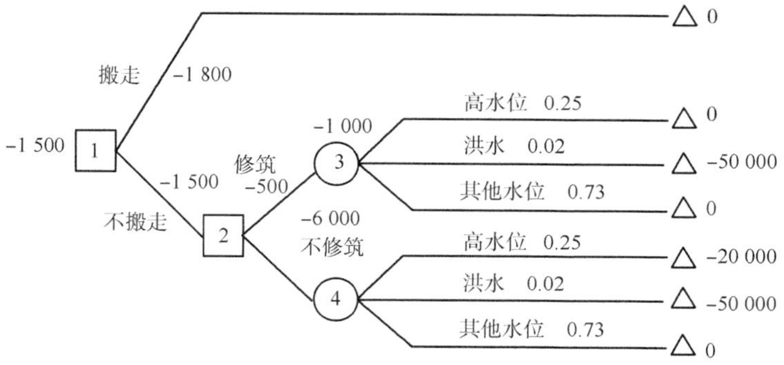

决策树如图所示，应不搬走器械且修筑护堤。

12．解：依据题意绘制决策树如下。

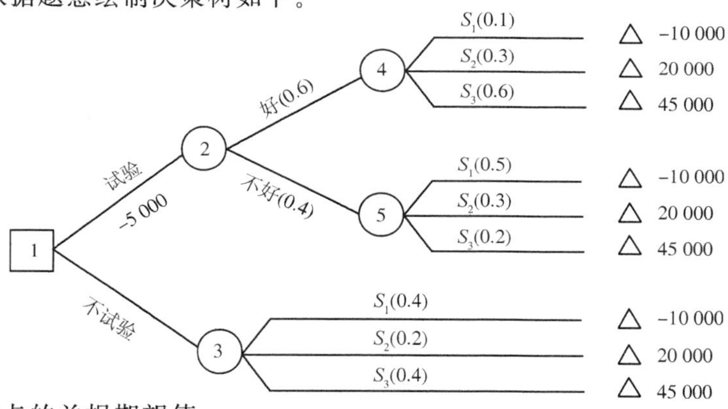

计算各节点的益损期望值：

点 4：45 000×0.6＋20 000×0.3－10 000×0.1＝32 000（元）

点 5：45 000×0.2＋20 000×0.3－10 000×0.5＝10 000（元）

点 3：45 000×0.4＋20 000×0.2－10 000×0.4＝18 000（元）

点 2：32 000×0.6＋10 000×0.4＝23 200（元）

比较 23 200－5 000＝18 200＞18 000，故作出决策：采取先进行试验再勘探。

13．先计算若货主声明价值，需要支付的声明价值附加费：

用决策树法进行分析，决策树如图所示：

$$(100\ 000-78.5\times127)\times5‰=450.15（元）$$

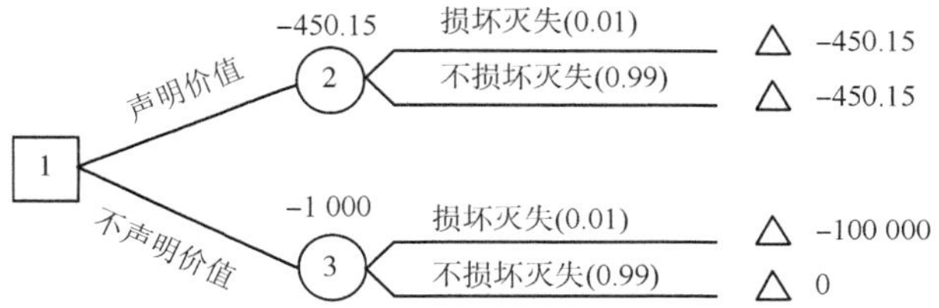

可见货主应该进行贵重物品的声明价值(其实货主不会因为声明价值附加费而冒损失贵重物品的危险)。

14. 解:(1)画出决策树。

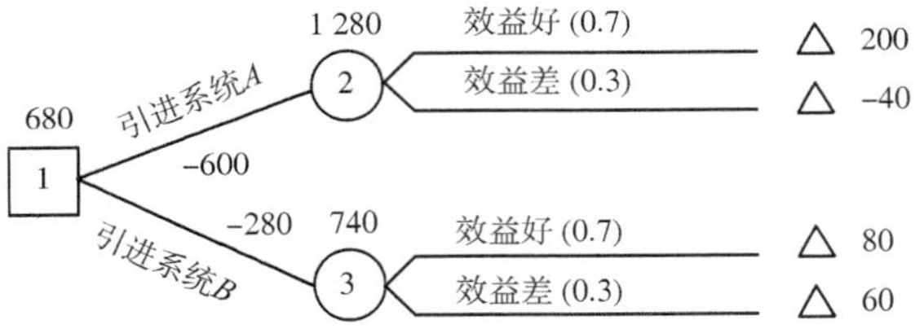

(2)计算各点的期望损益值。

结点②:$[0.7\times 200+0.3\times(-40)]\times 10=1\ 280$

结点③:$(0.7\times 80+0.3\times 60)\times 10=740$

引进系统 A:$1\ 280-600=680$(万元)

引进系统 B:$740-280=460$(万元)

(3)进行决策:把引进系统 A 和引进系统 B 的期望损益值进行比较,可知合理的决策方案是引进系统 A。

15. 解:

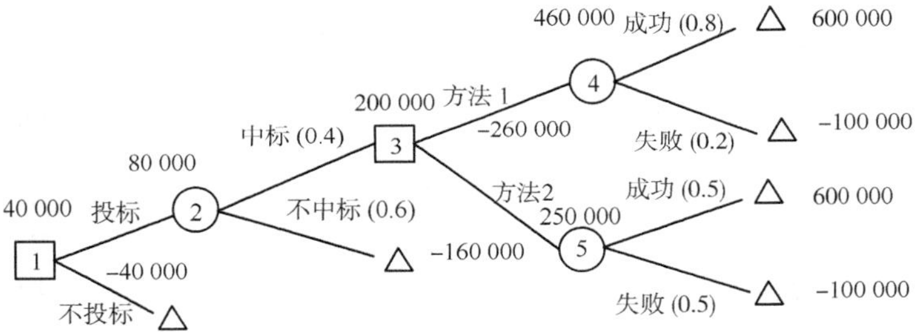

(1) 结点④处的值为 $0.8\times 600\ 000+0.2\times(-100\ 000)=460\ 000$

结点⑤处的值为 $0.5\times 600\ 000+0.5\times(-100\ 000)=250\ 000$

由于 $460\ 000-260\ 000>250\ 000-160\ 000$,故在结点③处的决策为选择方法一,划去方法二的边,并将收益值 200 000 注在结点③上边。

(2)因为中标,所以结点②的值为 $200\ 000\times 0.4=80\ 000$,又因 $80\ 000-40\ 000=40\ 000$,故在结点①处的决策为选择投标,划去代表不投标的边,并将收益值 40 000 注在结点①边上。

计算结果表明该开发公司应该首先参加投标,在中标的条件下应采用方法一进行研制,总期望收益为 40 000 元。

16. 解:(1)乐观法。

各行动方案在各自然状态下的最大益损值如下:

A_1:$\max\{20,10,0,-10\}=20$

A_2:$\max\{10,6,4,1\}=10$

A_3:$\max\{30,25,10,-20\}=30$

A_4:$\max\{40,30,-5,-10\}=40$

A_5:$\max\{25,15,5,-5\}=25$

因为各行动方案最大益损值中最大者是 A_4。

所以,决策方案选择 A_4。

(2)悲观法。

各行动方案在各自然状态下最小益损值如下:

A_1:$\min\{20,10,0,-10\}=-10$

同理可得:A_2:1;A_3:-20;A_4:-10;A_5:-5

因为各行动方案最小益损值中最大者是 A_2,所以,决策方案选 A_2。

(3)等概率法。

$E(A_1)=20\times0.25+10\times0.25+0\times0.25-10\times0.25=5$

$E(A_2)=(10+6+4+1)\times0.25=5.25$

$E(A_3)=(30+25+10-20)\times0.25=11.25$

$E(A_4)=(40+30-5-10)\times0.25=13.75$

$E(A_5)=(25+15+5-5)\times0.25=10$

因为 $E(A_4)$最大。

所以,选 A_4 的决策方案。

(4)后悔值法。

建立后悔值矩阵:

A	θ_1	θ_2	θ_3	θ_4
A_1	20	20	10	11
A_2	30	24	6	0
A_3	10	5	0	21
A_4	0	0	15	11
A_5	15	15	5	6

各行动方案在各自然状态下的最大后悔值分别如下:

A_1:$\max\{20,20,10,11\}=20$

A_2:$\max\{30,24,6,0\}=30$

A_3:$\max\{10,5,0,21\}=21$

A_4:$\max\{0,0,15,11\}=15$

A_5:$\max\{15,15,5,6\}=15$

找出其中的最小者是 15。

∴决策方案是 A_4 或 A_5。

17. 分别用乐观法、悲观法、等可能法和后悔值进行决策。

解:利用乐观法求解的决策方案:A_4。

利用悲观法求解的决策方案:A_6。

利用等可能法求解的决策方案:A_3、A_6。

利用后悔值法求解的决策方案:A_4、A_6。

18. 解：

(1)分析题意，已知 5 个自然状态 S_j：市场需求量为 0 个、1 000 个、2 000 个、3 000 个、4 000 个。设 5 个方案 A_i 为：工厂每天生产 0 个、1 000 个、2 000 个、3 000 个、4 000 个。每个方案在不同的自然状态下会有不同的结果，相应的收益值如下表(注：每销售 1 000个产品，收益值为 200；未卖出 1 000 个产品，收益值为－100)。

A_i	S_1	S_2	S_3	S_4	S_5
A_1	0	0	0	0	0
A_2	－100	200	200	200	200
A_3	－200	100	400	400	400
A_4	－300	0	300	600	600
A_5	－400	－100	200	500	800

(2)①乐观法。

A_1：$\max\{0,0,0,0,0\}=0$

A_2：$\max\{-100,200,200,200,200\}=200$

A_3：$\max\{-200,100,400,400,400\}=400$

A_4：$\max\{-300,0,300,600,600\}=600$

A_5：$\max\{-400,-100,200,500,800\}=80$

因为各方案最大益损值中最大者是 800，所以选择方案 A_5，产量是 4 000 个。

②悲观法。

A_1：$\min\{0,0,0,0,0\}=0$

A_2：$\min\{-100,200,200,200,200\}=-100$

A_3：$\min\{-200,100,400,400,400\}=-200$

A_4：$\min\{-300,0,300,600,600\}=-300$

A_5：$\min\{-400,-100,200,500,800\}=-400$

因为各方案最小益损值中最大者是 0，所以选择方案 A_1，产量是 0 个。

③等概率法。

$E(A_1)=0\times0.2=0$

$E(A_2)=(-100+200+200+200+200)\times0.2=140$

$E(A_3)=(-200+100+400+400+400)\times0.2=220$

$E(A_4)=(-300+0+300+600+600)\times0.2=240$

$E(A_5)=(-400-100+200+500+800)\times0.2=200$

因为 $E(A_4)$最大，所以选择方案 A_4，产量是 3 000 个。

④后悔值法。

先建立后悔值矩阵：

A_i	S_1	S_2	S_3	S_4	S_5
A_1	0	200	400	600	800
A_2	100	0	200	400	600
A_3	200	100	0	200	400
A_4	300	200	100	0	200
A_5	400	300	200	100	0

各个方案在各自然状态下的最大后悔值分别如下：

A_1：$\max\{0,200,400,600,800\}=800$

A_2：$\max\{100,0,200,400,600\}=600$

A_3：$\max\{200,100,0,200,400\}=400$

A_4：$\max\{300,200,100,0,200\}=300$

A_5：$\max\{400,300,200,100,0\}=400$

其中，最小者是 300，所以选择方案 A_4，产量是 3 000 个。

19. 解：(1)悲观法。

A	B			
	需求量大(S_1)	需求量中(S_2)	需求量小(S_3)	$\min[B(A,S)]$
A_1	800	320	−250	−250
A_2	600	300	−200	−200
A_3	300	150	50	50
A_4	400	250	100	100
决策	$\max\{\min[B(A,S)]\}$			100

则 A_4 为决策方案，所以选择生产产品Ⅳ。

(2)乐观法。

A	B			
	需求量大(S_1)	需求量中(S_2)	需求量小(S_3)	$\max[B(A,S)]$
A_1	800	320	−250	800
A_2	600	300	−200	600
A_3	300	150	50	300
A_4	400	250	100	400
决策	$\max\{\max[B(A,S)]\}$			800

则 A_1 为决策方案，所以选择生产产品Ⅰ。

(3)等概率法。

A	B			
	需求量大(S_1)	需求量中(S_2)	需求量小(S_3)	$E(A_i)$
A_1	800	320	−250	290
A_2	600	300	−200	700/3
A_3	300	150	50	500/3
A_4	400	250	100	250
决策	$\max[E(A_i)]$			290

则 A_1 为决策方案，所以选择生产产品Ⅰ。

(4)后悔值法。

A	B			
	需求量大(S_1)	需求量中(S_2)	需求量小(S_3)	$\max[B(A,S)]$
A_1	0	0	350	350
A_2	200	20	300	300
A_3	500	170	50	500
A_4	400	70	0	400
决策	$\min\{\max[B(A,S)]\}$			300

则 A_2 为决策方案，所以选择生产产品Ⅱ。

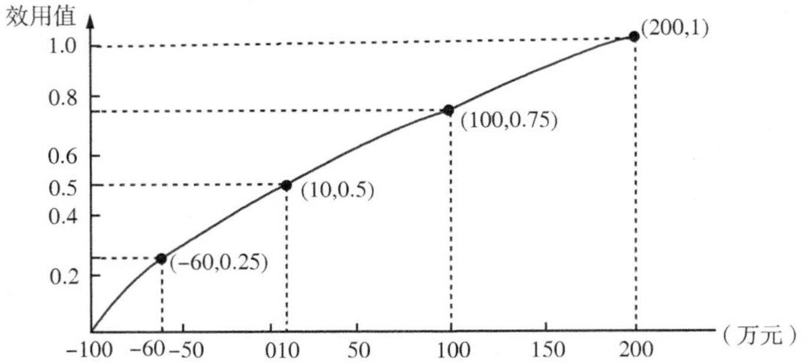

20. 解：定 200 万的效用值为 1，−100 万的效用值为 0。

(1)$0.5\times1+0.5\times0=0.5$　　即收益为 10 万的效用值为 0.5

(2)$0.5\times1+0.5\times0.5=0.75$　　即收益为 100 万的效用值为 0.75

(3)$0.5\times0+0.5\times0.5=0.25$　　即收益为 −60 万的效用值为 0.25

从效用曲线可以看出，投资者是位保守型的决策人。

21. 解：依据题意，分别计算两家航空公司决策人的各个效用值，计为 $U(\pm x)$，再在同一个坐标轴中绘制效用曲线(以下单位均为万元)。

A 航空公司决策人：$U(800)=0.9\times U(1\ 000)+0.1\times U(-100)$

$$=0.9\times1+0.1\times0=0.9$$

同理计算得 $U(600)=0.8, U(100)=0.25$。

B 航空公司决策人：$U(800)=0.5\times U(1\ 000)+0.5\times U(-100)$

$$=0.5\times 1+0.5\times 0=0.5$$

同理计算得 $U(500)=0.25, U(100)=0.1$。

绘制效用曲线如下：

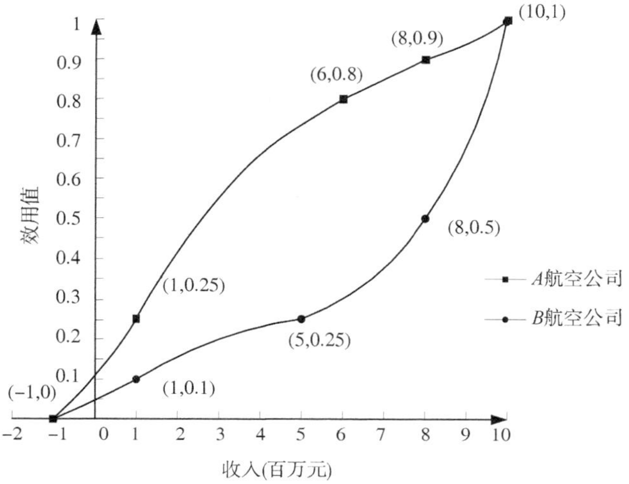

通过效用曲线可知，A 航空公司的决策人是保守型决策人，B 航空公司的决策人则是冒险型决策人。可推测 A 航空公司可能不会决定进入该航线网络运营，而 B 航空公司会进入。

第六章

对策论基础

第一节 判断题

1.矩阵对策中，如果最优解要求一个局中人采取纯策略，则另一个局中人也必须采取纯策略。（　　）

2.任何矩阵对策一定存在混合策略意义下的解，并可以通过求解两个互为对偶的线性规划问题得到。（　　）

3.对策模型的三要素：局中人、策略、赢得函数。（　　）

4.在二人零和对策支付矩阵的某一行（或某一列）上加上一个常数 k，将不影响双方各自的最优策略。（　　）

5.二人零和对策支付矩阵的所有元素乘上一个常数 k，将不影响对策双方各自的最优策略。（　　）

6.应对灾难天气制订预案的策略，同制订应对一场可能发生的军事冲突的策略，具有相同的性质和过程。（　　）

7.如果在任一“局势”中，全体局中人的“得失”相加总是等于零，这个对策就叫做“零和对策”。（　　）

8.任何一个给定的矩阵对策 G 一定有解（在混合扩充中的解）。（　　）

9. 一个矩阵对策问题的赢得矩阵为 $A=(a_{ij})$，一定有不等式：$\max\limits_{i}\min\limits_{j} a_{ij} \geqslant \min\limits_{j}\max\limits_{i} a_{ij}$ 。（　　）

10.已知某对策问题的赢得函数矩阵是 $\begin{bmatrix} 1 & 3 & 2 \\ 5 & 2 & 3 \\ 2 & 4 & 3 \end{bmatrix}$，所以它是纯策略对策问题。（　　）

11.二人零和有限对策问题中，对局双方的赢得函数值互为相反数。（　　）

12.最优纯策略中，$\max\limits_{i}\min\limits_{j} a_{ij} = \min\limits_{j}\max\limits_{i} a_{ij}$，$a_{ij}$ 为局中人赢得矩阵中的元素。（　　）

第二节　分析计算题

1. 甲、乙两名儿童玩猜拳游戏。游戏中双方可分别出拳手(代表石头)、手掌(代表布)、两个手指(代表剪刀),规则是剪刀赢布,布赢石头,石头赢剪刀,赢者得一分。若双方所出相同,算和局,均不得分。试列出游戏中儿童甲的赢得矩阵。

2. 两个游戏者分别在纸上写 0、1、2 三个数字中的一个,且不让对方知道。先让第一个人猜两人写的数字的和,再让第二人猜数字总和,但规定第二人猜的总和数不能和第一个人相同。猜中者从对方处赢得一元,如谁都没有猜中,算和局。试回答每个游戏者各有多少个纯策略。

3. 已知 A、B 两人进行对策时,A 的赢得矩阵如下,求双方的最优策略与对策值。

$$\begin{bmatrix} -2 & 12 & -4 \\ 1 & 4 & 8 \\ -5 & 2 & 3 \end{bmatrix} \quad \begin{bmatrix} 2 & 2 & 1 \\ 3 & 4 & 4 \\ 2 & 1 & 6 \end{bmatrix} \quad \begin{bmatrix} 9 & -6 & -3 \\ 5 & 6 & 4 \\ 7 & 4 & 3 \end{bmatrix}$$

(a)　(b)　(c)

$$\begin{bmatrix} 1 & 7 & 6 \\ -4 & 3 & -5 \\ 0 & -2 & 4 \end{bmatrix} \quad \begin{bmatrix} 2 & 7 & 2 & 1 \\ 2 & 2 & 3 & 4 \\ 3 & 5 & 4 & 4 \\ 2 & 3 & 1 & 6 \end{bmatrix} \quad \begin{bmatrix} 0 & 4 & 1 & 3 \\ -1 & 3 & 0 & 2 \\ -1 & -1 & 4 & 1 \end{bmatrix}$$

(d)　(e)　(f)

$$\begin{bmatrix} 9 & 3 & 1 & 8 & 0 \\ 6 & 5 & 4 & 6 & 7 \\ 2 & 4 & 3 & 3 & 8 \\ 5 & 6 & 2 & 2 & 1 \end{bmatrix} \quad \begin{bmatrix} 2 & -3 & 1 & -4 \\ 6 & -4 & 1 & -5 \\ 4 & 3 & 3 & 2 \\ 2 & -3 & 2 & -4 \end{bmatrix}$$

(g)　(h)

4. 已知甲、乙两人进行对策时甲的赢得矩阵如下,求双方的最优对策与对策值。

$$\begin{bmatrix} -7 & 1 & 8 \\ 3 & 2 & 4 \\ 16 & -1 & -3 \\ -3 & 0 & 5 \end{bmatrix} \quad \begin{bmatrix} 6 & 5 & 6 & 5 \\ 1 & 4 & 2 & -1 \\ 8 & 5 & 7 & 5 \\ 0 & 2 & 6 & 2 \end{bmatrix}$$

(a)　(b)

5. 甲乙两人玩游戏,甲可出策略 A、B、C,乙可出策略 D、E、F、G,现有甲乙二人的赢得矩阵如下,应用优势原则简化后求出双方的最优策略与对策值。

$$\begin{array}{c} \\ A \\ B \\ C \end{array} \begin{array}{c} \begin{array}{cccc} D & E & F & G \end{array} \\ \begin{bmatrix} 2 & -1 & 0 & -2 \\ 1 & 0 & 3 & 2 \\ -3 & -2 & -1 & 4 \end{bmatrix} \end{array}$$

6. 某单位采购员在秋天要决定冬季取暖用煤的储量问题。已知在正常的冬季气温条件下要消耗 30 吨煤,在较暖与较冷的气温条件下要消耗 20 吨和 40 吨。假定冬季时的煤价随天气寒冷程度而有所变化，在较暖、正常、较冷的气候条件下每吨煤价分别为 10 元、15 元和 20 元，又设秋季时煤价为每吨 10 元。在没有关于当年冬季准确的气象预报的条件下，秋季储煤多少吨能使单位的支出最少？

7. 在我国航空市场，价格战一直都是航空公司之间开展市场竞争的手段之一，目的就是以降价来使产品能够被更多的消费者接受，打压竞争对手，占领更多市场份额。现假设在从 A—B—C 的航线市场中甲、乙两家航空公司存在价格竞争。

(1)若双方遵守自律协议，则收益均为 0。

(2)在一方降价而另一方不降价时，消费者都选择降价的公司，其因航空运输特定的规模效应而获得数值为 2 的正收益，不降价的公司因需承担昂贵的设备折旧，客户流失以及市场地位受损等无形资产损失，得到数值为－8 的负收益。

(3)在双方都降价时，双方都要蒙受损失，但因营业收入至少可以弥补部分固定成本，因而各自取得数值为－3 的负收益。

要求：(1)试建立该问题中甲航空公司的赢得矩阵。

(2)通过赢得矩阵，求双方各自的最优策略。

8. 用公式法求解矩阵对策，其中赢得矩阵 A 为

$$A=\begin{bmatrix}7 & 3\\4 & 6\end{bmatrix}$$

9. 求解下列矩阵对策，其中

$$A=\begin{bmatrix}-4 & 2\\5 & 7\end{bmatrix}$$

10. 已知矩阵对策：

$$\begin{bmatrix}4 & 0 & 0\\0 & 0 & 8\\0 & 6 & 0\end{bmatrix}$$

其最优解为 $X^*=\left(\frac{6}{13},\frac{3}{13},\frac{4}{13}\right)$，$Y^*=\left(\frac{6}{13},\frac{4}{13},\frac{3}{13}\right)$，对策值 $v=\frac{24}{13}$。求下列矩阵对策的最优解和对策值：

$$\begin{bmatrix}6 & 2 & 2\\2 & 2 & 10\\2 & 8 & 2\end{bmatrix}\qquad\qquad\begin{bmatrix}-2 & -2 & 2\\6 & -2 & -2\\-2 & 4 & -2\end{bmatrix}$$

(a)　　　　　　　　(b)

11. 分析矩阵对策 $\begin{bmatrix}3 & 2 & 4 & 0\\3 & 4 & 0 & 3\\4 & 3 & 4 & 2\\1 & 9 & 1 & 8\end{bmatrix}$，求其最优解和对策值。

12. 已知矩阵对策 $\begin{bmatrix}1 & 2 & 5\\8 & 4 & 7\\-1 & 5 & -6\end{bmatrix}$，现要求：

(1)求解该矩阵对策的最优策略和对策值。

(2)根据该矩阵的最优策略和对策值求解下列矩阵对策。

$$\begin{bmatrix} 5 & 6 & 9 \\ 12 & 8 & 11 \\ 3 & 9 & -2 \end{bmatrix} \qquad \begin{bmatrix} 3 & 0 & -1 \\ 5 & 2 & 6 \\ -8 & 3 & -3 \end{bmatrix} \qquad \begin{bmatrix} 8 & 10 & 16 \\ 24 & 14 & 20 \\ 6 & 16 & -6 \end{bmatrix}$$

(a)　　　　(b)　　　　(c)

13. 某厂用三种不同的设备甲、乙、丙加工三种不同的产品 A、B、C，已知三种设备分别加工三种产品时，单位时间内创造的价值由表 6-1 给出。

表 6-1

项目	产品 A	产品 B	产品 C
甲	3	−2	4
乙	−1	4	2
丙	2	2	6

出现负值是由于设备的消耗大于创造出的价值。在上述条件下，求合理的加工方案。

此问题可看成是一个矩阵对策问题并易知没有鞍点。设采用设备甲、乙、丙的概率分别为(x_1, x_2, x_3)，产品 A、B、C 接受加工的概率分别为(y_1, y_2, y_3)。

14. 在某城的小商品市场上，以往的市场份额由本市的 A 超市占有绝大部分。年初，一个全国知名的 B 超市进入该城的市场。在这场竞争中假设双方考虑可采用的市场策略均为三种：积分送礼、打折、完善售后服务，且双方用于营销的资金相同。根据市场预测，A 的市场占有率见表 6-2。

表 6-2

项目	积分送礼 β_1	打折 β_2	售后服务 β_3
积分送礼 α_1	0.60	0.62	0.65
打折 α_2	0.75	0.70	0.72
售后服务 α_3	0.73	0.76	0.78

试确定双方的最优策略。

本章答案

第一节　判断题

1.(×)　2.(√)　3.(√)　4.(×)　5.(√)　6.(×)　7.(√)　8.(√)　9.(×)　10.(×)　11.(√)　12.(√)

第二节　分析计算题

1.解:设甲出拳头为α_1,出手掌为α_2,出两个手指为α_3。

乙出拳头为β_1,出手掌为β_2,出两个手指为β_3。

则儿童甲的赢得矩阵为

$$A=\begin{matrix} & \beta_1 & \beta_2 & \beta_3 \\ \alpha_1 & 0 & -1 & 1 \\ \alpha_2 & 1 & 0 & -1 \\ \alpha_3 & -1 & 1 & 0 \end{matrix}$$

2.解:设两个游戏者为甲、乙:

a 表示甲写的数;

b 表示甲猜的数(两个写的数字之和)。

则 a 有三种选择;b 有五种选择。

∴第一个人甲有 15 个纯策略。

c 表示乙写的数;d_1,d_2,d_3,d_4,d_5 表示为乙等甲猜数后所猜的数。

$d_i\in\{0,1,2,3,4\}/\{b\}$,有四种选择。

∴第二个人乙纯策略数为 $3\times4\times4\times4\times4\times4=3\times4^5=3\ 042$(个)

3.(a) $\begin{bmatrix} -2 & 12 & -4 \\ 1 & 4 & 8 \\ -5 & 2 & 3 \end{bmatrix}$

解:$A:\max\limits_i(\min\limits_j a_{ij})=\max\{-4,1,-5\}=1=a_{21}$

$B:\min\limits_j(\max\limits_i a_{ij})=\min\{1,12,8\}=1=a_{21}$

∴最优策略为 A 选 α_2,B 选 β_1。

对策值 $G=1$

(b) $\begin{bmatrix} 2 & 2 & 1 \\ 3 & 4 & 4 \\ 2 & 1 & 6 \end{bmatrix}$

解:$A:\max\limits_i(\min\limits_j a_{ij})=a_{21}=3$

$B:\min\limits_j(\max\limits_i a_{ij})=a_{21}=3$

∴最优策略:A 选 α_2,B 选 β_1。

对策值 $G=3$

(c) $\begin{bmatrix} 9 & -6 & -3 \\ 5 & 6 & 4 \\ 7 & 4 & 3 \end{bmatrix}$

解：$A:\max\limits_{i}(\min\limits_{j} a_{ij})=a_{23}=4$

$B:\min\limits_{j}(\max\limits_{i} a_{ij})=a_{23}=4$

∴最优策略：A 选 α_2，B 选 β_3。

对策值 $G=4$

(d) $\begin{bmatrix} 1 & 7 & 6 \\ -4 & 3 & -5 \\ 0 & -2 & 4 \end{bmatrix}$

解：$A:\max\limits_{i}(\min\limits_{j} a_{ij})=a_{11}=1$

$B:\min\limits_{j}(\max\limits_{i} a_{ij})=a_{11}=1$

∴最优策略：A 选 α_1，B 选 β_1。

对策值 $G=1$

(e) $\begin{bmatrix} 2 & 7 & 2 & 1 \\ 2 & 2 & 3 & 4 \\ 3 & 5 & 4 & 4 \\ 2 & 3 & 1 & 6 \end{bmatrix}$

解：$A:\max\limits_{i}(\min\limits_{j} a_{ij})=a_{31}=3$

$B:\min\limits_{j}(\max\limits_{i} a_{ij})=a_{31}=3$

∴最优策略：A 选 α_3，B 选 β_1。

对策值 $G=3$

(f) $\begin{bmatrix} 0 & 4 & 1 & 3 \\ -1 & 3 & 0 & 2 \\ -1 & -1 & 4 & 1 \end{bmatrix}$

解：$A:\max\limits_{i}(\min\limits_{j} a_{ij})=a_{11}=0$

$B:\min\limits_{j}(\max\limits_{i} a_{ij})=a_{11}=0$

∴最优策略：A 选 α_1，B 选 β_1。

对策值 $G=0$

(g) $\begin{bmatrix} 9 & 3 & 1 & 8 & 0 \\ 6 & 5 & 4 & 6 & 7 \\ 2 & 4 & 3 & 3 & 8 \\ 5 & 6 & 2 & 2 & 1 \end{bmatrix}$

解：$A:\max\limits_{i}(\min\limits_{j} a_{ij})=a_{23}=4$

$B:\min\limits_{j}(\max\limits_{i} a_{ij})=a_{23}=4$

∴最优策略：A 选 α_2，B 选 β_3。

对策值 $G=4$

(h) $\begin{bmatrix} 2 & -3 & 1 & -4 \\ 6 & -4 & 1 & -5 \\ 4 & 3 & 3 & 2 \\ 2 & -3 & 2 & -4 \end{bmatrix}$

解：$A:\max\limits_{i}(\min\limits_{j} a_{ij})=a_{34}=2$

$B:\min\limits_{j}(\max\limits_{i} a_{ij})=a_{34}=2$

∴最优策略：A 选 α_3，B 选 β_4。

对策值 $G=2$

4. 解：(a) (α_2,β_2)，$V_G=2$。

(b) (α_1,β_2)、(α_1,β_4)、(α_3,β_2)、(α_3,β_4)，$V_G=5$。

5. 解：矩阵中第三列的数均大于第二列同行上的数，表明策略 F 逊于策略 E，故在矩阵中划去第三列，得到 $\begin{bmatrix} 2 & -1 & -2 \\ 1 & 0 & 2 \\ -3 & -2 & 4 \end{bmatrix}$。由最大最小准则可知，甲的最优策略为 B；由最小最大准则可知，乙的最优策略为 E。对策值 $v=0$。

6. 解：该单位冬季取暖用煤实际费用（即秋季购煤时的用费与冬季不够时再补购的费用总和）作为局中人Ⅰ的赢得，得赢得矩阵如下：

项目	β_1（较暖）	β_2（正常）	β_3（较冷）	min
α_1（20 吨）	−200	−350	−600	−600
α_2（30 吨）	−300	−300	−500	−500
α_3（40 吨）	−400	−400	−400	−400
max	−200	−300	−400	

对策的解为(α_3,β_3)，秋季购煤 40 吨为合理。

7. 解：(1)先根据题意，列出表格进行分析。

项目		乙航空公司策略	
		降价	不降价
甲航空公司策略	降价	−3	2
	不降价	−8	0

因此甲航空公司的赢得矩阵为 $\begin{bmatrix} -3 & 2 \\ -8 & 0 \end{bmatrix}$。

(2)甲：$\max\limits_{i}(\min\limits_{j} a_{ij})=\max\{-3,-8\}=-3=a_{11}$

乙：$\min\limits_{j}(\max\limits_{i} a_{ij})=\min\{-3,2\}=-3=a_{11}$

所以，甲航空公司会选择降价，乙航空公司也会选择降价。

分析：无论是对两航空公司总体，还是对任一单个航空公司而言，双方自律(0,0)都比双方降价(−3,−3)好得多。但是参与博弈的企业是以追求自身经济利益极大化的原则行事,每个企业都意识到在对方不降价时自己降价所获得的巨大好处,以及对方降价而自己不降价时将蒙受的巨大损失,因而最终实现的是双方都选择降价。

8. 解:若矩阵对策的值是 V,如 x_i,y_i 均不为 0,有

$$\begin{cases}7x_1+4x_2=V\\3x_1+6x_2=V\\x_1+x_2=1\end{cases} \quad \text{和} \quad \begin{cases}7y_1+3y_2=V\\4y_1+6y_2=V\\y_1+y_2=1\end{cases}$$

$\therefore$解得$x_1=\frac{1}{3}\qquad x_2=\frac{2}{3}$

$y_1=\frac{1}{2}\qquad y_2=\frac{1}{2}$

$V=5$

9. 求解下列矩阵对策,其中

$$A=\begin{bmatrix}-4&2\\5&7\end{bmatrix}$$

解:$x^*=\left(\frac{1}{2},\frac{1}{2}\right)^{\mathrm{T}}$

$y^*=\left(\frac{1}{4},\frac{3}{4}\right)^{\mathrm{T}}$

$V_G=5/2$

10. (a) $\begin{bmatrix}6&2&2\\2&2&10\\2&8&2\end{bmatrix}$

解:由定理:设有两个矩阵对策 $G_1=\{S_1,S_2;A_1\}$,$G_2=\{S_1,S_2;A_2\}$。

其中,$A_1(a_{ij})$,$A_2=(a_{ij}+L)$,L 为常数。

(1)$V_{G_2}=V_{G_1}+L$。

(2)$T(G_1)=T(G_2)$。

可得出:

令 $A_1=\begin{bmatrix}6&2&2\\2&2&10\\2&8&2\end{bmatrix}$

每一项都减去常数 2,得出 $A_2=\begin{bmatrix}4&0&0\\0&0&8\\0&6&0\end{bmatrix}$

$\therefore T(A_1)=T(A_2)$,$x^*=\left(\frac{6}{13},\frac{3}{13},\frac{4}{13}\right)$,$y^*=\left(\frac{6}{13},\frac{4}{13},\frac{3}{13}\right)$。

$V_{G_1}=V_{G_2}+2=\frac{24}{13}+2=\frac{50}{13}$

(b) $\begin{bmatrix} -2 & -2 & 2 \\ 6 & -2 & -2 \\ -2 & 4 & -2 \end{bmatrix}$

解：令$A_1=\begin{bmatrix} -2 & -2 & 2 \\ 6 & -2 & -2 \\ -2 & 4 & -2 \end{bmatrix}$

$$A_2=A_1+\begin{bmatrix} 2 & 2 & 2 \\ 2 & 2 & 2 \\ 2 & 2 & 2 \end{bmatrix}=\begin{bmatrix} 0 & 0 & 4 \\ 8 & 0 & 0 \\ 0 & 6 & 0 \end{bmatrix}$$

$$B=\begin{bmatrix} 4 & 0 & 0 \\ 0 & 0 & 8 \\ 0 & 6 & 0 \end{bmatrix}$$

则 $A_2:\beta_1,\beta_2,\beta_3$；相对应的 $B:\beta_3,\beta_2,\beta_1$。

$\therefore V(A_2)=V(B)=\dfrac{24}{13}$

$x_{A_2}^*=x_B^*=\left(\dfrac{6}{13},\dfrac{3}{13},\dfrac{4}{13}\right)$

$y_{A_2}^*=\left(\dfrac{3}{13},\dfrac{4}{13},\dfrac{6}{13}\right)$

$\therefore V(A_1)=V(A_2)-2=\dfrac{24}{13}-2=-\dfrac{2}{13}$。

$T(A_1)=T(A_2):x_{A_1}^*=\left(\dfrac{6}{13},\dfrac{3}{13},\dfrac{4}{13}\right),y_{A_1}^*=\left(\dfrac{3}{13},\dfrac{4}{13},\dfrac{6}{13}\right)$。

11. 解：局中人Ⅰ的第一种策略劣于第三种策略，故赢得矩阵可化简为

$$\begin{bmatrix} 3 & 4 & 0 & 3 \\ 4 & 3 & 4 & 2 \\ 1 & 9 & 1 & 8 \end{bmatrix}$$

局中人Ⅱ的其他策略占优于第一、第二种策略，故赢得矩阵进一步简化为

$$\begin{bmatrix} 0 & 3 \\ 4 & 2 \\ 1 & 8 \end{bmatrix}$$

局中人Ⅰ的第一种策略劣于第三种策略，故进一步化简得

$$\begin{bmatrix} 4 & 2 \\ 1 & 8 \end{bmatrix}$$

列出方程组

$$\begin{cases} 4x_3+x_4=V \\ 2x_3+8x_4=V \\ x_3+x_4=1 \end{cases} \quad 和 \quad \begin{cases} 4y_3+2y_4=V \\ y_3+8y_4=V \\ y_3+y_4=1 \end{cases}$$

解得：$X^*=\left(\frac{7}{9},\frac{2}{9}\right)$，$Y^*=\left(\frac{2}{3},\frac{1}{3}\right)$，$V=\frac{10}{3}$。

故此原矩阵对策的解为 $X^*=\left(0,0,\frac{7}{9},\frac{2}{9}\right)$，$Y^*=\left(0,0,\frac{2}{3},\frac{1}{3}\right)$，$V=\frac{10}{3}$。

12. 解：(1)先根据占优原则进行化简，划去值较小的第一行，再划去值较大的第一列，得矩阵为 $\begin{pmatrix}4 & 7\\ 5 & -6\end{pmatrix}$，列出方程组 $\begin{cases}4x_2+5x_3=V\\ 7x_2-6x_3=V\\ x_2+x_3=1\end{cases}$ 和 $\begin{cases}4y_2+7y_3=V\\ 5y_2-6y_3=V\\ y_2+y_3=1\end{cases}$

解得：

$X^0=\left(\frac{11}{14},\frac{3}{14}\right)$，$Y^0=\left(\frac{13}{14},\frac{1}{14}\right)$，$V=\frac{59}{14}$。

故原矩阵对策的最优解为 $X^*=\left(0,\frac{11}{14},\frac{3}{14}\right)$，$Y^*=\left(0,\frac{13}{14},\frac{1}{14}\right)$，对策值 $V=\frac{59}{14}$。

(2)(a)为原矩阵各元素加 4 得到，故有 $X^*=\left(0,\frac{11}{14},\frac{3}{14}\right)$，$Y^*=\left(0,\frac{13}{14},\frac{1}{14}\right)$，对策值 $V_a=\frac{59}{14}+4=\frac{115}{14}$。

(b)为原矩阵 1、3 列交换后各元素减 2 得到，故有 $X^*=\left(\frac{3}{14},\frac{11}{14},0\right)$，$Y^*=\left(\frac{1}{14},\frac{13}{14},0\right)$，对策值 $V_b=\frac{59}{14}-2=\frac{31}{14}$。

(c)为原矩阵各元素乘 2 再加 6 得到，故有 $X^*=\left(0,\frac{11}{14},\frac{3}{14}\right)$，$Y^*=\left(0,\frac{13}{14},\frac{1}{14}\right)$，对策值 $V_a=\frac{59}{14}\times 2+6=\frac{202}{14}$。

13. 解：

$$A=\begin{bmatrix}3 & -2 & 4\\ -1 & 4 & 2\\ 2 & 2 & 6\end{bmatrix}\qquad A'=A-(2)_{3\times 3}=\begin{bmatrix}1 & -4 & 2\\ -3 & 2 & 0\\ 0 & 0 & 4\end{bmatrix}$$

根据占优原则化简，得矩阵：$\begin{bmatrix}1 & -4\\ -3 & 2\\ 0 & 0\end{bmatrix}$

列出方程为

$$\begin{cases}x_1-3x_2=V\\ -4x_1+2x_2=V\\ x_1+x_2+x_3=1\end{cases}\qquad \begin{cases}y_1-4y_2=V\\ -3y_1+2y_2=V\\ y_1+y_2=1\end{cases}$$

得 $x_1=x_2=\frac{1}{2}$，$x_3=0$，$y_2=\frac{2}{5}$，$y_2=\frac{2}{5}$，$V'=-1$。

所以,原矩阵对策的解为 $\begin{cases} x^* = \left(\dfrac{1}{2},\dfrac{1}{2},0\right)^{\mathrm{T}} \\ y^* = \left(\dfrac{3}{5},\dfrac{2}{5},0\right)^{\mathrm{T}} \\ V_G = v' + 2 = 1 \end{cases}$

14. 解:A 的赢得矩阵为

	β_1	β_2	β_3
α_1	0.60	0.62	0.65
α_2	0.75	0.70	0.72
α_3	0.73	0.76	0.78

利用超优原则得

	β_1	β_2
α_2	0.75	0.70
α_3	0.73	0.76

利用公式可得

$X^* = \left(0,\dfrac{3}{8},\dfrac{5}{8}\right)$ (A)

$Y^* = \left(\dfrac{3}{4},\dfrac{1}{4},0\right)$ (B)

故对策的值为 $V_{G^*} = 0.737\ 5$。

第七章

存　储　论

第一节　判断题

1. 订货费为每订一次货发生的费用，它同每次订货的数量无关。（　　）

2. 在同一存储模型中，可能既发生存储费用，又发生短缺费用。（　　）

3. 在其他费用不变的条件下，随着单位缺货费用的增加，最优订货数量将相应减小。（　　）

4. 在需求率为常数、订货提前期为零的经济批量存储模型中，最优订货批量随一次订货费用的增加而增大，随存储费用的增加而减小。（　　）

5. 对存在价格折扣优惠的存储模型，决定订货批量时主要是衡量打折带来的费用节省及为了打折而增大订购量引起存储费增大的关系。（　　）

6. 在允许缺货的存储模型中，订货批量的确定应使由于存储量减少带来的节约能抵消缺货时造成的损失。（　　）

7. 在其他费用不变的条件下，随着单位缺货费用的增加，最优订货批量将相应减小。（　　）

8. 在不允许缺货模型中，一个订货周期内的平均存储量等于该周期内最高存储量的一半（　　）。

9. 允许缺货、生产时间很短的存储模型中订购批量与定购费成正比，与存储费成反比。（　　）

10. 单时期随机存储模型中由于产品具有极强的时效性，在航空订票，酒店床位预订等一类称之为收益管理的研究中得到应用。（　　）

第二节　确定型存储模型

1. 装配车间对某零件 A 的月需求量为 100 件，该零件每次订购费为 5 元，存储费为每月每件 0.40 元。试求 A 零件的最佳订货量和最佳订货周期。

2. 某厂每月需购进某种零件 2 000 件，每件 150 元。已知每件的年储存费用为成本的 16%，每组织一次订货需 1 000 元，订货提前时间为 0，求经济订货批量及最小费用。

3. 某厂每年分别需要原材料 A 20 000 千克，原材料 B 60 000 千克。已知材料 A 每批订购费为 100 元，B 材料每批订购费为 300 元，两种材料每年单位存储费均为 100 元。求原材料 A、原材料 B 的最佳订货量。

4. 某航空公司有扩充业务的计划，每年需要培训新工作人员 60 名(假设这些工作人员一年内是均匀需要的)。且公司要为每位工作人员支付一年的学费 540 元，所以公司不愿意在不需要时培训这些员工。另一方面，在需要他们时又不能延误，这要求事先成批训练。培训采用开办训练班的方式，开班一次航空公司需要费用 1 000 元(不管学员多少)。问每次应培训几名工作人员才最经济？隔多久办一期培训班？全年的总费用是多少？

5. 某商店为某电机厂的专卖店，每月需求量为 150 台，每次向厂方订货需要订购费 12 元，每台每月的保管费为 0.8 元。因为该厂无存货，只能现生产现提货，每月生产速度为 600 台，试问该商店的最佳订货批量，订货周期为多少？

6. 某农场每月灌溉用水需求量为 5 000 米^3，每月水库单位水存储费为 0.15 元，每次蓄水成本为 300 元，蓄水速度为 25 000 米^{3}不允许缺水。求最经济的蓄水量。

7. 某厂以每月 6 000 件的速率生产一种产品，以平均每月 4 000 件的提取速率销出。每件产品的月库存费用为 0.1 元，生产准备费为 15 元/次。求该厂每生产一次该产品的生产量为多少最佳，隔多久生产一次及最低总平均费用为多少。

8. 某机械厂需要 A 产品每月 4 000 件，每月存储费为 0.36 元/件，每批的订购费为 20 元。试求：

(1)最佳订购批量，最小总费用和最佳订货周期。

(2)若允许缺货，每月每件缺货费为 1.10 元，求经济批量。

9. 某产品每月用量为 4 件，装配费为 50 元/次，存储费为每月每件 8 元，求产品每次的最经济生产量及最小费用。若生产速度为每月 10 件，求每月生产量及最小费用。

10. 某公司采用无安全存量的存储策略，每年需电感 5 000 个，每次订购费 50 元，保管费用每个每年 1 元，不允许缺货。若采购少量电感，每个单价 2 元，若一次采购 1 500 个以上，每个单价为 1.9 元。问该公司每次应采购多少？

11. 图书馆销售公司销售某种书架，假定其销售的书架靠订货提供而且能够及时供货。该公司一年的需求量为 4 900 个，一个书架一年的存储费为 1 000 元，每次订货费为 500 元(该公司每年的工作日为 250 天)。

(1)不允许缺货时，该公司的最佳订购批量及订货周期为多少？每年订购多少次？

(2)若允许缺货，且一个书架缺货一年的缺货费为 2 000 元。这时该店应怎样修改原有最佳订货方案？

(3)允许缺货时，商店的最大缺货量为多少？

12. 某一工厂每月需要 A 材料 2 500 千克，已知该工厂自己仓库最多可存储材料 A 2 000 千克，每月单位存储费为 0.1 元。不允许缺货，所以多订购的材料只能租用仓库，租用仓库的每月单位存储费为 0.25 元，每批订货费为 180 元。求经济订货批量。

13. 有折扣存储问题：

某商店经销产品 A，年需要量为 1 000 件，一次订货费用为 10 000 元，单位产品每年保管费为 500 元。试求：

(1)最佳订货批量；

(2)假定厂方给出的折扣条件是，订货量不足 350 件时(如 200 件)，按单价 1 500 元计算；订货达到 350 件或超过时，按单价 1 400 元计算。问：该商店每次订货应购买多少件？

14. 某公司需要购买某种零件用于产品的生产，不允许缺货，需求速度 $R=250\ 000$ 个/年，每次订货费为 100 元，每年单位库存费用是单位购进价格的 24%，供应商给出的折扣价政策如表 7-1 所示。

表 7-1

订货量	$0<Q<4\ 000$	$4\ 000\leqslant Q<20\ 000$	$20\ 000\leqslant Q<40\ 000$	$Q\geqslant 40\ 000$
单位价格	12	11	10	9

试问最优订货批量是多少？

15. 某航空公司每天燃油消耗为 28 000 吨，每天单位燃油存储费为单价的 5%，不允许缺货。每次订购费为 1 000 元。当订购量较小时单价为 7 000 元/吨，当订购量达到 900 吨时单价为 6 800 元/吨，达到 1 200 吨时单价为 6 500 元/吨。问：如何采购才能使总费用最低？

16. 某汽车厂的多品种装配线轮换装配各种牌号汽车。已知某种牌号汽车每天需 10 辆，装配能力为 50 辆/天。该牌号汽车成本为 15 万元/辆，当每次更换产品时需准备结束费用 200 万元。若规定不允许缺货，每辆汽车每天存储费为 50 元。试求：

(1)该装配线最佳的装配批量；

(2)若装配线批量达到每批 2 000 辆时，汽车成本可降至每辆 14.8 万元，其他费用不变，问该厂可否采纳此方案。

17. 一个不允许缺货和允许缺货的经济批量模型相比，在同样的存储费、订购费条件下，哪种模型费用更高，说明理由。

第三节 随机存储模型

1. 某菜场每天售出的蔬菜总数是一个随机变量，见表 7-2。

表 7-2

项目	售出数量 r/千斤				
	25	26	27	28	29
概率 $P(r)$	0.05	0.1	0.5	0.3	0.05

蔬菜每百斤进货价为 8 元，售价为 10 元。因菜不易保存，当天不能售出的则改为每

百斤 3 元的处理价卖给饲养场作饲料。设菜场每天进货一次，求菜场每天最优进货量。又为保证人民生活需要，当菜场某天供大于求时国家可按天补贴 50 元，问在此条件下，菜场每次进货量达多少为宜？

2. 某航空公司在从 A 市到 B 市的航线上用波音 737 客机执行飞行任务。已知该飞机有效载客量为 138 人。按照民用航空有关条例，旅客因有事或误机，机票可免费改签一次，此次也有在飞机起飞前退票的。为避免由此发生的空座损失，该航空公司决定每个航班采用超售，即每航班售出机票数为($138+S$)张。但由此会发生持票登机旅客多于座位数的情况，这种情况下，航空公司规定，对超员旅客愿改乘本公司后续航班的，机票免费，即退回原机票款；若换乘其他航空公司航班的，按照机票价格的 150%退款。据统计，前一类旅客占超员中的 80%，后一类占 20%。又据该公司长期统计，每个航班旅客退票和改签发生的人数 i 的概率 $p(i)$ 如表 7-3 所示。

表 7-3

项目	i								
	0	1	2	3	4	5	6	7	8
$p(i)$	0.18	0.25	0.25	0.16	0.06	0.04	0.03	0.02	0.01

试确定该航空公司从 A 市到 B 市的航班每班应多售出的机票张数 S，使航空公司损失最小。

3. 某一航空公司某一航班每售出 10 张座位可获利 1 000 元，若在飞机起飞前卖不出去，则每 10 个座位亏损 600 元。已知该航班旅客需求是离散的，根据以往数据显示，其销售情况如表 7-4 所示。

表 7-4

项目	销售量/10 张							
	0	10	20	30	40	50	60	70
概率	0.05	0.05	0.10	0.15	0.20	0.25	0.15	0.05

问：该航空公司该航班使用多少座的飞机最经济？

4. 某商店销售商品，该商品进价为 50 元，售价为 70 元，但若售不完，必须减价为 40 元才能售出。已知售货量 r 服从泊松分布：

$$P(r)=\frac{e^{-6}6^r}{r!}。$$

问：该商店订购该商品多少？已知 $F(6)=0.606$，$F(7)=0.744$。

5. 假设国际市场对我国某出口电子商品需求量 x(单位：件)服从(1 500，3 000)上的均匀分布。如果出口一件该电子商品可获利 4 万元；如果销售不出去而削价内销每件亏损 1 万元。问：应该组织多少该电子商品才能使期望利润最大？

本章答案

第一节 判断题

1.(√) 2.(√) 3.(×) 4.(√) 5.(√) 6.(√) 7.(×) 8.(√) 9.(√) 10.(√)

第二节 确定型存储模型

1.解：$R=100, C_1=0.4, C_3=5$

$$\therefore Q^*=\sqrt{\frac{2RC_3}{C_1}}=50(\text{件})$$

$$t=\sqrt{\frac{2C_3}{C_1R}}=0.5(\text{月})$$

2. 解：已知 $R=2\ 000$；$C_1=150\times0.16\div12=2$；$C_3=1\ 000$；则

经济批量 $Q^*=\sqrt{\dfrac{2C_3R}{C_1}}=1\ 414$(件)

每批最小费用 $C^*=\sqrt{2RC_1C_3}\approx 2\ 828$(元/月)

因此，经济批量为 1 414 件，每批最小费用约为 2 828 元。

3. 解：由题意得

$R_A=20\ 000, R_B=60\ 000, C_{3A}=100, C_{3B}=100, C_1=100$

A 的最佳订货量：

$$Q_A^*=\sqrt{\frac{2R_AC_{3A}}{C_1}}=\sqrt{\frac{2\times20\ 000\times100}{100}}=200(\text{千克})$$

B 的最佳订货量：

$$Q_B^*=\sqrt{\frac{2R_BC_{3B}}{C_1}}=\sqrt{\frac{2\times60\ 000\times300}{100}}=600(\text{千克})$$

4. 解：分析题意，可知符合不允许缺货模型，此时 $R=60$，$C_1=540$，$C_3=1\ 000$，依最佳经济批量模型，可得

$$Q^*=\sqrt{\frac{2RC_3}{C_1}}=\sqrt{\frac{2\times1\ 000\times60}{540}}\approx15(\text{名})$$

$$t^*=\frac{Q^*}{R}=\sqrt{\frac{2C_3}{RC_1}}=\sqrt{\frac{2\times1\ 000}{60\times540}}\approx0.248(\text{年})\approx3(\text{月})$$

$$C^*=\sqrt{2RC_1C_3}=\sqrt{2\times60\times540\times1\ 000}\approx8\ 049.84(\text{元}/\text{年})$$

故应每隔 3 个月办一期培训班，每次培训 15 名工作人员，此时全年总费用约为8 049.84 元。

5. 解：$R=150, C_3=12, C_1=0.8, P=600$

$$\therefore Q^*=\sqrt{\frac{2C_3RP}{C_1(P-R)}}=\sqrt{\frac{2\times12\times150\times600}{0.8\times450}}=77(\text{台})$$

$t^* = \dfrac{Q^*}{R} = 0.5$(月)

6. 解：由题意得 $R = 5\ 000, P = 25\ 000, C_1 = 0.15, C_3 = 300$

最经济蓄水量：

$$Q^* = \sqrt{\frac{2RC_3P}{C_1(P-R)}} = \sqrt{\frac{2\times 5\ 000\times 300\times 25\ 000}{0.15\times 20\ 000}} = 5\ 000(\text{米}^3)$$

7. 解：分析题设知：$C_1 = 0.1$(元)，$C_3 = 15$(元)，$P = 6\ 000$(件)，$R = 4\ 000$(件)。其单位时间为月。于是：

$$Q^* = \sqrt{\frac{2PRC_3}{C_1(P-R)}} = \sqrt{\frac{2\times 6\ 000\times 4\ 000\times 15}{0.1\times(6\ 000-4\ 000)}} \approx 1\ 897(\text{件})$$

$$t^* = \frac{Q^*}{R} = \sqrt{\frac{2PC_3}{RC_1(P-R)}} = \sqrt{\frac{2\times 6\ 000\times 15}{0.1\times 4\ 000\times(6\ 000-4\ 000)}} \approx 0.47(\text{月}) \approx 14(\text{天})$$

$$C^* = \sqrt{\frac{2C_1C_3R(P-R)}{P}} = \sqrt{\frac{2\times 0.1\times 15\times 4\ 000\times(6\ 000-4\ 000)}{6\ 000}} \approx 63.25(\text{元})$$

8. 解：$R = 4\ 000, C_1 = 0.36, C_2 = 20$

(1)$Q^* = \sqrt{\dfrac{2RC_3}{C_1}} = \sqrt{\dfrac{2\times 4\ 000\times 20}{0.36}} \approx 667$(件)

$t^* = \dfrac{Q^*}{R} = \dfrac{1}{6}$(月)$=5$(天)

$C^* = \sqrt{2RC_1C_3} = \sqrt{2\times 4\ 000\times 0.36\times 20} = 240$(元)

(2)$C_2 = 1.1$

$$S^* = \sqrt{\frac{2C_2C_3R}{C_1(C_1+C_2)}} = \sqrt{\frac{2\times 1.1\times 20\times 4\ 000}{0.36\times(0.36+1.1)}} \approx 579(\text{件})$$

9. 解：

(1)$R = 4, C_1 = 8, C_3 = 50$

$$Q^* = \sqrt{\frac{2RC_3}{C_1}} = \sqrt{\frac{2\times 4\times 50}{8}} = 7(\text{件})$$

$$C^* = \sqrt{2RC_1C_3} = \sqrt{2\times 4\times 8\times 50} = 56.6(\text{元})$$

(2)$P = 10$

$$Q^* = \sqrt{\frac{2C_3PR}{C_1(P-R)}} = \sqrt{\frac{2\times 50\times 10\times 4}{8(10-4)}} = 9(\text{件})$$

$$C^* = \sqrt{2C_1C_3R\,\frac{P-R}{P}} = \sqrt{2\times 8\times 50\times 4\ \frac{6}{10}} = 43.8(\text{元})$$

10. 解：$R = 5\ 000, C_3 = 50, C_1 = 1, K = 2, K' = 1.9$

$$Q^* = \sqrt{\frac{2RC_3}{C_1}} = \sqrt{\frac{2\times 5\ 000\times 50}{1}} = 707(\text{个})$$

$$C(Q^*) = \frac{C_3R}{Q^*} + RK + \frac{C_1Q^*}{2} = \frac{50\times 5\ 000}{707} + 5\ 000\times 2 + \frac{1\times 707}{2} = 10\ 707(\text{元})$$

$$C(1\ 500)=\frac{C_3R}{1\ 500}+RK'+\frac{C_1\times 1\ 500}{2}=\frac{50\times 5\ 000}{1\ 500}+5\ 000\times 1.9+\frac{1\times 1\ 500}{2}=10\ 417(元)$$

$\because C(1\ 500)<C(707)$

$\therefore$该公司每次应采购 1 500 个。

11. 解：

(1) $C_1=1\ 000$，$C_3=500$，$R=4\ 900$，代入公式可得

$$Q^*=\sqrt{\frac{2RC_3}{C_1}}=\sqrt{\frac{2\times 500\times 4\ 900}{1\ 000}}=70(个)$$

$$t^*=\sqrt{\frac{2C_3}{RC_1}}=\sqrt{\frac{2\times 500}{4\ 900\times 1\ 000}}=\frac{1}{70}(年)\approx 3.57(天)$$

因此，该公司最佳订购批量为 70 件，每隔 3.57 天订货，每年要订货 70 次。

(2) $C_2=2\ 000$，代入公式：

$$S^*=\sqrt{\frac{2RC_3C_2}{C_1(C_1+C_2)}}=\sqrt{\frac{2\times 4\ 900\times 500\times 2\ 000}{1\ 000\times(1\ 000+2\ 000)}}\approx 57(个)$$

$$t^*=\sqrt{\frac{2C_3(C_1+C_2)}{RC_1C_2}}\times 250=\sqrt{\frac{2\times 500\times(1\ 000+2\ 000)}{4\ 900\times 1\ 000\times 2\ 000}}\times 250\approx 4.37(天)$$

因 $\frac{4\ 900}{57}\approx 86$，故调整后的最佳订购批量为 57 个，每隔 4.37 天订货，每年订货 86 次。

(3) 最大缺货量为最佳订货批量与最大存储量的差值。

最大存储量为 $S=\sqrt{\frac{2RC_2C_3}{C_1(C_1+C_2)}}$，最大缺货量为

$$Q-S=\sqrt{\frac{2RC_3(C_1+C_2)}{C_1C_2}}-\sqrt{\frac{2RC_2C_3}{C_1(C_1+C_2)}}=\sqrt{\frac{2RC_3}{C_1}}\left(\sqrt{\frac{C_1+C_2}{C_2}}-\sqrt{\frac{C_2}{C_1+C_2}}\right)$$

$$=\sqrt{\frac{2RC_3C_1}{C_2(C_1+C_2)}}=\sqrt{\frac{2\times 4\ 900\times 500\times 1\ 000}{2\ 000\times(1\ 000+2\ 000)}}\approx 29(个)$$

(注：$\sqrt{\frac{C_1+C_2}{C_2}}-\sqrt{\frac{C_2}{C_1+C_2}}$ 的化简可以先平方再开方)

12.解：由题意得 $R=2\ 500$，$W=2\ 000$，$C_1=0.1$，$C_3=180$，$C_w=0.25$

$$Q^*=\sqrt{\frac{2RC_3+W^2(C_W-C_1)}{C_W}}=\sqrt{\frac{2\times 2\ 500\times 180+(0.25-0.1)\times 2\ 000^2}{0.25}}\approx 2\ 449.5(千克)$$

13. 解：$C_1=500(元)$，$D=1\ 000(件)$，$C_3=10\ 000(元)$

(1) $Q_0=\sqrt{\frac{2C_2D}{C_1}}=\sqrt{\frac{2\times 10\ 000\times 1\ 000}{500}}=200(件)$，$n=5(次)$，$t=0.2(年)$

(2) $C_a(200)=\frac{1}{2}\times 500\times\frac{200}{1\ 000}+\frac{1\ 000}{200}+1\ 500=1\ 600$ 元/(年·件)

(3) $C_b(350)=\frac{1}{2}\times 500\times\frac{350}{1\ 000}+\frac{10\ 000}{350}+1\ 400=1\ 516.1$ 元/(年·件)

所以,最佳订货量为 350。

14. 解:根据题设,已知 $C_3=100, R=250\ 000, C_1=0.24K$

$$K=12\text{ 时}:Q_0=\sqrt{\frac{2C_3R}{C_1}}=\sqrt{\frac{2\times100\times250\ 000}{0.24\times12}}=4\ 167$$

$$K=11\text{ 时}:Q_0=\sqrt{\frac{2C_3R}{C_1}}=\sqrt{\frac{2\times100\times250\ 000}{0.24\times11}}=4\ 352$$

$$K=10\text{ 时}:Q_0=\sqrt{\frac{2C_3R}{C_1}}=\sqrt{\frac{2\times100\times250\ 000}{0.24\times10}}=4\ 564$$

$$K=9\text{ 时}:Q_0=\sqrt{\frac{2C_3R}{C_1}}=\sqrt{\frac{2\times100\times250\ 000}{0.24\times9}}=4\ 811$$

根据订货量和单位价格的关系,只有 $K=11$ 时的经济批量符合。

由公式 $\dfrac{TC}{Q}=\dfrac{C_3}{Q}+K+\dfrac{C_1Q}{2R}$ 计算出不同折扣条件下单位零件的费用,计算结果如下:

项目	Q^*		
	40 000	20 000	4 352
TC/Q	9.175	10.101	11.046

所以最佳批量:40 000 件,费用为 9.175 元/(年·个)。

15. 解:由题意得 $R=28\ 000,\ C_3=1\ 000$

$$Q^*=\sqrt{\frac{2RC_3}{C_1}}=\sqrt{\frac{2\times28\ 000\times1\ 000}{350}}=400$$

$$C\ (400)=\frac{RC_3}{Q^*}+RK+\frac{C_1Q^*}{2}=\frac{28\ 000\times1\ 000}{400}+28\ 000\times7\ 000+\frac{350\times400}{2}$$
$$=196\ 140\ 000$$

$$C\ (900)=\frac{28\ 000\times1\ 000}{900}+28\ 000\times6\ 800+\frac{340\times900}{2}=190\ 584\ 111$$

$$C\ (1\ 200)=\frac{28\ 000\times1\ 000}{1\ 200}+28\ 000\times6\ 500+\frac{325\times1\ 200}{2}=182\ 218\ 333$$

所以每次采购 1 200 吨最经济。

16. 解: (1) 本题应用不允许缺货,生产需一定时间的存储模型进行计算:

$C_1=50,\ C_3=2\ 000\ 000,\ P=50,\ R=10$

$$Q^*=\sqrt{\frac{2PRC_3}{C_1(P-R)}}=\sqrt{\frac{2\times2\ 000\ 000\times50\times10}{50\times(50-10)}}=1\ 000(\text{辆})$$

(2) 每批装配 1 000 辆时,总费用为

$$C(Q^*)=\sqrt{\frac{2C_1C_3R(P-R)}{P}}+KR$$

$$=\sqrt{\frac{2\times50\times2\ 000\ 000\times10\times(50-10)}{50}}+150\ 000\times10=1\ 540\ 000(\text{元})$$

$$C(2\ 000)=\frac{C_3R}{2\ 000}+KR+\frac{2\ 000\times C_1}{2}\left(\frac{P-R}{P}\right)$$
$$=\frac{2\ 000\ 000\times 10}{2\ 000}+148\ 000\times 10+\frac{2\ 000\times 50}{2}\times\frac{50-10}{50}$$
$$=1\ 530\ 000(\text{元})$$

比较两种方案的总费用,因 $C(Q^*)>C(2\ 000)$,故可以采纳每批装配 2 000 辆的方案。

17. 解:分两种情况进行讨论。

(1)生产时间很短:

①不允许缺货时的存储策略为

$$C_m=\sqrt{2C_1C_3R}$$

②允许缺货时的存储策略为

$$C_n=\sqrt{2C_1C_3R}\times\sqrt{\frac{C_2}{C_1+C_2}}$$

将 C_m 与 C_n 进行比较,因为 $\sqrt{\frac{C_2}{C_1+C_2}}<1$,所以 $C_m>C_n$ 。

(2)生产需要一段时间:

①不允许缺货时存储策略为

$$C_m=\sqrt{2C_1C_3R}\times\sqrt{\frac{P-R}{P}}$$

②允许缺货时存储策略为

$$C_n=\sqrt{2C_1C_3R}\times\sqrt{\frac{C_2}{C_1+C_2}}\times\sqrt{\frac{P-R}{P}}$$

将 C_m 与 C_n 进行比较,因为 $\sqrt{\frac{C_2}{C_1+C_2}}<1$,所以 $C_m>C_n$ 。

综上所述,在相同储存费、订购费条件下,不允许缺货模型的费用要高于允许缺货模型的费用。

第三节 随机存储模型

1.(1)算出每天进不同数量的获得期望值。

订货量/千克	获利/元					利润期望值/元
	$P(r)=0.05$	$P(r)=0.10$	$P(r)=0.50$	$P(r)=0.30$	$P(r)=0.05$	
	$r=25$(千克)	$r=26$(千克)	$r=27$(千克)	$r=28$(千克)	$r=29$(千克)	
25	500	500	500	500	500	500
26	450	520	520	520	520	516.5
27	400	470	540	540	540	526*
28	350	420	490	560	560	500.5
29	300	370	440	510	580	454

∴选择每天进货量为 27 000 斤。

(2)算出获利期望值为

订货量/千克	获利/元					利润期望值/元
	$P(r)=0.05$	$P(r)=0.10$	$P(r)=0.50$	$P(r)=0.30$	$P(r)=0.05$	
	$r=25$(千克)	$r=26$(千克)	$r=27$(千克)	$r=28$(千克)	$r=29$(千克)	
25	500	500	500	500	500	500
26	500	520	520	520	520	519
27	450	520	540	540	540	533.5*
28	400	470	540	560	560	533*
29	350	420	490	560	580	501.5

∴选择每天进货量为 27 000 斤或 28 000 斤。

2. 解:设该航空公司从 A 市到 B 市的机票价格为 N,则每超售一张机票可能会造成的损失记为 h,而不超售机票时出现退票改签则造成的损失记为 k。根据题意有

$h=N\times 80\%+N\times 150\%\times 20\%=1.1N$,而 $k=N$ 。

故 $\dfrac{k}{k+h}=\dfrac{N}{N+1.1N}=\dfrac{1}{2.1}\approx 0.476$,根据表格可知 $\sum_{i=0}^{1}p(i)=0.18+0.25=0.43$,$\sum_{i=0}^{2}p(i)=0.18+0.25+0.25=0.68$,所以 $S=2$,航空公司损失最小。

因此该航空公司从 A 市到 B 市的航班每班应多售出的机票 2 张,共售 140 张。

3. 解:由题意得 $h=600$,$k=1\ 000$

$$P\ (r\leqslant Q)=\frac{k}{h+k}=0.625$$

即 $\sum_{0}^{4}P\ (r)=0.55\leqslant 0.625\leqslant \sum_{0}^{5}P\ (r)=0.8$

因为 0.625 更接近 0.55,所以 $Q^*=40$,即应该采用 40 座的飞机最经济。

4. 解:由题意得 $h=10$,$k=20$

$\dfrac{k}{h+k}=\dfrac{20}{10+20}\approx 0.667$,$F\ (Q)=\sum_{0}^{Q}P(r)=\sum_{0}^{Q}\dfrac{e^{-6}\ (-6)^r}{r!}$

又 $F\ (6)=0.606$,$F\ (7)=0.744$,所以 $Q^*=7$。

5. 解:$f\ (x)=\begin{cases}\dfrac{1}{1\ 500}, & 1\ 500<x<3\ 000\\ 0, & \text{其他}\end{cases}$

$h=1$,$k=4$, 所以 $P\ (r\leqslant Q)=\dfrac{k}{h+k}=\dfrac{4}{1+4}=0.8$

$\int_{1\ 500}^{Q}\dfrac{1}{1\ 500}dx=0.8$,即 $\dfrac{Q}{1\ 500}=1.8$,所以 $Q=2\ 700$。

第八章

排　队　论

第一节　判断题

1. 若到达系统的顾客为泊松流，则依次到达的两名顾客之间的间隔时间服从负指数分布。(　　)

2. 假如到达排队系统的顾客来自两个方面，均服从泊松分布，则这两部分顾客合起来的顾客流仍为泊松分布。(　　)

3. 对于 $M/M/1$ 或 $M/M/n$ 的排队系统而言，服务完毕离开系统的顾客流也为泊松流。(　　)

4. 排队系统中，顾客等待时间的分布不受排队规则的影响。(　　)

5. 在顾客到达的分布相同的情况下，顾客的平均等待时间同服务时间分布的方差大小有关，当服务时间的方差越大时，顾客的平均等待时间将越长。(　　)

6. 在排队系统中，一般假定对顾客服务时间的分布为负指数分布，这是因为通过对大量实际系统的统计研究，这样的假定比较合理。(　　)

7. 一个排队系统中，不管顾客到达时间和服务时间的情况如何，只要运行足够长的时间，系统将进入稳定状态。(　　)

8. 两个值机柜台分别为两个航班的旅客提供值机服务，改为两个柜台不分航班为所有旅客提供值机服务，则改进以后的服务效率将得到提高。(　　)

9. 在机器发生故障的概率及工人修复 1 台机器的时间分布不变的条件下，由 1 名工人看管 5 台机器，或由 3 名工人联合看管 15 台机器时，机器因故障等待工人维修的平均时间不变。(　　)

10. 服务时间服从负指数分布的系统比服务时间定长系统的效率更高。(　　)

11. 对于 $M/M/C$ 排队系统，满足如下条件：$L_s = L_q + \lambda/\mu$ 。(　　)

12. 有限容量排队系统的顾客平均到达率 λ 等于有效到达率 λ_e 。(　　)

13. 一般地，一个多服务台排队系统比多个单服务台排队系统更有效。(　　)

14. 根据排队系统的分类表示符号，$M/M/c/N/m$ 表示顾客源有限，顾客流是泊松流

的多服务台的有限容量排队系统，该系统的服务时间间隔不服从负指数分布。（　　）

15. 对于存在平稳状态的排队系统，服务时间的方差越小，系统将越有效。（　　）

第二节　分析计算题

1. 某修理店只有 1 个工人，每小时平均有 4 个顾客，该工人检查顾客的器具损坏情况，立即修理或提出修理的意见，所需要的时间平均为 6 分钟，到顾客到达为泊松流、服务时间服从负指数分布，求：

(1)修理店空闲时间的概率；

(2)店内有 3 个顾客的概率；

(3)店内至少有 1 个顾客的概率；

(4)系统中顾客的平均数；

(5)顾客在系统内的平均消耗时间；

(6)等待服务的顾客平均数；

(7)顾客等待的平均时间；

(8)顾客在店内消耗 15 分钟以上的概率。

2. 某机关接待室接待人员每天工作 10 小时，来访人员的到来是泊松过程，平均到达率为每天 90 人。接待的时间服从负指数分布，平均每人 6 分钟。试求：

(1)排队等待顾客的平均人数；

(2)等待的顾客多于 2 人的概率；

(3)要使等待顾客的平均数为 2 人，接待速度应为多少？

3. 某汽车自动加油站只有一根加油管，站内除正在加油的汽车外，只能停留 3 辆汽车，每分钟平均有 1 辆汽车到来。每次加油时间平均为 1.25 分钟，如果汽车按泊松流到来、加油时间服从负指数分布，试求：

(1)加油站空闲的概率和损失的概率；

(2)加油站内汽车的平均数；

(3)汽车在加油站内的平均时间。

4. 某电话订票点提供机票预订服务，订票点有一位服务人员，假定打电话订票的顾客服从泊松流，且每隔 10 分钟有一通订票电话；通话时间服从负指数分布，平均订票时间需要 4 分钟，设电话室中有 1 台电话机。试求：

(1)电话线路闲和线路忙的概率；

(2)系统内有 3 名订票顾客的概率；

(3)系统内顾客平均数；

(4)系统内顾客在线等待的平均数；

(5)顾客在线上平均逗留时间；

(6)顾客的平均等待服务时间。

5. 某小型诊所夜间安排 1 名医生值班，且候诊室夜间安放 3 把躺椅供患者使用。当椅子坐满时，后来的患者就自动离去。已知每小时有 4 名患者按泊松分布到达，每名患者的诊断时间服从负指数分布，平均 12 分钟，求：

(1)患者等待就诊的平均时间；

(2)若经过一段时间的改制，该诊所为了增加患者容量，增设了 k 把躺椅，这样每小时则有 5 名患者到达。经调查患者能够接受的增加的等待就诊平均时间约为改制前的 1 倍，若医生的就诊速率不变，则诊所应增设躺椅多少把？

6. 某修理厂 1 位机器修理工负责 3 台机器的维修工作，设每台机器在修理之后可运行 5 天，而平均修理 1 台机器的时间为 2 天，以上时间均服从负指数分布，试求：

(1)所有机器正常运转的概率；

(2)L_s、L_q、W_s、W_q；

(3)假如该修理工工资为 30 元/天，机器不能运行导致的损失为 40 元/天，则该修理厂每天要付出多少经济费用？

7. 某公路收费站设有一个小型汽车关口，汽车到达为泊松过程，平均每小时有 90 辆车通过，每一辆车的通过时间服从负指数分布，平均每辆车 30 秒。试求以下各项指标：

(1)系统空闲的概率；

(2)系统中有 n 辆车的概率；

(3)系统中车辆数的平均值；

(4)车辆在系统中逗留时间的平均值；

(5)车辆在系统中等待时间的平均值；

(6)车辆在系统中等待超过 3 分钟的概率。

8. 惠民诊所是一家私营小型诊所，只有 1 位医生能够处理病患。设病患平均以 15 分钟1 位的速度按泊松分布到达诊所看病，每个病人的处理时间服从负指数分布，平均每人 10 分钟。候诊室设有 6 个等候座位，如果满座，新到来的病患便会离开去别的诊所。求：

(1)病患到来发现没有座位而离开的概率为多少；

(2)诊所的实际到达率；

(3)病患的平均等待时间为多少。

9. 甘露托儿所现有 3 名婴儿需要照看，一般有 1 名看护人员负责值班照看，每个婴儿平均每小时都需要喝 1 次牛奶和换 1 次尿布，均需要 10 分钟的时间，试求看护人员能够空闲的概率。

10. 某服装店有 3 个试衣间，顾客前往试衣符合泊松过程，平均时间间隔为 10 分钟，试衣服的时间服从负指数分布，平均时间为 5 分钟，求：

(1)顾客来试衣服不必等待的概率；

(2)服装店内等待试衣服的顾客的平均数；

(3)顾客在服装店内平均逗留时间(不考虑其他不试衣服的顾客)；

(4)若顾客在店内的平均等待时间超过 15 分钟，则将考虑增加试衣间，问顾客的平均到达概率为多少时，店主才会考虑这样做？

11. 某车间工具室相当繁忙，为 1 个工人服务需 12 分钟，该车间有 5 个工人、平均每隔 15 分钟来 1 个工人领工具。工人到达为泊松流，领取工具时间服从负指数分布，试求：

(1)保管员空闲的概率；

(2)5 个工人都在工具间的概率；

(3)系统内的平均人数；

(4)平均排队人数；

(5)工人的平均排队时间。

12. 有 1 个 2 人营业的理发馆，理发时间服从负指数分布，平均要 25 分钟。如果顾客按泊松流到达，平均每隔 20 分钟来 1 个人。试问：

(1)理发馆空闲的概率；

(2)顾客理发平均要花的时间；

(3)如果理发馆内只能允许 3 人等待，试问损失的概率是多少？

13. 设有 3 个修理工，负责 6 台机器的运行。每台机器平均损坏率为每运转 1 小时 1 次。3 个工人能以相同的平均修复率(4 台/小时)修理机器。

(1)试画出该系统的状态转移图。

(2)$C_6=?$，$\lambda_n=?$，$\mu_n=?$

14. 某产品的最后一道工序是抛光，已知抛光工序的加工时间相同，平均服务率为 12 件/时：

(1)求抛光机的空闲概率；

(2)计算产品的 L_s、L_q、W_s、W_q；

(3)如果增加抛光机的速率，使平均服务速率提高 25%，问：对 L_q 有何影响？

15. 设售票亭有 2 个，若每分钟平均到达人数为 6.4 人，服从泊松分布，服务时间为负指数分布，每分钟可服务 4 人。试求：

(1)系统中无人的概率；

(2)在系统中逗留的顾客平均数；排队等待的顾客平均数；

(3)在系统中顾客等待的平均时间。

16. 某车间有 5 台机器，机器的损坏概率为 $\lambda=3$(台/时)。现车间共有 2 名修理工，每台机器的修理时间服从负指数分布，平均为 15 分钟/台。试求：

(1)两个修理工空闲的概率。

(2)一个修理工空闲的概率。

(3)未被服务的空闲机器的期望台数是多少？

17. 某机场指定 4 个安检柜台进行国际航班的安检服务，设该机场国际航班的始发旅客到达为泊松流，每小时到达 96 人。航班安检平均服务时间服从负指数分布，每位旅客的平均服务时间为 120 秒。现设旅客到达后排成一个队列，依次向空闲的安检柜台进行安检。求：

(1)执行国际航班安检服务柜台空闲的概率；

(2)平均排队的顾客数和系统中平均顾客数；

(3)平均逗留时间和平均等待时间；

18. 某机场分设两处国内/国际短途航班公务舱值机服务柜台，其中一处柜台进行国内航班公务舱旅客值机服务，到达率为 λ_1/分钟，另一处柜台进行国际短途航班公务舱旅客值机服务，到达率为 λ_2/分钟，以上均服从泊松分布。各柜台为1名旅客办理值机手续均服从参数 $\mu=10$ 的负指数分布。由于机场管理水平和服务水平的提高，该机场目前的值机服务实行开放式值机，即值机柜台均可办理国内或国际短途航班公务舱旅客的值机手续，旅客不再到指定的柜台办理。试比较实行开放式值机前后，旅客的平均等待时间这一项指标的变化(取 $\lambda_1=\lambda_2=2,3,4$)。

19. 湖南路商业街设有5块电子广告屏幕，平均每半个月出现1次故障需要维修，每次维修平均需要2天时间，物业管理部门安排了2名维修员负责这5块电子广告屏幕的维护，则有屏幕出现故障却不能及时维修的概率是多少？

20. 在第1题中，如果服务时间服从正态分布，数学期望值为6分钟，方差$=\dfrac{1}{8}$，其他条件不变，求店内顾客数的平均值。

21. 某银行对于不同的顾客优先等级不同，由低到高分为普通顾客、VIP顾客、紧急顾客，当优先级高的顾客到达时会停止正在服务的顾客服务，同一优先级则按先到先服务原则。所有顾客到达均服从泊松分布，平均10小时内这3类顾客分别到达10人、4人、2人，顾客的服务时间服从负指数分布，平均为半个小时，问这3类顾客分别在系统中的停留时间为多少。

22. 某机场设有一个VIP值机柜台，为VIP旅客提供值机服务，已知旅客的到达服从泊松分布，平均每小时有5人前来办理值机手续。计算服务时间服从以下分布时，VIP旅客在系统中停留时间分别为多少：

(1)服从平均每小时10人的负指数分布；

(2)服从5～10分钟的均匀分布；

(3)服从正态分布～N(9分钟，4分钟^2)。

23. 某工厂维修部负责工厂机器的维修保养，机器需维修的次数服从泊松分布，平均每天48次，每次维修保养造成机器停工的损失为6元/天，维修时间服从负指数分布，平均维修率为25次/(天·人)，每增加一个维修人员的成本为4元/天，应雇佣几个维修员才能使总成本最小？

本章答案

第一节 判断题

1.(√) 2.(√) 3.(√) 4.(×) 5.(√) 6.(×) 7.(×) 8.(√) 9.(×)
10.(×) 11.(√) 12.(×) 13.(√) 14.(×) 15.(√)

第二节 分析计算题

1.解：$\lambda=4$(人/小时)$=\frac{1}{15}$(人/分钟)，$\mu=10$(人/小时)$=\frac{1}{6}$(人/分钟)

$\therefore \rho=\frac{\lambda}{\mu}=0.4$

(1)修理店空闲时间的概率：

$$P_0=1-\rho=0.6$$

(2)店内有 3 个顾客的概率：

$$P_3=\rho^3(1-P)=0.4^3\times0.6=0.038\ 4$$

(3)店内至少有 1 个顾客的概率：

$$P=1-P_0=1-0.6=0.4$$

(4)系统中顾客的平均数：

$$L_S=\frac{\lambda}{\mu-\lambda}=\frac{\frac{1}{15}}{\frac{1}{6}-\frac{1}{15}}=\frac{2}{3}(\text{人})$$

(5)顾客在系统内的平均消耗时间：

$$W_S=\frac{L_S}{\lambda}=\frac{\frac{2}{3}}{\frac{1}{15}}=10(\text{分钟})$$

(6)等待服务的顾客平均数：

$$L_q=\frac{\rho\lambda}{\mu-\lambda}=\rho\cdot L_S=0.4\times\frac{2}{3}=\frac{4}{15}\approx0.267(\text{人})$$

(7)顾客等待的平均时间：

$$W_q=\frac{L_q}{\lambda}=\frac{\frac{4}{15}}{\frac{1}{15}}=4(\text{分钟})$$

(8)顾客在店内消耗 15 分钟以上的概率：

$$P(t>15)=1-P(t<15)=1-E(15)=1-[1-e^{-(u-\lambda)\cdot 15}]$$
$$=1-[1-e^{-\left(\frac{1}{6}-\frac{1}{15}\right)\cdot 15}]=e^{-1.5}=0.22$$

2.解：$\lambda=90$(人/天)$=9$(人/小时)$=0.15$(人/分钟)

$u=\frac{1}{6}$(人/分钟)

$\therefore\rho=\frac{\lambda}{\mu}=0.9$

(1)排队等待顾客的平均人数：

$$L_q=\frac{\rho\lambda}{\mu-\lambda}=\frac{0.9\times 0.15}{\frac{1}{6}-0.15}=8.1(\text{人})$$

(2)等待的顾客多于 2 人的概率：

$$P=1-P_0-P_1-P_2=1-(1-\rho)-\rho(1-\rho)-\rho^2(1-\rho)=0.729$$

(3)要使等待顾客的平均数为 2 人，接待速度应为多少。

$$L_q=\frac{\rho\lambda}{\mu-\lambda}=\frac{\lambda^2}{\mu^2-\mu\lambda}=\frac{0.15^2}{\mu^2-0.15\cdot\mu}=2$$

$\therefore 2\mu^2-0.3\mu-0.15^2=0$

$\therefore\mu=0.204\ 9$(人/分钟)≈ 123(人/天)

3.解：模型为$[M/M/1]:[N/\infty/FCFS]$

$\lambda=1$(辆/分钟)， $\mu=\frac{1}{1.25}=0.8$(辆/分钟)

$N=4$， $\rho=\frac{\lambda}{\mu}=1.25$

(1)加油站空闲的概率和损失的概率：

空闲的概率：

$$P_0=\frac{1-\rho}{1-\rho^{N+1}}=\frac{1-1.25}{1-1.25^5}=0.122$$

损失的概率相当于系统满员的概率：

$$P_4=\frac{1-\rho}{1-\rho^{4+1}}\cdot\rho^4=0.298$$

(2)加油站内汽车的平均数：

$$L_S=\frac{\rho}{1-\rho}-\frac{(N+1)\cdot\rho^{N+1}}{1-\rho^{N+1}}=\frac{1.25}{1-1.25}-\frac{5\times 1.25^5}{1-1.25^5}=2.437(\text{辆})$$

(3)汽车在加油站内的平均时间：

$$W_S=\frac{L_S}{\mu(1-P_0)}=\frac{2.437}{0.8(1-0.122)}=3.47(\text{分钟})$$

4. 解 ：该系统是一个 $M/M/1/\infty$ 单通道排队系统。

按题意知 $\lambda=\frac{60}{10}=6$(人/小时)，$\mu=\frac{60}{4}=15$(人/小时)

(1)线路忙的概率为 $\rho=\frac{\lambda}{\mu}=0.4$，线路闲的概率为 $1-\rho=0.6$

(2)系统内有 3 名订票顾客的概率：$P_3=(1-\rho)\rho^3=(1-0.4)(0.4)^3=0.038\ 4$

(3)系统内顾客平均数：$L_s=\frac{\lambda}{\mu-\lambda}=\frac{6}{15-6}=\frac{2}{3}\approx 0.667$(人)

(4)系统内在线等待的顾客平均数：$L_q=\dfrac{\rho\lambda}{\mu-\lambda}=\rho L_s=\dfrac{4}{15}\approx0.267$(人)

(5)顾客在线上平均逗留时间：$W_s=\dfrac{L_s}{\lambda}=\dfrac{1}{9}$(小时)

(6)顾客的平均等待服务时间：$W_q=\dfrac{L_q}{\lambda}=\dfrac{2}{45}$(小时)

5. 解：(1)该系统是一个 $M/M/1/4$ 排队系统，题中已知 $\lambda=4,\mu=5,\rho=\dfrac{\lambda}{\mu}=0.8$

$$L_q=\frac{\rho}{1-\rho}-\frac{\rho(1+N\rho^N)}{1-\rho^{N+2}}=\frac{0.8}{1-0.8}-\frac{0.8\times(1+4\times0.8^4)}{1-0.8^5}\approx0.86(\text{人})$$

$$P_0=\frac{1-\rho}{1-\rho^{N+1}}-\frac{1-0.8}{1-(0.8)^{4+1}}\approx0.297$$

$$\lambda_e=\lambda(1-P_4)=4\times(1-0.8^4\times P_0)\approx3.51(\text{人/小时})$$

患者等待就诊的平均时间：$W_q=\dfrac{L_q}{\lambda_e}\approx0.245$(小时)

(2)此时 $\lambda=5,\mu=5,\rho=1,N=k+4$。

患者等待就诊的平均时间：$W_q{}'=\dfrac{N-1}{2\mu}=\dfrac{k+3}{10}$

$W_q{}'=\dfrac{k+3}{10}=2W_q$，解得 $k=1.9$，取整数得 $k=2$，故增设 2 把躺椅。

6. 解 ：$m=3,\lambda=\dfrac{1}{5},\mu=\dfrac{1}{2}$。

(1)$P_0=\left[1+\dfrac{3!}{3!}\left(\dfrac{2}{5}\right)^0+\dfrac{3!}{2!}\left(\dfrac{2}{5}\right)^1+\dfrac{3!}{1!}\left(\dfrac{2}{5}\right)^2+\dfrac{3!}{0!}\left(\dfrac{2}{5}\right)^3\right]^{-1}\approx0.22$

(2)$L_s=m-\dfrac{\mu}{\lambda}(1-P_0)=3-\dfrac{5}{2}\times(1-0.22)=1.05$

$$L_q=L_s-(1-P_0)=1.05-(1-0.22)=0.27$$

$$W_s=\frac{L_s}{\lambda(m-L_s)}=\frac{1.05}{0.2\times(3-1.05)}\approx2.69(\text{天})$$

$$W_q=\frac{L_q}{\lambda(m-L_s)}=\frac{0.27}{0.2\times(3-1.05)}\approx0.69(\text{天})$$

(3)设总经济费用为 C^*，则根据题意 $C^*=30+40L_s$，$C^*=72$(元)

7. 解：由题意可知：$\lambda=1.5$(辆/分)，$\mu=2$(辆/分)，$\rho=\lambda/\mu=0.75$

∴(1)$P_0=1-\rho=1-0.75=0.25$

(2)$P_n=C_n\,P_0=\rho^n\,P_0=0.75^n\times0.25$

(3)$L_s=\dfrac{\lambda}{\mu-\lambda}=3$(辆)

(4)$W_s=\dfrac{L_s}{\lambda}=\dfrac{3}{1.5}=2$(分钟)

(5)∵$L_q=\dfrac{\rho\lambda}{\mu-\lambda}=\rho L_s=0.75\times3=2.25$(辆)

$\therefore W_q=\dfrac{L_q}{\lambda}=\dfrac{2.25}{1.5}=1.5$(分钟)

(6)$F(t)=1-e^{-(\upsilon-\lambda)t}$

$\therefore P(t>3)=1-P(t<3)=1-F(3)$

$=1-[1-e^{-(2-1.5)\times 3}]$

$=e^{-1.5}$

$=0.22$

8. 解：由题意可知 $\lambda=4$(人/小时)，$\mu=6$(人/小时)，$\rho=\lambda/\mu=\dfrac{2}{3}$，$N=7$

(1) P(没有座位)$=P_N=P_0\rho^N=\dfrac{1-\rho}{1-\rho^{N+1}}\cdot\rho^N=0.02$

(2)$\lambda_e=\lambda(1-P_N)=3.92$

(3)$W_q=\dfrac{L_s}{\mu(1-P_0)}-\dfrac{1}{\mu}$，又 $L_s=\dfrac{\rho}{1-\rho}-\dfrac{(N+1)\rho^{N+1}}{1-\rho^{N+1}}$

$\therefore W_q=0.74$，即平均等待时间为 44.4 分钟。

9. 解：$m=3$，$\lambda=2$(次/小时)，$\mu=6$(次/小时)，$\rho=\lambda/\mu=\dfrac{1}{3}$

$$P_0=\left[1+\sum_{n=1}^{m}\frac{m!}{(m-n)!}\left(\frac{\lambda}{\mu}\right)^n\right]^{-1}=\left[1+1+\frac{2}{3}+\frac{2}{9}\right]^{-1}=\frac{9}{26}$$

10. 解：由题意可知：$\lambda=0.1$(人/分)，$\mu=0.2$(人/分)，$\rho=\lambda/\mu=0.5$

$\therefore$(1)$P_0=1-\rho=1-0.5=0.5$

(2)$L_s=\dfrac{\lambda}{\mu-\lambda}=1$(人)，$L_q=\dfrac{\rho\lambda}{\mu-\lambda}=\rho L_s=0.8\times 1==0.8$(人)

(3)$W_s=\dfrac{L_s}{\lambda}=\dfrac{0.8}{0.1}=8$(分钟)

(4)$\because$ $W_q=\dfrac{1}{\mu-\lambda}>15$，$\therefore$ $\dfrac{1}{0.2-\lambda}>15$

$\therefore\lambda>0.13$，即顾客到达时间间隔为 7.7 分钟时，店主才会考虑增加试衣间。

11. 解：该系统模型为$[M/M/1]:[m/m/\text{FCFS}]$

$m=5$

$\lambda=\dfrac{1}{15}$(人/分钟)，$\mu=\dfrac{1}{12}$(人/分钟)，$\rho=\dfrac{\lambda}{\mu}=0.8$

(1)保管员空闲的概率：

$$P_0=\left[\sum_{n=0}^{m}\frac{m!}{(m-n)!}\left(\frac{\lambda}{\mu}\right)^n\right]^{-1}$$

$=[1+5\times 0.8+20\times 0.8^2+60\times 0.8^3+120\times 0.8^4+120\times 0.8^5]^{-1}$

$=0.0073$

(2)5 个工人都在工具间的概率：

$$P_5=\rho^5\cdot\frac{5!}{(5-5)!}\cdot P_0=0.8^5\times 120\times 0.0073=0.287$$

(3)系统内的平均人数：

$$L_S=m-\frac{\lambda}{\mu}(1-P_0)=5-\frac{15}{12}\times(1-0.007\ 3)=3.759(\text{人})$$

(4)平均排队人数：

$$L_q=m-\frac{(\lambda+\mu)(1-P_0)}{\lambda}=5-\left(\frac{1}{12}+\frac{1}{15}\right)\times(1-0.007\ 3)\times15=2.766(\text{人})$$

(5)工人的平均排队时间：

$$W_q=\frac{L_q}{\lambda(m-L_S)}=\frac{2.766\times15}{5-3.759}=33.433(\text{分钟})$$

12. 解：系统为[$M/M/2$]类型。

$\lambda=\frac{1}{20}$(人/分)，$\mu=\frac{1}{25}$(人/分)

$$\rho=\frac{\lambda}{c\mu}=\frac{\frac{1}{20}}{2\times\frac{1}{25}}=0.625<1$$

(1)理发馆空闲的概率：

$$P_0=\left[1+\sum_{n=1}^{c-1}\frac{(\lambda/\mu)^n}{n!}+\frac{(\lambda/\mu)^c}{c!}\cdot\frac{1}{1-\rho}!\right]^{-1}$$
$$=\left[1+\frac{\lambda}{\mu}+\frac{1}{2}\times\left(\frac{\lambda}{\rho}\right)^2\times\frac{1}{1-\rho}\right]^{-1}$$
$$=0.231$$

(2)顾客理发平均要花的时间：

$$W_s=\frac{L_S}{\lambda}$$

$\because L_q=\frac{(c\rho)^c\rho}{c!\ (1-\rho)^2}P_0=0.802(\text{人})$

$L_S=L_q+\rho\cdot c=0.802+2\times0.625=2.052(\text{人})$

$\therefore W_S=\frac{2.052}{\frac{1}{20}}=41.04(\text{分})=0.684(\text{小时})$

(3)若理发馆内只能允许 3 人等待，损失的概率是

$$P_5=C_5\times P_0=\frac{(\lambda/\mu)^5}{2!\ \times2^3}\times P_0=\frac{1}{16}\times\left(\frac{5}{4}\right)^5\times0.231=0.044$$

13. 解：该系统模型为[$M/M/C$]：[m/m/FCFS]

$C=3,m=6,\lambda=1$(台/小时)，$\mu=4$(台/小时)

(1)状态转移图：

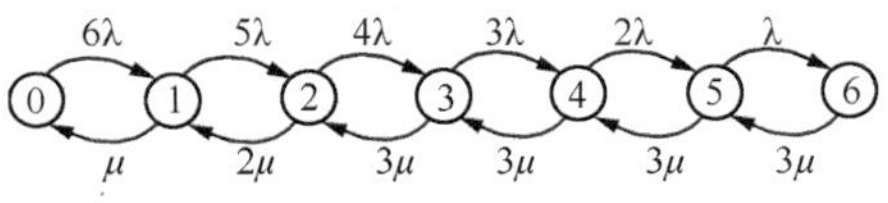

(2)$\lambda_n=\begin{cases}(m-n)\lambda, & (n\leqslant m)\\ 0, & (n\geqslant m)\end{cases}=\begin{cases}6-n, & (n\leqslant 6)\\ 0, & (n\geqslant 6)\end{cases}$

$\mu_n=\begin{cases}n\mu, & (n\geqslant C)\\ C\mu, & (n\geqslant C)\end{cases}=\begin{cases}4n, & (1\leqslant n\leqslant 3)\\ 12, & (6\geqslant n\geqslant 3)\end{cases}$

$$C_n=\begin{cases}\left(\frac{\lambda}{\mu}\right)^n\frac{m!}{(m-n)!\ n!}, & (n<C)\\ (C\rho)^n\frac{m!}{(m-n)!\ n!\ C!\ C^{n-C}}, & (C<n<m)\end{cases}$$

$$=\begin{cases}\frac{720}{4^n(6-n)!\ n!}, & (n<3)\\ \frac{120}{4^n(6-n)!\ \times 3^{n-3}}, & (3<n<6)\end{cases}$$

14. 解：$\mu=12$(件/时)，$\lambda=10$(件/时)

(1)空闲概率：

由 $\rho=\frac{\lambda}{\mu}=\frac{10}{12}=\frac{5}{6}$

∴空闲概率 $P_0=1-\frac{5}{6}=\frac{1}{6}$

(2)计算 L_s、L_q、W_s 和 W_q：

因该模型中 $\mu=\text{con}\ st$， ∴$\sigma=0$

$$\therefore L_s=\rho+\frac{\rho^2+\lambda^2\text{var}(T)}{2(1-\rho)}=\rho+\frac{\rho^2}{2(1-\rho)}=\frac{5}{6}+\frac{25}{12}\approx 2.916$$

$$L_q=L_s-\frac{\lambda}{\mu}=2.916-\frac{5}{6}\approx 2.083$$

$$W_s=\frac{L_s}{\lambda}=0.291\ 6$$

$$W_g=\frac{L_q}{\lambda}=0.208\ 3$$

(3)由 $\mu'=(1+0.25)\mu=15$

这时 $\rho=\frac{10}{15}=\frac{2}{3}\approx 0.667$

$$L_s=\frac{2}{3}+\frac{4/9}{2\left(1-\frac{2}{3}\right)}=\frac{4}{3}\approx 1.33$$

$$L_q=\frac{4}{3}-\frac{2}{3}=\frac{2}{3}\approx 0.667$$

15. 解：该系统属于[M/M/2]类型：$C=2$，$\lambda=6.4$(人/分)，$\mu=4$(人/分)

$$\rho=\frac{\lambda}{C\mu}=\frac{6.4}{8}=0.8<1$$

(1)系统中无人的概率：

$$P_0=\left[1+\frac{\lambda}{\mu}+\left(\frac{\lambda}{\mu}\right)^2\cdot\frac{1}{2}\cdot\frac{1}{1-\rho}\right]^{-1}$$

$$=\left[1+\frac{6.4}{4}+\left(\frac{6.4}{2}\right)^2\times\frac{1}{2}\times\frac{1}{0.2}\right]^{-1}=\frac{1}{9}=0.111$$

(2)在系统中逗留的顾客平均数，排队等待的顾客平均数：

$$L_s=L_q+C\rho$$

$$\because L_q=\frac{(C\rho)^C\rho}{C!\ (1-\rho)^2}\cdot P_0=\frac{(2\times0.8)^2\times0.8}{2\times0.2^2}\times\frac{1}{9}=2.844(人)$$

$$\therefore L_s=2.844+2\times0.8=4.444(人)$$

(3)在系统中顾客等待的平均时间：

$$W_q=\frac{L_q}{\lambda}=\frac{2.844}{6.4}=0.444(分)$$

16. 解：该系统模型为[$M/M/2$]：[5/5/FCFS]

$C=2, m=5, \lambda=3$(台/小时)，$\mu=4$(台/小时)，$\rho=\frac{\lambda}{\mu}=\frac{3}{4}=0.75$

建立状态转移图：

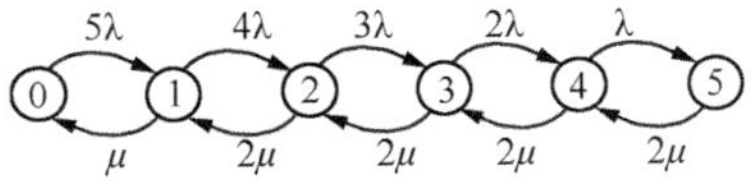

求：$C_n=\frac{\lambda_{n-1}\lambda_{n-2}\cdots\lambda_0}{\mu_n\mu_{n-1}\cdots\mu_1}$

$$C_1=\frac{\lambda_0}{\mu_1}=5\rho, C_2=\frac{\lambda_1\lambda_0}{\mu_2\mu_1}=10\rho^2, C_3=\frac{\lambda_2\lambda_1\lambda_0}{\mu_3\mu_2\mu_1}=15\rho^3,$$

$$C_4=\frac{\lambda_3\lambda_2\lambda_1\lambda_0}{\mu_4\mu_3\mu_2\mu_1}=15\rho^4, C_5=\frac{5!}{16}\rho^5=7.5\rho^5$$

(1)两个修理工空闲的概率：

$$P_0=\left[\sum_{n=0}^{C}(C\rho)^n\frac{m!}{(m-n)!\ n!}+\frac{C^C}{C!}\sum_{n=C+1}^{m}\frac{\rho^n}{(m-n)!}\right]^{-1}$$

$$=\left[\frac{5!}{5!}\times1+\frac{5!}{4!\ \times1}\times(2\rho)+\frac{5!}{3!\ \times2!}\times(2\rho)^2+\frac{2^2}{2!}\left(\frac{\rho^3}{2!}\right)+\frac{\rho^4}{1!}+\frac{\rho^5}{0!}\right]^{-1}$$

$$=\left[1+10\times0.75+40\times0.75^2+2\times\left(\frac{0.75^3}{2}+0.75^4+0.75^5\right)\right]^{-1}$$

$$=[1+7.5+22.5+2\times(0.21+0.32+0.24)]^{-1}$$

$$=32.54^{-1}=0.03$$

(2)一个修理工空闲的概率：

$$P_1=\frac{m!}{(m-n)!\ n!}\left(\frac{\lambda}{\mu}\right)^nP_0=\frac{5!}{4!\ \times1!}\times\frac{3}{4}\times0.03$$

$$=5\times0.75\times0.03=0.112\ 5$$

(3)未被服务的空闲机器的期望台数：

$$L_q=\sum_{n=C}^{m}(n-C)P_n-P_3+2P_4+3P_5$$

$$=15\times0.75^3P_0+2\times15\times0.75^4P_0+3\times\frac{15}{2}\times0.75^5P_0$$

$$=(15\times0.75^3+30\times0.75^4+1.5\times15\times0.75^5)\times P_0$$

$$=(6.328+9.492\ 2+5.339\ 4)\times0.03=0.636(\text{台})$$

17. 解：这一排队系统可看成是一个[M/M/4]系统，其中 $c=4,\lambda=1.6$(人/分)，$\mu=0.5$(人/分)，$\rho=\frac{\lambda}{c\mu}=0.8<1$。

(1)执行国际航班安检服务的柜台空闲的概率：

$$P_0=\left[\sum_{n=0}^{c-1}\frac{1}{n!}\left(\frac{\lambda}{\mu}\right)^n+\frac{1}{c!}\left(\frac{\lambda}{\mu}\right)^c\left(\frac{1}{1-\rho}\right)\right]^{-1}$$

$$P_0=\left[\frac{(3.2)^0}{0!}+\frac{(3.2)^1}{1!}\frac{(3.2)^2}{2!}+\frac{(3.2)^3}{3!}\frac{(3.2)^4}{4!\ (1-0.8)}\right]^{-1}=0.027\ 3$$

(2)平均排队的顾客数：$L_q=\frac{(c\rho)^c\rho}{c!\ (1-\rho)^2}P_0=2.39$(人)

系统中平均顾客数：$L_s=L_q+\frac{\lambda}{\mu}=2.39+\frac{1.6}{0.5}=5.59$(人)

(3)平均逗留时间：$W_s=\frac{L_s}{\lambda}=3.49$(分)

平均等待时间：$W_q=\frac{L_q}{\lambda}=1.49$(分)

18. 解：实行开放式值机前，旅客到指定的值机柜台办理值机手续，系统为两个独立的单通道模型；实行开放式值机后，系统变为一个[M/M/2]的多通道模型。根据两模型求解 W_q 的公式可以分别求出旅客的平均等待时间：

$\lambda_1=\lambda_2$	子系统 λ 的值 ($\lambda=\lambda_1=\lambda_2$)	未实行开放式值机	系统 λ 的值 ($\lambda=\lambda_1=\lambda_2$)	实行开放式值机	旅客平均等待时间减少率/%
2	2	0.025	4	0.004 167	83.33
3	3	0.042 9	6	0.009 889	74.95
4	4	0.066 7	8	0.019 0	71.51

可见，机场实行开放式值机可以大大提高旅客的平均等待效率，加快旅客通行速度。

19. 解：由题意可知：$\lambda=\frac{1}{15}$(块/天)，$\mu=0.5$(块/天)，$\rho=\lambda/\mu=\frac{2}{15}$，$m=5,c=2$

P(故障不能及时维修)$=P$(至少有两块屏幕故障)$=1-P(0)-P(1)$

$$P_0=\left[\sum_{n=0}^{c}\frac{m!}{(m-n)!\ n!}(C\rho)^n+\frac{c^c}{c!}\sum_{n=C+1}^{m}\frac{\rho^n}{(m-n)!}\right]^{-1}=0.41$$

$$p_1=\frac{m!}{(m-n)!\ n!}\left(\frac{\lambda}{\mu}\right)^n p_0=\frac{5!}{4!}\times\frac{2}{15}\times0.41=0.27$$

$\therefore P$(故障不能及时维修)$=1-0.41-0.27=0.32$

20. 解：服务时间服从正态分布，则 $D(T)=\dfrac{1}{8}$，$E(T)=6$(分钟)

$\lambda=4$(人/小时)，$\mu=10$(人/小时)

店内顾客数的平均值：

$$L_s=\frac{\lambda}{\mu}+\frac{\lambda^2\left[D(T)+\frac{1}{\mu^2}\right]}{2\left(1-\frac{\lambda}{\mu}\right)}=\frac{4}{10}+\frac{16\times\left(\frac{1}{8}+\frac{1}{100}\right)}{2\times\left(1-\frac{4}{10}\right)}=2.2(\text{人})$$

21. 解：由题意 $\lambda_1=1$(人/小时)，$\lambda_2=0.4$(人/小时)，$\lambda_3=0.2$(人/小时)

$\mu=2$(人/小时)

$$\therefore W_{s_1}=\frac{1}{\mu-\lambda_1}=\frac{1}{2-1}=1(\text{小时})$$

$$\overline{W}_{1-2}=\frac{1}{\mu-(\lambda_1+\lambda_2)}=\frac{1}{2-(1+0.4)}=1.67(\text{小时})$$

$$\overline{W}_{1-2-3}=\frac{1}{\mu-(\lambda_1+\lambda_2+\lambda_3)}=\frac{1}{2-(1+0.4+0.2)}=2.5(\text{小时})$$

$$\therefore W_{s_2}=\frac{\lambda_1+\lambda_2}{\lambda_2}\overline{W}_{1-2}-\frac{\lambda_1}{\lambda_2}W_{s_1}=3.345(\text{小时})$$

$$W_{s_3}=\frac{\lambda_1+\lambda_2+\lambda_3}{\lambda_3}\overline{W}_{1-2-3}-\frac{\lambda_1}{\lambda_3}-W_{s_1}\frac{\lambda_2}{\lambda_3}W_{s_2}=8.31(\text{小时})$$

22. 解：(1)$\lambda=5$(人/时)，$\mu=10$(人/时)，$\rho=\lambda/\mu=0.5$

$$L_s=\frac{\lambda}{\mu-\lambda}=1(\text{人}),\ W_s=\frac{L_s}{\lambda}=\frac{1}{5}=0.2(\text{小时})$$

$$(2)E(t)=\frac{10+5}{2}=\frac{15}{2}(\text{分钟})=\frac{1}{8}(\text{小时}),\mu=\frac{1}{E(t)}=8$$

$$\rho=\frac{5}{8},\mathrm{Var}(t)=\frac{(10-5)^2}{12}=\frac{25}{12}(\text{分钟}^2)=\frac{1}{1\ 728}(\text{小时}^2)$$

$$W_s=\frac{\left(\frac{5}{8}\right)^2+25\times\frac{1}{1\ 728}}{2\times5\times\frac{3}{8}}+\frac{3}{8}=0.48(\text{小时})$$

$$(3)E(t)=9(\text{分钟})=\frac{3}{20}(\text{小时}),\ \rho=\frac{3}{4}$$

$$\mathrm{Var}(t)=4(\text{分钟}^2)=\frac{1}{900}(\text{小时})^2,W_s=\frac{\left(\frac{s}{4}\right)^2+25\times\frac{1}{900}}{2\times5\left(1-\frac{3}{4}\right)}+\frac{3}{20}=0.386(\text{小时})$$

23. 解：$C_s=4$，$C_w=6$，$\lambda=48$，$\mu=25$，$\rho=\lambda/\mu=1.92$

$$L_s(C)=L_q+\rho=\frac{(c_\rho)^n\rho}{c!\ (1-\rho)^n}P_0+\rho$$

其中，$P_0=\left\{\sum_{n=0}^{c-1}\frac{\rho^n}{n!}+\frac{1}{(c-1)!}\frac{\rho^c}{\sigma-\rho}\right\}^{-1}$

为保证 $0<P_0<1$，从上式可以看出应该保证 $C\geqslant 2$。

已知 $C_s/C_w=0.67$，总费用 $z=C_s\mu+C_wL_s$

C	P_0	$L_s(C)$	$L_s(C)-L_s(C+1)$	$Z(c^*)$
2	0.020 4	21.62	18.93	154.94
3	0.124 4	2.688	0.628	27.87
4	0.108 6	2.06	0.108	28.38
5		1.952		31.71

因此最优方案为雇佣 3 个维修员，此时成本最小，为 27.87 元。

参 考 文 献

蔡海涛,徐选华.2004. 运筹学典型例题与解法. 北京:国防科技大学出版社.

胡运权,郭耀煌.2003. 运筹学教程. 第二版. 北京:清华大学出版社.

胡运权.1985. 运筹学习题集. 第四版. 北京:清华大学出版社.

蓝伯雄,程佳惠,陈秉正.1997. 管理数学(下)——运筹学. 北京:清华大学出版社.

梁工谦.2002. 运筹学典型题解析及自测试题. 西安:西北工业大学出版社.

刘满凤,傅波,聂高辉.2001. 运筹学模型与方法教程例题分析与题解. 北京:清华大学出版社.

罗荣桂.2002. 新编运筹学题解. 武汉:华中科技大学出版社.

罗万钧,王健,赵可培.2003. 运筹学习题与解答. 上海:上海财经大学出版社.

宁宣熙.2013. 运筹学实用教程. 第三版. 北京:科学出版社.

吴祈宗.2006. 运筹学学习指导及习题集. 北京:机械工业出版社.

徐永仁.2001. 运筹学试题精选与答题技巧. 哈尔滨:哈尔滨工业大学出版社.

于春田,李法朝.2006. 运筹学. 北京:科学出版社.

Taha H A. 2008. 运筹学导论:an introduction. 高级篇. 第八版. 北京:人民邮电出版社.

Winston W L. 2006. 运筹学:概率模型应用范例与解法. 第四版. 北京:清华大学出版社.

Winston W L. 2006. 运筹学:应用范例与解法. 第四版. 北京:清华大学出版社.